U0709703

羅振玉 撰

殷虚書契考釋三種

上

中華書局

圖書在版編目(CIP)數據

殷虚書契考釋三種/羅振玉撰. -北京:中華書局,
2006

ISBN 7-101-04941-9

Ⅰ.殷… Ⅱ.羅… Ⅲ.甲骨文-研究
Ⅳ.K877.1

中國版本圖書館CIP數據核字(2005)第137845號

責任編輯:聶麗娟

殷虚書契考釋三種

(全二册)

羅振玉 撰

*

中華書局出版發行

(北京市豐臺區太平橋西里38號 100073)

http://www.zhbc.com.cn

E-mail:zhbc@zhbc.com.cn

北京市白帆印務有限公司印刷

*

787×1092毫米 1/16·47½印張·5插頁

2006年1月第1版 2006年1月北京第1次印刷

印數:1-2000册 定價:380.00元

ISBN 7-101-04941-9/H·264

殷虛書契考釋

上虞羅振玉

都邑第一

商自成湯至於盤庚凡五遷都武乙立復去亳徙河北其地當洹水之陽今安陽縣西五里之小屯即其虛矣方志以為河亶甲城者是也

史記殷本紀正義引竹書紀年謂自盤庚從殷至紂之滅二百七十五年更不遷都然考之史記殷本紀武乙立殷復去亳徙河北三代世表作庚丁徙河北今本竹書紀年武乙三年自殷遷於河北十五年自河北遷於沬王氏詩地理考引帝王世紀帝乙復濟北河徙朝歌案帝乙自洹陽徙沬本在河北不得言復濟殆有誤字是盤庚以後至於末季凡再遷也非諸家

《殷虛書契考釋》稿本正文第一頁

另

通用今文尚書故與古文不同後人但知古人之作咸

而不知今文之作戊故改戊為咸耳今卜辭有咸戊

殆即巫戊意者巫其官戊其名咸其謚矣

曰且巳（且巳卷一第二十三葉　且同上五　且巳同上　且同上五）

其於且巳也尊之曰王賓與帝王同書般庚之茲予大享

于先王爾祖其從與享之卜辭足徵信矣

地名第四

卜辭中地名之見於卜辭者百九十有三其類十有八曰王在

山曰餞于山曰至于山曰往于山曰出于山曰步于山曰

入于山曰田于山曰狩于山曰舟于山曰驅于山曰于山曰在山次

曰伐山曰正山其字或可識或不可識並以上下之文與

例考之確知其為地名也其稱王在山者十有一

六

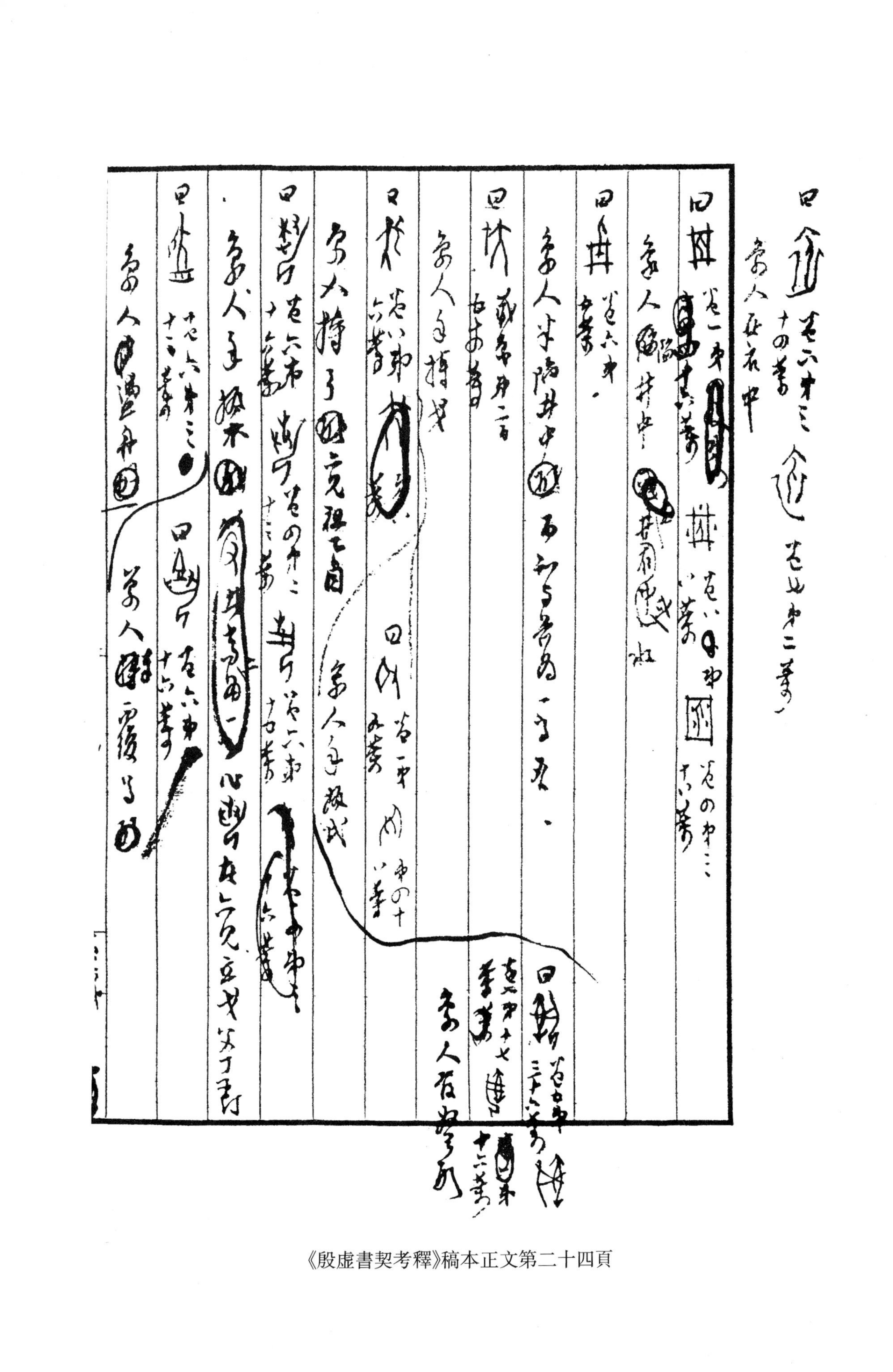

曰遣𦥑 五葉後面

說文遣縱也从辵䢜聲 金文遣字皆从𦥑从辵 小子敄敦 城虢中敦 宮及……遣 或省辵作𦥑 太保敦 與此同

《殷虛書契考釋》稿本正文第七十八頁浮簽

曰在 [illegible]

說文解字在存也从土才聲古文以才為在

[illegible]

說文解字絲微也从二糸 [illegible]

[illegible]

曰今 [illegible]

說文解字今是時也从亼从乁乁古文及 [illegible]

[illegible]

此吾鄉羅叔言先生手稿 一九五一年九月中秋歸余

上虞陳夢家記于北京

殷虛書契考釋

《殷虚書契考釋》稿本末頁

目次

增訂殷虚書契考釋

卷下

附録

出版説明

自十九世紀末、二十世紀初安陽刻辭甲骨陸續出土之後，在蒐集、保存、傳播和研究這批珍貴資料方面，羅振玉（一八六六—一九四〇）無疑居功至偉；他對甲骨文字的考釋，奠定了甲骨文字學的基礎。羅振玉考釋甲骨文字最重要的著作有三部：殷商貞卜文字考（簡稱貞卜）、殷虛書契考釋（簡稱考釋初印本）和增訂殷虛書契考釋（簡稱考釋增訂本）。貞卜對甲骨文字作了最初步的試釋。考釋初印本則是在貞卜的基礎上作了大量的增補而成，多有發明。而考釋增訂本出版於初印本問世後十二年，是羅振玉在甲骨學上最後的總集，代表了他在文字考釋方面的成就。三種著作一脈相承，也可視作是「一種的增易」（陳夢家語）。將三書比勘而讀，可以清楚地尋繹出羅振玉對甲骨文字考釋逐步深入的軌迹，更可從中體察到他卓爾不凡的學術追求。因此，我們將三書冠以「殷虛書契考釋三種」之名，彙編在一起，影印出版，供學界研究。

一、殷商貞卜文字考及其「補正」

殷商貞卜文字考一卷，宣統二年（一九一〇）玉簡齋印本。卷首爲羅振玉序。正文爲「考史第一」、「正名第二」、「卜法第三」、「餘說第四」四篇。卷末爲羅振玉跋。印本的天頭、地脚有批註。羅福頤有題記曰：「此冊現收好。眉批有先人親筆，有是先三叔過錄的。我還有一冊，全是親筆批改的，覆巢中失去了。」則此書批註一部分是羅振玉的親筆，一部分是羅福萇據羅振玉「親筆批改」本過錄的。此「親筆批改」本當即陳夢家所言的「貞卜刪定本」（見殷虛卜辭綜述）。這些批改是羅振玉居住日本時進行的，後羅福頤將此本上的批改文字錄出，作殷商貞卜文字考補正一文，刊於考古學社社刊第五期（一九三六年十二月）。此次，我們將補正作爲附錄，附於貞卜之後。

二、殷虛書契考釋及其「手批校補」

殷虛書契考釋，一九一五年永慕園刊行。此即初印本。扉頁有羅振玉墨書：「龜雖壽，三千歲。永不朽，在文字。」落款：「刖翁銘藏龜之櫝，乙卯二月廿五日春日丸中書。」內封後爲羅振玉手書沈曾植、柯劭忞之贈詩二首及羅振玉所作小記。卷首有羅振玉序，卷末爲王國維後序，均作於宣統甲寅十二月。正文共八篇，皆爲王國維手抄，其中甲骨文則羅振玉自爲填寫。此本之最有價值者，爲全書之頁眉、行間及卷末空白處，有大量羅振玉親筆批改增補的手迹，被認爲是考釋初印本與增訂本的中間環節，意義非小。此本向爲羅繼祖收藏，後轉贈羅琨，羅琨根據此本校補內容及其他資料，撰寫讀殷虛書契考釋初版校補本一文，述羅振玉寫作考釋初印本及「手批校補」事甚詳，刊於人文與社會二〇〇三年第三期（此次收錄爲全書附錄）。

三、增訂殷虛書契考釋

增訂殷墟書契考釋三卷，一九二七年東方學會印本。內封後有王國維序、羅振玉序。正文分上、中、下三卷。卷末爲王國維後序。全書由羅福頤校訂，出版後羅福頤復校閱一過，不僅點讀全書，還爲卷上的前十五頁補加了文例，並改正了若干訛字。

需要說明的是，因考釋初印本係王國維謄抄而付印刷，且王國維又曾替羅振玉代撰其他文稿，並協助編書，以致出現考釋名爲羅著而實爲王作或羅、王合作之說，此係無根之流言。羅振玉考釋原稿本尚存於世，一九五一年歸陳夢家，今藏於上海博物館。陳夢家於殷虛卜辭綜述中已予確證，考釋係羅振玉之個人著述。後王世民撰殷虛書契考釋的羅氏原稿與王氏校寫（刊於胡厚宣先生紀念文集，科學出版社，一九九八年）、羅振玉殷墟書契考釋稿本校勘記（刊於商承祚教授百年誕辰紀念文集，文物出版社，二〇〇三年）二文，進一步說明了考釋的寫作狀況（此次收錄爲全書附錄）。同時，我們又從考釋原稿本中選出六頁，作爲書影，置於全書卷首，以供學界參考。

貞卜、考釋初印本及增訂本三書的影印底本，由羅琨、張永山提供；考釋原稿本書影，由王世民提供複印件。在此一併致謝。

中華書局編輯部

二〇〇五年七月

殷商貞卜文字考

殷商貞卜文字攷
卷一

宣統二年

玉簡齋印

殷商貞卜文字考

光緒己亥、予聞河南之湯陰發見古龜甲獸骨、其上皆有刻辭、爲福山王文敏公所得、恨不得遽見也。翌年拳匪起、京師、文敏殉　國難、所藏悉歸丹徒劉氏。又翌年始傳至江南、予一見詫爲奇寶、慫恿劉君亟拓墨、爲選千紙付影印、并爲製序、顧行篋無藏書、第就周禮史記所載畧加考證而已。亡友孫仲容徵君詒讓亦考究其文字、以手稾見寄、惜亦未能洞析奧隱。嗣南朔奔走、五六年來、都不復寓目。去歲東友林學士泰輔、始爲詳考、揭之史學雜志、且遠道郵示、援據賅博、足補正予鄉序之疏畧、顧尚有褱疑不能決者、予乃以退食餘晷、盡發所藏拓墨、又從估人之來自中州者、博觀龜甲獸骨數千枚、選其尤殊者七百、并詢知發見之地、乃在安陽縣西五里之小屯、而非湯陰、其地

大卜之所掌

為武乙之墟、又於刻辭中得殷帝王名謚十餘、乃恍然悟此卜辭者、實為殷室王朝之遺物。其文字雖簡畧、然可正史家之違失、考小學之源流、求古代之卜法、爰本是三者以三閱月之力為考一卷、凡林君之所未達、至是乃一一剖析明白、乃亟寫寄林君、且以詒當世考古之士、惜仲容墓已宿草、不及相與討論、為憾事也、宣統二年歲在庚戌仲夏上虞羅振玉記、

考史第一

周紹殷而有天下、故殷之文獻周猶可徵、孔子曰吾學殷禮有宋存焉、然秦燔以後、載籍放失、故太史公作殷世家、第曰自成湯以來、采於詩書而已、今就刻辭所記、及發見之地、得訂證史氏之疏誤者數事、條繫如下、

一殷之都城、　自成湯受命以降、四百九十六年間、都城屢

三代世表作庚丁徙河北（表註）

水曲之處

史記項羽本紀項羽乃與章邯期于洹水南殷虛上

漢之蕩陰

徙。班孟堅言殷人屢遷前八後五。史記殷世家自契至湯八遷。所謂前八也。書盤庚序盤庚五遷。孔氏傳自湯至盤庚凡五遷都。所謂後五也。史記殷世家張守節正義言竹書紀年自盤庚徙殷至紂之滅二百七十五年。更不遷都。紂時稍大其邑。南距朝歌。北據邯鄲及沙邱。皆離宮別館。均謂殷之遷都至盤庚而止。然考盤庚以後尚遷都者再。史記殷世家武乙立。殷復去亳徙河北。今本竹書紀年武乙三年自殷遷於河北。十五年自河北遷於沬。此盤庚以後再遷之明證也。但史記及竹書均言武乙徙河北而未明指其地。今此龜甲獸骨實出於安陽縣城西五里之小屯。當洹水（俗名安陽河）之陽。證以古籍。知其地為殷墟武乙所徙。蓋在此也。考之。漢書項籍傳。羽乃與章邯盟於洹水。應劭曰洹水在湯陰界。（漢省安陽入湯陰。師古曰蕩音湯湯陰即蕩陰。今安陽地）相州圖經。（竹書統箋引）安陽在淇洹二水之間本

史記項羽本紀集解瓚曰洹水在今安陽縣北去朝歌殷虛一百五十里然則此殷虛非朝歌也

殷墟也史記殷世家正義括地志相州安陽本盤庚所都即北冢殷墟南去朝歌城一百四十八里竹書紀年云盤庚自奄遷于北冢曰殷墟（案墟字衍文）南去鄴四十里是舊都城西南三十里有洹水南岸三里有安陽城西有城名殷墟所謂北冢者也水經注洹水篇洹水出山東逕殷墟北又云洹水自鄴東逕安陽城北又引魏土地記鄴城南四十里有安陽城城北有洹水東流者也今發見之地其方位道里證以諸書一一脗合惟張氏正義以安陽為盤庚所都謂殷墟即北冢均誤徐氏竹書統箋已正之統觀諸書均為安陽城西洹水之陽其地實為殷墟之確證或謂殷代諸王武乙以前河亶甲曾都相相即今安陽然則安陽之墟安知非河亶甲故都但使此而果為河亶甲之墟者則刻辭中帝王名謚應悉在河亶甲以前至太戊仲丁而止耳今則至河亶甲以後十餘

世之武乙文丁則此為武乙之墟而非河亶甲可知惟竹書又言武乙十五年自河北遷於沬則刻辭中帝王名諡又應在武乙以前至祖甲而止不應有武乙且有文丁然帝王世紀詩地理考引言帝乙復濟河北（案帝乙自相遷沬相本在河北不應云復濟殆世紀之誤）徙朝歌其子紂仍都焉朝歌即沬是由河北遷沬在帝乙之世而非武乙竹書殆有錯簡也安陽之墟為武乙所都殆無疑義此又武乙遷河北其地實為相之確證也然非得此發見亦惡能定之此有裨於史籍者一

二殷帝王之名諡　殷自成湯至於帝辛凡三十世據史記所載天乙立是為成湯湯崩太丁未立嗣湯者曰外丙外丙以後曰仲壬曰太甲曰沃丁曰太庚（竹書作小庚）曰小甲曰雍己曰太戊曰仲丁。曰外壬曰河亶甲曰祖乙曰祖辛曰沃甲（竹書作開甲）曰祖丁曰南庚曰陽甲曰盤庚曰小辛曰小乙曰武丁

古表作帝甲(夫註)

曰𠕁　曰卜

曰般庚

外丙卜辭作卜丙与孟子及史記等書均不合殷王之名称外者凡二者曰外丙外壬而称丙者僅外丙一人卜丙殆即外丙或後人傳寫增卜為外又卜辭又有卜工殆即外壬然則孟子及史記譌卜為外其信然矣

曰祖庚曰祖甲。曰禀辛(竹書作馮辛)曰庚丁曰武乙曰太丁(竹書作文)丁曰帝乙曰帝辛今帝王名謚之見於卜辭者十有七(凡二)曰大乙曰大丁。曰大甲曰大庚曰小甲曰大戊曰中。曰且乙曰且辛曰且丁曰南庚。曰小辛曰小乙曰武丁曰且庚曰且甲△曰康且丁曰文武丁

大乙殆即史記之天乙以殷初諸王大丁大甲大庚大戊例之則天乙為大乙之譌殆無可疑太丁雖未立然刻辭中數見。大庚竹書作小庚今卜辭與史記合則竹書誤也南庚刻辭中凡四五見又作南庚或作冎庚意南與南字形近疑即史記之南庚刻辭中所屢見之殷字或從南作𣪊𣪊刻辭中文字每有省其半者疑南𣪊乃一字𣪊字形从般今書盤庚之盤書釋文史記翼奉傳揚雄傳後漢書文苑杜篤傳漢石經尚書殘字并作般意古文尚書以今文寫定時諸儒釋𣪊為般南殆即般庚然南果否應釋般則未敢確

般庚之

卜文亦有帝甲　甲亦稱帝甲

信也太丁史記再見一為天乙之子一為武乙之子子孫之名不應上同先祖竹書作文丁與刻辭合知竹書是而史記誤也

史記載湯之祖曰主壬父曰主癸今刻辭中有示壬示癸二名為湯之祖父主壬主癸無疑其從示者蓋主壬主癸在受命以前及湯有天下乃尊之為神廟祀而鬼享之不似後世受命之主輒追尊祖父以帝王之謚也及武王受命追王太王王季遂為後世典制所自昉殷尚不爾于此可見殷周禮制之沿革矣

卜辭所載帝王名謚除與史記合者十有五可訂正史籍者下以外尚有山口與且士疑亦殷帝王也豈史記所謂仲丁以後九世之亂書闕有閒耶至名臣之名見於卜辭者有咀又有甘士疑即巫咸懌無他證也

白虎通姓名篇言于臣民亦得以甲乙生日名子殷日有巫咸有祖己也王氏引之經義述聞云巫咸今文乖巫戊白虎通用今文尚書故与古文不同後人但知古文之作咸而不知今文之作戊故改戊為咸耳今以卜辭證之乃是咸戊未可證尚未与白虎通者也

咸戊卜辭中亦稱咸

白虎通殷以生日名子以（不以）子丑爲名、何曰甲乙幹也子丑枝也幹者本之質故以甲乙爲名也

卜辭中多載地名如田於龍某[illegible]者卜也書

周礼龜人上春釁龜祭

史記殷世家振卒子微立索隱引皇甫謐曰微字上甲其母以甲日生故也商家生子以日爲名蓋自微始考殷人名字多稱甲乙傳世禮器中多有且乙且辛父乙父辛之類不僅帝王爲然然皆用十干無用十二支者今刻辭中有且夕（再見）且才以中（再見）此爲載籍及古彝器所未見因說帝王名謚而並及之以廣異聞以上並可補正史氏者二

書伊訓惟元祀音義祀年也夏曰歲商曰祀周曰年唐虞曰載證之刻辭書祀者三曰其隹今九祀曰隹王二祀（曰隹十祀）是證之前記而合者爾雅釋天薛注祀取四時祭祀一訖也於此可見殷人崇神尚鬼之風

卜辭中所貞之事祀與田獵幾居其半一以見商人之尚鬼一以見末季帝王之般游無度於此可見一代之興亡得失

商代祭祀所用牢數殆無定制而卜必定之故卜辭中以每載

祀先卜注鄭司農云日祭祀先卜者卜其日與其牲玄謂先卜始用卜筮者先後鄭異義案商命龜祭祀則太卜大祭祀則眡高下文明言若有祭事奉龜以往又則大祭祀又大卜大祭祀則眡高命龜則祭祀先卜爲因祭祀而卜非祭先用卜筮者證之卜辭有云𡆥𡆥祖乙日用二月又云□寅貞其月于父丁又卜辭中每載

牢數有二牢三牢三牢五牢十牢十五牢卅小牢一百牢五牛十牛一百牛卅犬卅羊卅豚十五犬十五羊十五豚之異其稱太牢曰大牢少牢曰小牢此可見商代之祀典此又則亦有裨於經史事故並識之

此先鄭所謂卜日與牲之確証足證後鄭之未省也

此四者

五　正名第二

卜辭中所載文字汰其重複殆不逾千名而就此千字中以考許書所得至巨一知史籀大篆即古文非別有𢻰改二知古象形文字第肖物形不必拘拘於筆畫繁簡異同三可與古金文字相發明四可糾正許書之違失又有卜辭中習用之字不見於金文與許書者及厥意可識而不能定爲何字者述之如下

一籀文即古文　許祭酒說文解字序言倉頡之初作書蓋依類象形故謂之文其後形聲相益即謂之字及宣王大史

殷考　五

籀著大篆十五篇與古文或異至孔子書六經左邱明述春秋傳皆以古文厥意可得而說其後諸侯力政不統於王分為七國田疇異畮車涂異軌律令異灋衣冠異制言語異聲文字異形秦始皇帝初兼天下丞相李斯乃奏同之罷其不與秦文合者斯作倉頡篇中車府令趙高作爰歷篇大史令胡毋敬作博學篇皆取史籀大篆或頗省改所謂小篆者也段君注古文大篆二者錯見此云皆以古文兼大篆言之六經左傳不必有古文而無籀文也下文云取史籀大篆或頗省改兼古文言之不必所省皆大篆而無古文也序又云今敘篆文合吕古籀段君注許重復古而其體例不先古文籀文者欲人由近以考古也小篆因古籀而不變者多故先篆文正所以說古籀也隸書則去古籀遠難以推尋故必先小篆也其有小篆已改古籀古籀異於小篆者則以古籀坿小

篆之後曰古文作某籒文作某其全書之通例也其變例則先古籒而後小篆如一篇二下云古文上下下云篆文二先古文而後篆文者以旁帝字從二必立二部使屬有所从凡全書有先古籒而後小篆者皆由部首之故也案段君言小篆因古籒而不變者多又謂許言六經皆古文乃兼大篆言之其言取史籒大篆或頗省改乃兼古文言之其精思卓識發前人所未發惟其引漢書藝文志孟康注史籒所作十五篇古文書也語而駁之曰此古文二字當易爲大篆大篆與倉頡古文或異見於許書十四篇中者備矣又於竹部篆引書也注因李斯所作曰篆書而謂史籒所作爲大篆既又謂篆書曰小篆云云尚斤斤於古與籒之分並言史籒作大篆而不知大篆乃述古文非史籒所掫作此千慮之一失也蓋宋以來小學家皆以大篆爲史籒作自爲一體段氏知籒文

與古文或異而不異者多其識卓矣而尚未知許書所載之籀文所謂與古文或異者乃就當世僅存之史籀九篇以校壁中古文而異耳非古籀實有異同也今試以許書所載之籀與古或異之字證以刻辭文字往往古籀本合姑舉數字如許書載四之古文作[illegible]籀文作三今卜辭中四字正作三許書載匚之籀文作[illegible]而卜辭中已有[illegible]字許書載登籀文作[illegible]今卜辭中已有[illegible]字許書載系籀文作[illegible]而卜辭中已有[illegible]字許書載妣籀文省从匕作[illegible]而卜辭中書妣已省作[illegible]許書載子籀文作[illegible]今卜辭中子字已作[illegible]與[illegible]畧同凡是之類由於許君當小學不修之時抱殘守闕就其聞見所及而成書本未可期其精博無遺憾也予意史籀所著大篆十五篇殆亦猶倉頡爰歷凡將急就等篇取當世用字編纂章句以便諷習而已故許君序中古文大篆錯舉許君蓋

知大篆即古文而復箸其異於古文者猶篆文之下並載或體其曰籀文作某猶云史篇作某第以明其與所見壁中書不同而已古語簡質後人遂致誤會孟康謂史籀所作十五篇為古文其言至明確不可易也或謂洵如是則史篇之文何以與壁中書或異寧非古籀或有異同乎曰此非籀與古之異乃古文自異也古文行用之期甚久許君所云孳乳而寖多又云五帝三皇之世改易殊體此古文不能無異同之證也今得卜辭乃益得證成此說豈非當世小學家所當同聲稱快者與

二古象形字因形示意不拘筆畫　許洨長之說象形也曰畫成其物隨體詰詘其說至明蓋古象形之文以肖物形為主不拘字畫之繁簡向背徵之刻辭中所載諸文歷歷可證茲試舉羊馬鹿豕犬龍六字之重文示其例

以上諸字重文殆無一字無小異同然羊均象其環角廣顙馬均象其豐尾長鬣鹿均象其歧角豕均象其竭尾犬均象其修體龍均象其蜿勢一見可別不能相混而其疏密向背不妨增損移易推是例以求之凡象形會意諸字莫不皆然如許書之圂卜辭或从一豕作圂或从二豕作圂然不問从一豕與二豕皆可示圂之意許書之羴卜辭或从三羊作羴或从四羊作羴然不問从三羊與四羊皆可示羴之意許書

私於牛稱大牢羊豕稱少牢卜辭作大牢小牢故牢字或从牛或从羊。

□ □

且癸角有□下从□形象冊与

□與同一字 口與□同 □字

盖宜□或口又由口譌□

豕字或作□或作□

或順或逆

之牢卜辭或从牛作□或从羊作□。然不問从牛與从羊皆可示牢之意許書之鄉（饗食之初字）卜辭或从皀作□或从□作□然不問从皀與从□皆可示鄉之意許書之冊（冊命卜辭字）或从口作□。或从□作□或兼从口从□作□然不問从口从廾與兼从口與廾皆可示冊之意許書之逐卜辭或从□作□或从□（即兔字兔善顧象顧形又象短尾）作□或从犬作□然不問从豕與从兔从犬皆可示逐之意又如逆字或作□或增从彳作□畢字（網田）或作□或增又作□妥字□或在上作□或在旁作□因字或作□人左向或作□人右向。然不問其增減移易向背（順逆）而其意則一見而知其無稍差也古人文字肖形以示意而不拘拘於一筆一畫逮後世拘於筆畫形失而意反晦於古金文字尚可窺見此恉而不如卜辭之昭然易明若僅觀許書固不能知此矣

三與金文相發明　許洨長言郡國往往于山川得鼎彝其銘即前代之古文潘文勤公攀古樓彝器款識序言許書中古文本於經文者必言出不引經者皆憑古器款識吳清卿中丞說文古籀補序言許氏之書籀書則多不如今之石鼓古文則多不似今之古鐘鼎亦不說某爲某鐘某爲某鼎字必響拓以前古器無氈墨傳布許氏未能足徵兩說不同今以許書所載古籀證以古金文字合者殆寡知吳說是也而以古金文證卜辭則合者十六七其習見之字如一元天不示祀且三王若小牛牢告隹行廿卅言又父史聿臣用目百丝受𦣻曰于喜盂令入医高囷日旅月多衣康宗宮人立竝朕先見文令多大夫水不至門女母孜弗二在田男陟降三亞五六甲乙丙丁戊己庚辛壬癸子丑䍙卯辰午酉亥等字與金文均合其不甚習見之字如余之作令亦見毛公鼎于之作𢀜亦見巩鼎

牧作[illegible]亦見鬲攸比敦

□

午之作□亦見天君鼎作□亦見兹卣□盉作□亦見盉鼎酒作□亦見父乙尊（諸家誤釋酎說見下）□之作□亦見盉鼎每之作□亦見𤔲鼎射之作□亦見射爵戉之作□亦見立戉尊。夾之作□亦見盉鼎以□為歸亦見女歸卣廣之為□亦見叔氏寶棽鐘穗之為□亦見穗敦（敦文作□與此畧異）母之為□亦見母□諸婦方尊歸又作□亦見諆田鼎遣作□亦見太保敦（敦文从□卽□之變）韓作□亦見毛公鼎（鼎文作□與此畧異）攸作□亦見王父丁尊改作□亦見改簋蓋斁作□亦見毛公鼎（鼎文作□與此畧異）妣作□亦見妣辛敦（敦文作□與此畧異）眾作□亦見留鼎（鼎文作□與此畧異）方作□亦見彔伯戎敦（敦文作□與此畧異）家作□亦見父庚卣（卣文作□與此畧異）封作□亦見康侯封鼎揚作□亦見貉子卣（卣文作□與此畧異）鬻作□亦見立旂婦鬻（鬻文作□與此畧異）郭作□亦見白厨敦（敦文作□與此小異）德作□亦見曆鼎周作□亦見公中鼎膾作□亦見趞亥鼎（鼎文

○□見及庚午父乙具

尊文作□小異

害生敦

殳□

乙

子立父丁卣之□ 且癸角之□

作□小異魯作□亦見魯文旁尊師作師亦見師□父鼎此字从𠂤从巿丨之畫末略肥知巿即許書之朿字□盤又从朿作師卜辭中亦有从巿作師者此殆非師字蓋姑从羅參太徵釋吉作吉亦見鏟幣幣文作吉小異又有金文中不可識之字如盂鼎之□卜辭作□子抱孫父丁敦之□卜辭作□己卣之□卜辭作□太保敦之□遣小子敦之□卜辭作□父乙角之□父乙觚之□卜辭作□且己爵之□卜辭作□小異父辛尊之□卜辭作□小異亞乙爵之□卜辭作□小異□母□卣之□卜辭作□小異毛公鼎之□卜辭作□小異田彝之品卜辭作品小異毛公鼎之□作□卜辭之類雖亦見卜辭中然仍不可識其有金文習見不可識賴卜辭知之者若金文中所記干支有乙子叔娟鼎丁子史頌鼎己子史伯郡父鼎辛子魯公鼎癸子格白簋等亦屢見卜辭中從來金文家皆無確解紛如聚訟予近於獸骨刻辭中見有連書干支列如表式者首行爲十𢀛乙丑丙寅口卯戊辰己子庚午辛未工申癸酉次行爲十戌乙

父丁盉之[illegible]

亥丙巽口丑戊寅己卯庚辰辛子工午癸未以下類推由是始知所謂乙子丁子己子辛子癸子者即乙巳丁巳己巳辛巳癸巳有宋至今數百年間懷疑不能決者一旦渙然得確解其愉快為何如耶刻辭中文字之有功於考釋古金文如此

四糾正許書之違失　許祭酒生炎漢末季慨小學之不修援據壁經遵修舊文博訪通人洞究微情然或有不知蓋闕之條亦有後世傳訂之失又屢經傳寫譌誤不少幸有金文得據以糾正其違失今卜辭更古於金文以校許書所得有出於金文外者茲約為二端述之一曰古籀之違失許書之例凡所見古文與篆書異者則於篆文外附以古文所見籀文與古文異者則更附以籀文然往往有古籀初無異而限於見聞誤以為不同者前篇已畧言之茲更就許書所載之古籀與卜辭校如一下出古文弌二下出古文弍三下出古

文弍段君注言一二三之為古文明矣何以更出弌弍弎蓋所謂即古文而異者當謂古文奇字今考之卜辭及古金文皆作一二三從無作弌弍弎者帝下出古文𢃀注古文諸上字皆从一篆文皆从二今校以卜辭帝字正作𢃀吳氏大澂據▼己且丁父癸鼎釋▼為帝謂帝如花之有蒂果之所從出其說頗精此𢃀字上之▽殆象花蒂與▼同非从一▼己且丁父癸鼎殆與卜辭同時厥後周憙鼎作𢃀戩狄鐘又作𢃀與𢃀同矣示下出古文𥘠今卜辭示多作示間有省作亍者金文中從示之字亦示𥘠互見非古文皆从𥘠其下三垂亦無作川者中下出古文𠁩段君注此字可疑殆淺人誤以屈中之虫入此今卜辭中仲丁之中及他中字皆作中知篆文之中即最古之中字金文作𠁩𠁩𠁩乃後起之字此𠁩字為淺人竄入無疑也唐下出古文啺今卜辭中唐作𠱲唐文

且乙爵作𩰫無作昜者徃下出古文𢓊今卜辭往來字數十見皆作𡳾無从辵者許書於之部別出㞷訓爲艸木妄生不知爲往之古文也囧下出古文𡆧今卜辭中有𡆧字疑即蓋之古文篆文所从之囧於形未肖亦未見作𡆧者冊下出古文𠕋今卜辭冊字皆作𠕋古金文畧同無从竹者商注從外知内也从冏章省聲下出古文𠷎今卜辭商作𠷎𠷎不作𡭵𡭵𡭵農下出古文𦸈小徐本大徐本作𦸈今卜辭作𦸈則大徐从林是小徐从艸者誤也用下出古文𠂂今卜辭用作𠂂𠂂不作𠂂自下出古文𦣹今卜辭自作𦣹𦣹𦣹金文作𦣹無作𦣹者百下出古文𦣻今卜辭百作𦣻𦣻金文亦然無作𦣻者雉下出古文𨿸今卜辭雉作𨿸𨿸無作𨿸者鳳下出古文𦫳又作𪀦今卜辭作𪀦𪀦無作𪀦者叀下出古文𠧴𠧴今卜辭有𠧴無𠧴𠧴下出古文𠧴今卜辭中有𠧴字中从𠧴不作𠧴巫

殷考 上二

下出古文𢍰今卜辭有㢴字从巫在冂下爲巫字無疑不作𢍰豆下出古文𣅀今卜辭豆作豆豆又豆从豆作豆𣅀𣅀从豆豆均不作𣅀樹下出籀文尌今卜辭樹作尌从壴从力石鼓作㰲从又許書壴部有尌與尌殆一字樹之義取植立引申之爲豎立豎物使立必用力故从力或从又此从寸誤也日下出古文日今卜辭日作日與篆文同金文亦然不作日旅下出古文𣃨今卜辭作𣃨金文亦作𣃨虢叔鐘不从止多下出古文㚴今卜辭作多多金文亦作多均不作𡖈夕家下出古文𡨦段君注此篆蓋誤今卜辭家作𡨦从豕吳氏大澂言凡祭士以羊豕古者庶士庶人無廟祭於寢陳豕於屋下而祭是也白下出古文白今卜辭白作白金文亦然不作白備下出古文𠈍今卜辭有𤰈殆即備字不从比比下出古文𣏟今卜辭比作比不作𣏟豕下出古文豕今卜辭豕皆作豕

金文作□父乙觚不作□馬下出古文□又出籀文□今卜辭馬字異狀甚多見上無一如此作者赤下出古文□今卜辭作□下从□即古文大字从大火與篆文正合不作□淵下出古文□今卜辭淵作□不从口水雨下出古文□今卜辭雨作□□□不作□瀍下出篆文漁是謂瀍爲古文今卜辭漁作□□不从瀍至下出古文□今卜辭至作□與篆文正同不作□奴下出古文□今卜辭奴作□不从人龜下出古文□今卜辭龜作□□□不作□封下出古文□今卜辭作□不作□車下出籀文□今卜辭車作□金文作□毛公鼎無从戔者五下出古文□今卜辭五作□不作□甲下出古文□舊本如此段改篆文作□古文作□亦非□始於一見於十歲成於木之象又戒下亦云从戈甲□古文甲字今卜辭甲作十金文亦然知許書甲之古文原作十段注有始一見十之説戎蓋亦从十

注甲古文甲之甲初當作十許書原不誤校寫之譌也癸下出籀文癸今卜辭作㐅金文亦然無作癸者子下出古文𢀇籀文𢀈今卜辭干支之子或作兇或作𢀈其常用子女字作子無作𢀇者殆由兇傳寫而異又如寅下出古文𡨭卯下出古文𨙫辰下出古文𠨷申下出古文𢆡籀文𦥔酉下出古文丣亥下出古文𠀅今校以卜辭則寅作㝑𡨭𡨭𡨭卯作𠧙辰作𠨷𠨷申作㇉𠃑𦥔酉作酉亥作𠀅殆無一合凡是之類一由許君認晚周列國時文字為古文一由於後人妄改與傳寫之譌又刻辭中文字同於篆文者十五六而合於許書所載之古籀乃十無一二蓋相斯所罷者皆列國詭更正文之文字所存多倉史之舊文秦之初雖僻在西戎然密邇西周之舊都豐岐文化流風未沫其文字故應勝於列國也二曰篆文之違失許書所載小篆乃相斯述倉史之遺文非相

□□ □ 馬

斯所椒作故卜辭中文字可資考訂者不少如許書福注備也从示畐聲今卜辭中福字作□从□乃象酒尊蓋以酒祀神邀福也福从酉从示乃會意非形聲卜辭中又有□字象人捧尊狀亦福字祝注从示从儿口一曰从兌省今卜辭祝作□从□太祝禽鼎祝字作□則與篆文合矣莫注日且冥也日在茻中茻亦聲今卜辭莫作□从日在林中杲字从日在木上杳字从日在木下故莫从日在林中字均从木从茻者殆由林省金文已作□與篆文同矣牿注牛馬牢也今卜辭有□字亦作□乃易大畜童牛之告之本字牿又告之俗作易大畜虞注告謂以木楅其角□字於角上施□或作□乃以木楅角之象不當訓牢疑牿字許書當在告下為告之或作故告注牛觸人角著橫木所以告人也與卜辭合經後人校寫乃誤以牿入牛部耳其訓牛為牢殆亦出後人肊增非許君之舊也□

殷考　卜三

□　□

从牛冬省今卜辭或从牛作□或从羊作□說見上或作□□又作□□蓋象闌防之狀非从冬省其从□乃由□而變與今隸同今隸有出於古文者此其一也謝注辭去也从言射聲段君注曲禮大夫七十而致事若不得謝此謝之本義也今卜辭有□字又作□當即謝之本字祭義七十杖於朝君問則席注為之布席堂上而與之言正義布席令坐也□从□象席形知者許書席之古文作□从□與□同□象兩手執持或从□者乃□之省臣不敢當命坐之禮故持席以謝也篆文从䠶殆後起之字矣□注語相訶歫也从口辛今卜辭有□即許書之□足徵相斯小篆其罷者皆列國俗書其存者多古文此亦其證也止注下基也象艸木出有阯故以止為足段君注此引伸假借之法段君之意殆以下基為本誼人足為引伸之誼今卜辭中从止之字皆作□象人趾之

形金文亦然故許書𣥠步等部列於止部之後人足為止之本誼他誼乃由是引伸許君並列諸誼段君以止為足一誼列於下基誼後遂以本誼為引伸之誼誤矣歷注過也傳也从止厤聲今卜辭歷作□从止从秝是古文省厂也邁注遠行也从辵萬聲或从蠆作邁今卜辭作□从蠆从行與許書或體畧同許書所載之或體往往有本於古文者此其一也逆迎也从辵屰聲今卜辭逆作□又作□并从□象人自外入辵以迎之逆作□父丁尊作□與卜辭同而畧變秦刻作□□下誤增一畫許書又由□為□誤益甚矣徙注迻也从辵止或从彳作徙今卜辭徙作□此亦或體之為古文者追逐也从辵𠂤聲今卜辭追作□省彳衛注宿衛也从韋帀行行列也（依段校改）今卜辭作□从止从方金文作□（衛父卣蓋）□（衛公叔敦）□（衛父卣器）又从二止从方知衛為衞之初字其从方者周禮巾車

以封四衛注四衛四方諸侯守衛者此殆衛之初誼矣卜文又有□字疑亦徵字而畧變也丞注翊也从廾从卩从山山高奉承之義今卜辭有□字从人在山中从𠬞象一人在上而援山中之人今作丞誤人為卩誤𠬞為廾誤凵為山也丞之本誼訓拯援即拯之本字文選羽獵賦注引聲類丞亦拯字也此字據許書所載形誼俱失矣鬳注鬲屬从鬲虍聲今卜辭有□字上象獸首下象款足殆即鬳上象形非聲也鬥注兩士相對兵杖在後象鬥之形段君注此非許語兩丮相對象形謂兩人手持相對也文从兩手非兩士此必他家異說淺人竄改許書未可信也今卜辭鬥作□象兩人手搏之狀不見兵仗許說誤段說从兩手非兩士亦誤也𣪊注楚人謂卜問吉凶曰𣪊从又持祟今卜辭作□或作□或作□象手持木於示前木者灼龜之荊也示者神也非从手持祟又

知卜問吉凶曰𢾭此語殷人已然不始於楚也啟注教也从攴启聲論語不憤不啟案此啟與口部之启當是一字誤分列兩部启注開也从戶口今卜辭有𢼸从手開戶又作𢼄增从口象有呼門者而手開戶以應之也許書从攴乃从又之譌古匋器文作㪉字尚从又許啟鼎作䁈始从攴爲許書所本至許訓啟爲教則因啟从攴與教同而傅會之也教注上所施下所效也从攴孝今卜辭教作𢽤从季（即孝省許書孝效也）父蓋教子以孝父所爲乃教之所自昉也卜注灼剝龜也象炙龜之形一曰象龜兆之縱橫也今卜辭中卜字或作丫或作卜或作ㄔ象龜坼之狀（詳下篇）其丨旁之小畫或左或右或斜向上下蓋兆無定象也許書言象龜兆之縱橫其說至確而灼剝龜之說則紆矣貞注卜問也从卜貝一曰从鼎省聲今卜辭貞字多作𣅀或作𣅁似非从貝卜辭中貝字及从貝之字

皆作[glyph]無作[glyph]者[glyph]非从鼎省也糞注棄除也从𠬞推𠦒糞
釆也官溥說似米非米者矢字今卜辭糞作[glyph]从[glyph]在凶中
𠬞去之也[glyph]象所除之穢也糞从凶非从𠦒𠦒乃田畢之本
字卜辭作[glyph]象張畢之狀十其柄也从田之畢乃後起之字
許以𠦒為箕屬所以推糞之器誤也又棄注捐也从𠬞推𠦒
棄也从𠫓𠫓逆子也下又出古文弃今卜辭棄作[glyph]从土凶
象丄字（卽土）在凶中傾出之狀字亦从凶不从𠦒許說誤釋田
畢之[glyph]為箕屬乃謂糞棄二字為从𠦒不知其从凶也至[glyph]
字从丄土包塵穢言之埽从土帚凶从土凶并為會意許書
於土部又出[glyph]字注埽除也殆棄之重文而誤析為二意均
由凶字譌變也冓注交積材也象對交之形再注并舉也从
[glyph]冓省今卜辭冓字作[glyph][glyph][glyph]再字作[glyph]與許說正合而
形畧異幽注隱也从山丝段君注幽从山猶隱从𨸏取遮蔽

之意今卜辭幽作□从𢆶从□古文火字隱微不可見者當从火燭之此从火之意非从山也受相付也从受舟省聲段君注舟省聲蓋許必有所受之段君殆因篆从冂不得舟省之狀今卜辭受作□正从受从舟不省金文亦然此許君所本也豐注豆之豐滿者从豆象形今卜辭豐作□與許畧同盡注器中空也从皿㶳聲今卜辭盡作□象手持帚滌器器空斯滌故字从□从皿非从㶳聲卽注卽食也从皀卩聲段君注卽當作節周易所謂節飲食今卜辭卽作□从人从豆猶鄉食之鄉許从皀卜辭亦从豆也卽象人就食之狀鄭風毛傳卽就也故許君訓爲卽食卽象一人就食于豆鄉象二人相向□卽向字象二人相向猶卝象二人相背而食許書言从卩其實非卩乃人字也段君因許君从卩之語遂疑卽食爲節食許君一誤段君再誤矣□注小食也从皀旡聲今卜辭既作□□从豆从□□卽□之

古文象坐而他顧之狀蓋即爲就食既爲食畢既已也他顧者食已畢將起也許訓既爲小食誤矣今隸書既字从旡從古文而不從篆文與牢字同皀注从凵凵器也中象米匕所以扱之易曰不喪匕鬯今卜辭鬯作□□□□不从匕金文亦然从匕者殆後起字也今注是時也从亼乀乀古文及今卜辭今作□金文作□（呂伯虎敦）□（盂鼎）均不从乀矣注弓弩矢也从入象鏑栝羽之形今卜辭矢作□上∧象鏑下∧象栝○象羽丨則幹也金文作□（矢伯卣）□（伯晨鼎）漸變○爲•爲一與篆書合形漸失矣許言象鏑栝羽之形而又曰从入蓋謂象鏑之∧其實此乃象鏑形而非入字如二亠兩字一象一在一上一象一在一下一乃象物非一二之一此入字例同疑从入二字爲淺人所增段君之注从入曰矢欲其中蓋未悟∧乃象鏑形而非字也䠶注从矢从身篆文作射从寸今卜

辭射作□□□从張弓埘矢狀金文作□（靜敦）石鼓作□非矢在身側許書从身乃□之譌而矢形又譌横爲縱其篆文所从之寸則又之譌也來注周所受瑞麥來麰也二麥一夆象其芒朿之形（从段校本）今卜辭來字作□下象葉與根上象其□穎金文作□（𧼈鼎）其□穎乃變爲卓立其象漸失與許書同至許君二麥一夆之説則不能得其解也㞢注出也象艸過屮枝莖漸益大有所之也一者地也今卜辭之作㞢从止一之往也止（即足）於所往之地故从止一許説紆固不可通也邑注國也从口先王之制尊卑有大小从卩今卜辭邑作□从口从□□即人字口象封域□乃居人非从卩許書凡從□之字皆書㔾釋其誼爲卩如令字等均然誤矣鄉注國離邑从𨛜皀聲封圻之内六鄉六鄉治之案古金文無鄉字公卿之卿饗食之饗鄉背之鄉皆作卿（詳見予唐風樓金石跋尾中卿彝跋）鄉食之鄉

○象尊形、曲禮酒進則起拜、奠於尊所、鄭注、燕飲之禮、鄉射、正義、鄉飲酒及鄉大夫燕賓、主與賓對、又曰燕鄉飲酒、皆主人與賓亦對也、

既作卿則鄉里之鄉亦作卿無疑今卜辭鄉作𨞓𨞓从𠨍从酉或从𠨍从豆其从酉酉卿者古者萬二千五百人為鄉六鄉立六卿為鄉大夫鄉內之民有賢行者則行鄉飲酒之禮賓客之鄉里之鄉誼殆取於鄉飲从𠨍○~~者象相向而飲也~~六卿治六鄉故鄉里之鄉引申之則為六鄉之鄉許書从㗊乃後起之字由卯而譌者也許君訓饗為鄉人飲酒其誼許君蓋知之矣但未知其本字當作卿耳旂注旗曲柄也从㫃丹聲今卜辭旂作𣄚从人持㫃从丹許書从丹殆丹之譌游注旌旗之流也古文作遊今卜辭游作𣃔石鼓文作㳺均从㫃从子不从水集均尚有斿字不應許書轉無非傳寫之譌即游上更有斿字傳寫奪去也禾注嘉穀从木𠂇从𠂹省𠂹（段本刪此四字云淺人增）象其穗段君曰禾木也故从木今卜辭禾作𥝌𥝌與許同但其字上象穗下象葉莖與根非从木禾乃艸類非木也

○从酉象賓至故向夾之也

从木二字殆亦淺人所增穡注穀可收曰穡从禾嗇聲今卜辭有𥟖字从秝从田象禾在田中殆即許書之穡不从㐭諸經注皆謂斂之曰穡與許言可收者不同觀卜辭之𥟖从禾在田中則許說自是古誼必有所受也穅注穀之皮也从禾米庚聲或省作康今卜辭穅作[illegible]从庚从⺌或从⺌象穀皮穀皮固似米而非米者金文康字亦或从⺌或从八均不从米今隸作康从⺌仍从古文尚不誤也又康為古文穅从禾繁複無謂確為後起之字蓋康字後人增禾非穅字省禾也許君顧以穅為本字康為或作誤矣此亦許書或體之為古文者臽注小阱也从人在臼上段君注掘地為臼故从人臼會意猶坑也今卜辭臽作[illegible]从人在凵中凵象坑形許作臼殆由凵而譌變也客注寄也从宀各聲段君注字从各各異詞也𠯑格切今卜辭客作[illegible]从宀从口从止从人金文

作[glyph]中義父鼎从宀从人各各即格至也卜辭之从口从止殆與各同但𠙵有順逆口有上下之殊耳人各於宀下為客會意字也許書从宀从各而省人字金文亦有作[glyph]者簷鼎殆後起之字為篆書所本段君訓各為異辭不知各即格字也

竄注匿也从鼠在穴中今卜辭有[glyph]字从宀象穴形[glyph]則鼠也乃象鼠將竄而入穴非在穴中在穴中則不見竄意矣又許書鼠字頭作𦥑與臼同又與兒頭相似鼠之首實狹而銳與臼及兒頭有別觀卜辭从目知𦥑乃自目形而譌

帚注所以糞从又持巾埽冂內也今卜辭帚作[glyph][glyph]歸字亦从帚金文同並从帚在冂上帚上象帚形下象柄冂其架也卜辭中亦有省冂作帚者許以又為手巾為巾冂為宀內誤矣

冄注毛冄冄也象形今卜辭有[glyph]殆即冄字

彘注豕也从彑从二匕矢聲今卜辭彘作[glyph][glyph][glyph]象豕著矢形許書之彘象頭足而以

矢為聲於誼不可解且古訓皆謂彘即豕何以一物兩名誼同而形迥判茲觀卜辭豕彘兩字並象豕形但有著矢不著矢之殊意者豕為家畜彘為野豕彘必射而後可獲故於豕復著矢以別之與豩注小豕从古文豕从又持肉以給祠祀也篆文作豚从肉豕今卜辭豚字數見皆作[glyph]从豕肉不从又金文始見豚字（庚𣪘）為篆所本也兔注兔獸也象兔踞後其尾形今卜辭兔作[glyph]與篆文小異獲注獵所獲也从犬蒦聲今卜辭獲字皆作[glyph]从又持隹獲之意已明此从犬从蒦乃後起之字獲行而隻乃用為訓鳥一枚之隻幾不復知其本誼矣烝[glyph]注火氣上行也从火丞聲段注此烝之本義今卜辭作[glyph]从米在豆中手奉以祭其从禾者春秋繁露四祭冬曰烝烝者以十月進初稻是也冬祭為烝之本義段君誤也夷注東方之人也从大从弓（从段本）今卜辭夷作[glyph]象人持弓

02. 溢注器滿也从水益聲

今卜辭溢作[glyph]

象四點之中上溢之形

自四中溢出者 又作

[glyph] 金文益作[glyph] 益

[glyph] 畢[glyph]盉 八八的

象水溢狀今篆从[glyph]

象水連滿之狀四中之小

因不能有此狀也

金文作[glyph]師寰敦[glyph]今田盤殆[glyph]之省蓋存弓而省大矣淵注回水也从水象形左右岸也中象水皃或省水作[glyph]今卜辭作[glyph]蓋象衆水匯而成[glyph]之形許書之[glyph]即[glyph]之畧變石鼓作[glyph]爲从水之淵所自昉[glyph]爲本字淵則後起之字也[glyph]注沒也从水从人今卜辭作[glyph]象人沒于流水中遇坎而止也故从[glyph]从凵[glyph]者[glyph]之省也从人从水而沒之意不完瀀注雨流霤下皃从水[glyph]聲今卜辭作[glyph]从水从隻即獲不从[glyph]霝注雨零也今卜辭作[glyph]不从[glyph]魚注水蟲也象形魚尾與燕尾相似今卜辭魚作[glyph]象頭尾鱗鰭之形金文畧同許書作[glyph]而曰象形形已失矣乙注燕燕乙鳥也齊魯謂之乙取其鳥自譸象形也依段本或从鳥作鳦段君注乙象翅開首竦橫看之乃得本與甲乙字異俗人恐與甲乙亂加鳥旁爲鳦則贅矣今卜辭乙正作[glyph]从甲乙之乙从鳥許書之或作[glyph]古文

又作[glyph]

隹

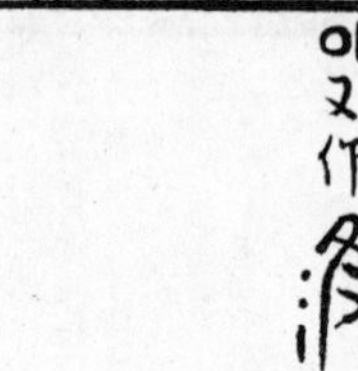

楣

本字从鳥乙聲去鳥作乙以別於甲乙字者乃後來之譌許以鳦爲或體段謂俗人加鳥均誤之甚也門注从二戶象形今卜辭門作[illegible]上又有楣金文已作[illegible]與許同矣婦注服也从女持帚灑埽今卜辭婦作㛗从女又帚許書言女持帚而字从女帚不見持字之意今从又象手持正與許合卜辭又有㛗字殆即許書之埽許言持帚灑埽是也意从土之埽爲後起之字叡爲埽之本字也許君於婦之解釋甚當而字形與說未盡孚然金文作㛗晉公盦㛗婦闌觥已省又知篆文蓋用後起之字也妟注安也从女从日今卜辭作㫳與許書同矣吳氏大澂謂宴妟匽三字當从𠦝象燕處巢見其首小篆从日从女而古義亡矣其說穿鑿殊甚今卜辭已作妟石鼓內鰋字亦从妟安得謂爲小篆之失乎甗注甑也一穿从瓦鬳聲今卜辭作鬲象甗形而省瓦傳世之甗大率銅爲之秋皆瓦

也蠆注毒蟲也象形今卜辭萬作萬上象首中象腹下象鉤尾今篆作蠆从厹於尾形未肖也陟注登也从𨸏步降注下也从𨸏夅聲今卜辭陟作陟从𨸏从步步象兩足上升降作降降降从𨸏从夅象兩足下降金文亦然許書陟从步形誼甚明而降所从之夅則篆作夅兩足下降之形晦矣丑注紐也象手之形日加丑亦舉手時也今卜辭丑作丑丑殆象冬月草木甲拳結未伸之狀非象人手而日加丑亦舉手時語尤紆回也羞注進獻也从羊丑羊所進也丑亦聲今卜辭羞作羞从又持羊古金文同許云从丑丑亦聲者誤也許書養之古文作羧从攴攴不得養誼攴殆又之譌養下之羧即羞字羞養誼相近故許君誤列羞於養下而列羞於丑部誤之甚矣未注五行木老於未象木重枝葉也今卜辭未字作未與許書正合又省作未與木同殆許君所謂木老於未故遝

省爲木與酉注就也八月黍成可爲酎酒象古文酉之形今卜辭酉作□□□□□酉皆象酒尊形許注象古文酉之形酉字或尊之譌篆文作酉形雖漸失誼尚未誤也酒注就也所以就人性之善惡从水酉今卜辭酒作□□□□从⺀从⺀蓋象酒自尊中傾出點滴之狀許云從水誤矣戌注威也九月陽氣微萬物畢成昜下入地也五行土生於戊盛於戌从戊一一亦聲今卜辭戌作□□象戌形亦作□許書从戊一殆未然矣凡此違失或由相斯奏同文字時兼取晚周文字或因許君博取當時之説未能裁正或爲後世竄改傳寫之失今一一是正至段君注精深博大爲許汝長後一人不僅超軼李徐實爲斯學絶詣閒有疏失隨文舉正非欲索瘢指瑕如鈕王輩也

卜辭有□字許書在口部卜辭中又有□□□等字雖不能

雀知為何字然均从□則無疑也意當時从□之字殆不止此則辛部之後當立□部此許書分部之失也又許書角部有觲字注从羊牛角土部有墿字注从觲省聲今卜辭有□字雖不可識然實合羊牛二文為一字觲墿兩字从之許解觲為从羊牛角不知羊自為字也羊疑即羴字此亦許書之違失當據卜辭正之者

至卜辭中文字之不見於古金文與許書者至夥其習用之字如□□□等多至百數十見少亦十數見均不能知為何字其疑似而未敢遽定者如□疑絲絲象絲在機上石鼓𢿱作□史懋壺作□从□□與此畧似□□□疑箙盛矢器也象矢在器中或一矢或二矢者如□或从一豕與二豕也毛公鼎作□丙申角作□即□之變父癸鬳之□子父己爵之

㽞與㽞同作箙者殆後起之字□疑棋象兩手圍木□□□疑矢由□而變□□□□疑賓賓作□見盧鐘或增人又由□而變或增止□□□疑嬪从宀从女或增止或易下為㞢又由□而變□□疑召盂鼎□諸家釋紹亦釋召此省以及□□卜辭中□□字皆係地名故疑召非紹疑咎□疑□咎作□癸卣有□諸家釋咎殆是□字非咎也□□□疑□象禾之□類□疑組象□在□、□且內疑□象又□牛疑□為後起之字此為初字□疑鶴一象縮項一象伸足明白如畫□□疑戣三鋒□疑得又持貝□鼎得作□此省彳□疑匚不从□从川从一象川壅為澤□疑□又有形誼昭然視而可識然卒不能定其名者如□象牛從側視形□象牛伏從後視形□似鹿而無角□象羊在□中□象獸在□下□象捕鳥入□□象人坐於席□象木中有木□象腋下有人□象刀在豕側法為乚著矢旁乚或是弓形非甲乙之乙則此字是弦也凡是之類均不敢肊斷願與當世方聞之士共討索之乚

卜法第三

龜卜之書漢志著錄者五家至隋唐兩志則漢志所著錄者皆不復存故古龜卜之法除周官士禮毛詩戴記莊荀韓非諸子及史記龜策傳所述以外他無可徵今傳世龜經刻於說郛中者殆非完書且當是隋唐以後人所撰不可考見古法元陸森玉靈聚義五卷予未見其書然觀明楊時喬龜卜辨引唐李華說謂古人卜用生龜是龜卜古法唐代知者已少陸氏生於有元其不能知古代卜法可以推知固不必見其書也康熙間光山胡氏煦撰卜法詳考四卷援據周官及史記之說並參以理想其所考證徵以予所目驗蓋十得六七且附載全賜三圖吳中卜法於古今龜卜源流具備其駁李華季本楊時喬卜用生龜之說尤爲精確今就予所見以正經注之譌並補胡氏之闕於古卜法殆十可得八九矣條述如下

一曰貞　周禮春官大卜凡國大貞卜立君卜大封則眡高作龜鄭司農曰貞問也國有大疑問於蓍龜此詁至確鄭康成曰貞之爲問問於正者必先正之乃從問焉訓貞爲正後世經生多從其説不如先鄭之確也説文解字貞卜問也説與先鄭同今徵之卜辭凡云大貞者數見而言貞者則多不可計相其文恉殆皆訓問此可爲先鄭之證而正後鄭者也

二曰契　菙氏掌共燋契以待卜事杜子春曰契謂契龜之鑿也此詁最確康成始爲異説曰士喪禮楚焞置於燋在龜東楚焞即契所用灼龜也又於遂歙其焌契注契既然以授卜師又箋大雅緜之篇爰契我龜曰契灼其龜而卜之又解士喪禮曰楚荆也荆焞所以鑽龜者均誤以鑿與灼爲一事孔氏毛詩正義云楚焞即契賈氏儀禮正義云鑽龜用荆均沿後鄭之誤胡氏煦曰契者刻劃之稱謂刻劃其龜版周禮

所謂開龜是也此猶在未灼時契而後燋必於所契之地故曰焌契火非吹不燃故曰吹其焌契予案胡說本杜駁鄭其說至精證以實物益知其確毛傳訓契為開為胡說所本開者先契所欲灼之處而契又有鑽鑽龜見荀子韓非子王制及史記龜策傳與鑿鑿龜見韓非子及大卜作龜鄭司農注之別乃予據目驗而得之者予所藏龜甲獸骨有鑽有鑿鑽形圓鑿形則橢圓胡氏煦曰卜先用契刀開龜為方形今契形或圓或橢圓胡說誤也又有鑽而復鑿者蓋灼處欲其薄乃易坼也大率龜甲皆鑿未見鑽者骨則鑽者十一鑿者十九此鑽與鑿之別前賢所未及知者也

三曰灼　華氏掌共燋契杜子春曰燋謂所爇灼龜之木也此詁未確士喪禮言楚焞置於燋鄭注楚荊也燋炬也所以然火者也其說甚當詩緜正義燋謂炬以楚焞之木燒之於燋炬之火既然執之以灼龜仲述鄭義尤為明了惟鄭注謂

○白虎通亦云以荊火灼之又引禮三正記灼龜以荊

荊焞所以鑽龜則誤甚耳灼龜用荊亦見龜策傳即所謂楚焞也○至所灼之處經注未明言龜策傳有灼所鑽中語胡氏煦曰其灼處必在契刻之上今驗之甲與骨則灼處正當契處褚先生與胡氏之說是也此可據以補禮注之缺

四曰致墨　卜師揚火以作龜致其墨鄭注致其墨者孰灼之明其兆玉藻史定墨注視兆坼也二注甚明而孔氏正義言史定墨者凡卜必以墨畫龜求其吉兆別出異義與鄭不合胡氏煦曰周禮明曰致其墨矣有因而致之者其非畫也可知蓋火之所灼必將有黑色形焉故曰致其墨黑色既形其析必著中鄭駁孔其說至當今徵諸目驗則灼痕以外更不見墨迹知唐之初葉古代卜法失傳已久致沖遠有此違失與李華卜用生龜之說固同為傅會也

五曰兆坼　占人凡卜簭君占體注體兆象也正義體兆象

周礼大卜則眡高作龜鄭注所謂卜用龜之腹骨是也

也者謂金木水火土五種之兆言體言象者謂兆之墨縱橫其形體似金木水火土也又曰其兆直上向背者爲木兆直下向足者爲水兆邪向背者爲火兆邪向下者爲金兆橫者爲土兆是兆象也案五行分配兆象賈氏之說當有所受惟言兆之墨縱橫則誤今據周官經注並證以實物知龜卜之事蓋先取龜之下甲（予所藏之龜從未見上甲）於其腹之裏面先鑿爲穴而不令穿此之謂契灼火於穴中色乃焦黑此之謂灼與致墨灼於裏則縱橫之坼自現於表此之謂兆兆之與墨表裏異地而云兆之墨縱橫此又唐代古龜卜法久失經生憑肊揣測之明徵也今狀予所藏之兆象不同者於左方以備參考

凡此諸兆皆於表面得見之於受灼之裏面不得見也其灼

而得兆之故蓋由於鑿甲令薄鑿處多為椭圓形狀如〇契之刃針入故外博而內狹其狹處骨尤薄故由此而得縱坼又由縱坼而旁出横坼也

六曰卜辭　占人凡卜簭既事則繫幣以比其命注杜子春云繫幣者以帛書其占繫之於龜也玄謂既卜筮史必書其命龜之事及兆於策繫其禮神之幣而合藏焉鄭與杜異義杜謂書占於帛鄭謂書事於策均不言刻辭於龜今甲與骨之刻辭即在兆側此先儒所未知者也卜辭至簡字多不可識茲釋其可讀者其不能確定之字則依原形寫之

貞之于大甲

貞之于祖乙　左讀

貞𢆶于祖乙

貞之于祖乙十白豕　左讀

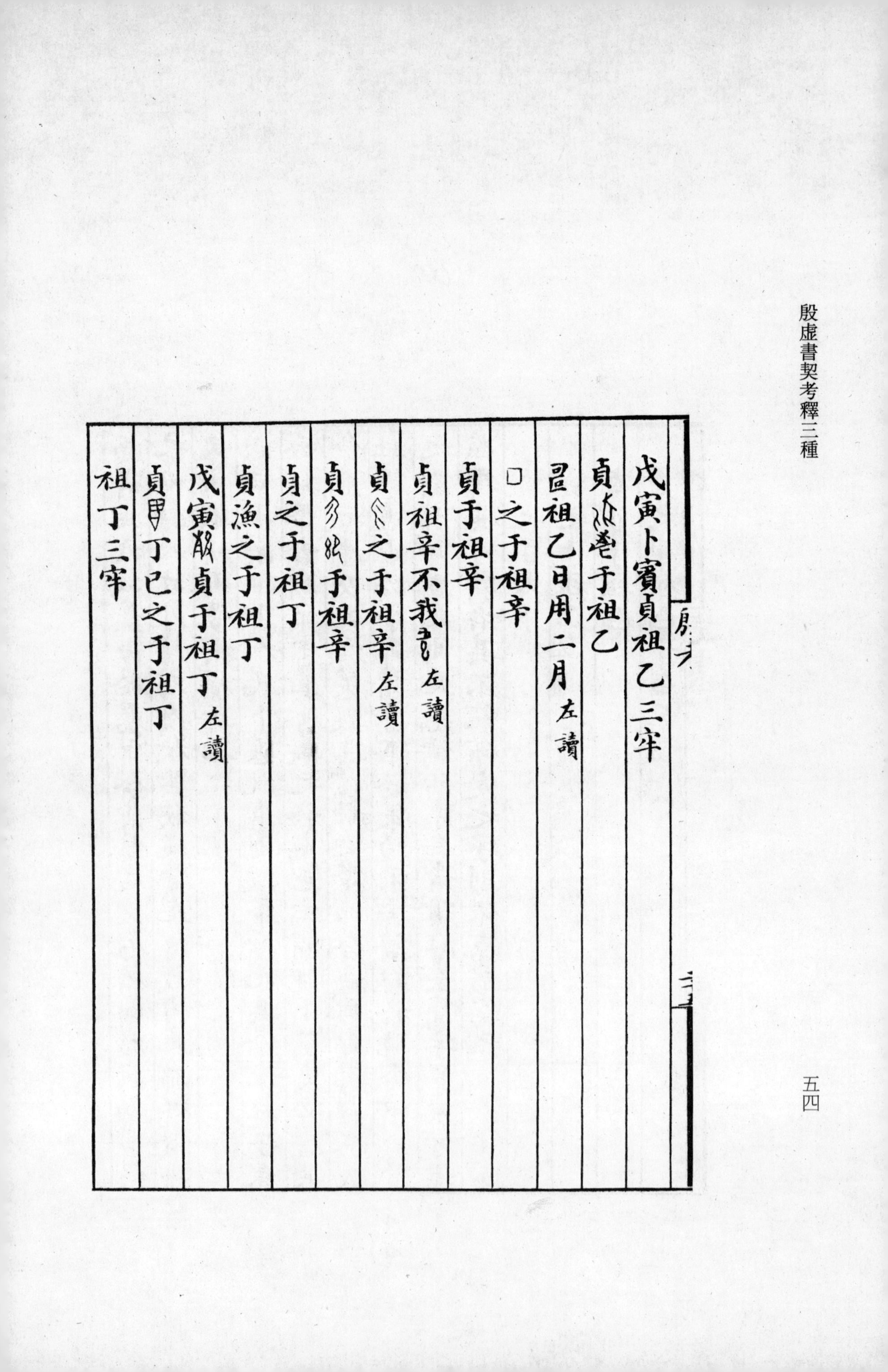

戊寅卜賓貞祖乙三牢

貞[illegible]壱于祖乙

㔾祖乙日用二月 左讀

□之于祖辛

貞于祖辛

貞祖辛不我[illegible] 左讀

貞[illegible]之于祖辛 左讀

貞[illegible]于祖辛

貞之于祖丁

貞漁之于祖丁

戊寅[illegible]貞于祖丁 左讀

貞[illegible]丁巳之于祖丁

祖丁三牢

貞之于㞢庚

貞㞢庚不[illegible]

辛亥貞之于祖庚

貞于祖丑不口日左讀

貞于祖亥

貞[illegible]之于父甲

口寅貞之于父甲

貞之于父乙左讀

丙寅卜貞其月于父丁

貞父庚弗[illegible]

貞之犬于三父卯羊其文當是貞之于父卯犬羊三參錯書之

貞之于高妣己

貞之妣癸左讀

[illegible]

二十二

貞于母己[illegible]其文當是貞[illegible]于母己參錯書之

辛丑卜[illegible]貞兄于母庚左讀

貞[illegible]口于母庚

丁丑口之兄甲

貞之于兄丁

貞于兄丁小牢

貞之于咸戊

貞之于多介左讀

貞于東

貞之于[illegible]

貞之于[illegible]左讀

丁巳卜賓貞[illegible]于[illegible]

甲寅卜㱿貞于唐一牛其之口左讀

癸酉卜貞尞于[illegible]三小牢卯三牢

丙寅卜貞酒[illegible]三小牢卯三牢

貞尞五牛

貞尞九牛

貞尞十牛

貞立往相牛 左讀

貞立出

貞立往出

乙酉卜娋貞立于八月入

丙戌卜婧貞立于八月入 左讀

貞乙子之至

己巳卜貞若 左讀

口申卜貞亞月不若肸 左讀

辛未卜𠂤貞若左讀

貞我受年左讀

貞我不其受年

其遘大鳳左讀

□□卜賓貞𠦪其往邁

癸未卜賓貞立往于乙

癸亥卜賓貞令日彡羊令𢦏

丙辰卜賓貞于生八月酒

庚辰卜令𢀛于咸

戊子卜賓貞令卜

辛酉卜貞王賓𣪘亡尤

丙子卜其用龜左讀

庚寅卜㱿貞帚好之子

貞帚蚞之子

甲戌卜貞其之㞢无兹家左讀

戊申貞杉有友

帝吊兹邑

貞弗受之又左讀

乙亥殼貞家既品左讀

肆鳳叀豚有大雨

日丁卯口車馬

丁巳卜貞雨左讀

貞田庚辰不雨

貞田庚辰其雨左讀

不雨貞田左讀

乙未卜猶口田丙申不雨左讀

貞[illegible]辛亥不雨

今月不雨左讀

茲月不雨

貞今日不雨左讀

今己巳月不雨

丁卯其雨左讀

己亥其雨

九月其雨左讀

甲寅己亥雨左讀

貞[illegible]乙酉不雨

貞[illegible]癸未不雨

貞[illegible]壬子不雨

庚戌[illegible]貞雨帝不我口

丁卯卜㱿貞甲戊辰其雨

戊辰卜㱿貞甲己巳其雨

己丑卜韋貞今日其雨

戊申卜[illegible]貞今日其雨左讀

癸未卜賓貞今日其雨左讀

戊口卜貞帝令雨

貞帝不其令雨左讀

帝令雨足年

貞帝令雨弗其足年

口卯卜出貞今日不雨左讀

戊申卜貞今日王田斿不遘雨左讀

其遘雨

辛亥卜貞今日王田叀潛不遘雨

癸未卜王曰貞有馬在行其左射獲左讀

乙未卜以貞逐豕獲

逐鹿獲左讀

貞其射鹿獲

乙酉貞王令月亡

戊申卜王往田𢦏

戊午王卜貞田盂往來亡𡿧

戊戌王卜貞田[illegible]往來亡𡿧王𠧞曰吉兹㞢獲鹿三

戊子卜貞王田𩫖往來亡𡿧

戊子王卜貞田[illegible]往來亡𡿧王𠧞曰吉兹㞢獲

壬申卜貞王田奚往來亡𡿧王𠧞曰吉獲

戊申王卜貞田𦎫往來亡𡿧王𠧞曰吉

乙未王卜貞田𠱦往來亡𡿧王𠧞曰吉兹㞢獲三[illegible]一鹿

壬辰王卜貞田玟往來亡𡿧王𠧞曰吉在十月茲御獲鹿六

壬申卜貞王田𡈼往來亡𡿧獲白鹿一㠯二左讀

戊辰卜貞王田于淅往來亡𡿧獲兕十左讀

壬子王卜貞田夔往來亡𡿧王𠧞曰吉獲鹿十

丁卯卜貞王田大往來亡𡿧

壬子卜貞王田疐往來亡𡿧

丁亥卜貞王田疐往來亡𡿧

戊戌卜貞王𢓊于𠚼往來亡𡿧左讀

壬寅卜貞王𢓊于𠚼往來亡𡿧

辛丑卜貞王𢓊于𣡕往來亡𡿧

乙亥卜貞王𢓊于𨾊往來亡𡿧

己未王卜在𣏟貞今日步于𣃚亡𡿧

戊寅卜貞立其往來亡𡿧左讀

七曰薶藏　戴記曲禮龜筴敝則埋之注不欲人褻之也史記龜策傳夏殷欲卜者乃取蓍龜已則棄去之今此骨與甲出於洹水之陽當爲殷世卜史所薶藏與曲禮及龜策傳正合惟龜策傳言已則棄去今考之出土之骨與甲則不僅一用再用予所藏一骨其裏面鑽迹縱横排列凡三十有七畧無隙處殆如莊周氏所謂七十二鑽者然則所謂已則棄去者非一用不更用蓋必待無容契灼之處而後棄去之耳

八曰骨卜　古之卜筮用龜與蓍從無知古代用獸骨卜者今發見之卜辭刻於龜與骨者殆相半古者先筮後卜蓋小事用筮大事用卜今殷之卜有骨與龜之異予所藏卜辭中有丙子卜其用龜語用龜而特箸之於卜辭意者非重要之事不用龜卜與惜書缺有間吾不能徵之矣

以上八端並足補正經史裨益至巨蓋三代卜龜之法至漢

寖失其傳雖去周尚近而東漢經生已多茫昧至唐人作正義則去古益遠違失益甚何幸此遺寶者一旦出於三千餘載之後得以考正前後鄭之缺失孔賈之譌誤其於學術豈曰小補之哉

餘說第四

卜辭文字於考證經史小學及古卜法外尚有數事足資博聞一於此知古書契之形狀倉頡之初作書蓋因鳥獸蹏迒之迹知最初書契必凹而下陷契者刻也（荀子之鍥即契之後起字）小而簡冊大而鐘鼎莫不皆然故龜卜文字為古人書契之至今存者其可珍貴殆逾於漢唐人墨迹其文字之小者不及黍米而古雅寬博於此見古人技術之工眇更逾於楮墨抑三代之時尚為銅器時代甲骨至堅作書之契非極鋒利不可知古人練金之法實已極精也二於此可知古人文字之行

端午橋尚書藏父癸甲

字曰 㚇 癸二

字亦倒書

三知古代之書作卜文大

率方折蓋刀筆宜于徑

直不宜于曲折於偶有圜

折者細筆如游絲彷彿古

印章之繆篆者于此知

殷時書法已有方圓兩

體矣

款讀法卜辭文字或右讀或左讀更有顛到參錯讀之者予所藏龜甲有文曰癸子卜貞王五字分二行左讀其左又有癸巳二字則到書之又有辛卯貞𠕁四字爲二行辛卯二字順書貞𠕁二字逆書。又書十一月作一川十二月作二川十三月作三川又貞之于父卯犬羊三其行次作貞之犬首行于三父次行卯羊原文三行行三字左讀如此者甚多姑舉一二以示其例曩見吳縣潘氏藏一鼎其文每行順逆相間頗以爲異以此況之殆古人所習見矣。於此知古器多塗朱墨予所藏龜與骨文上塗朱者甚多但亦有文字數段獨朱塗其一二段者此殊不可解其塗墨者至罕予所藏一二枚而已朱色至今明豔墨則如煙煤深入字中滌之不去予所藏古陶尊亦洹水之陽出土殆亦殷器塗朱亦未滅又見端午橋尚書方所藏古玉刀亦然至漢之瓦當亦有塗朱者其意雖不可曉然知此風自殷周已然矣以上數事並資多

聞故坿箸之

予之考證貞卜文字蓋始於今年二月牽於人事或作或輟已自念言古物之出不先不後而適當我之生且沈薶三千年鍵予之巾笥者亦且十年每一展觀輒有損斁儻再數十百年恐千百不復存一用是惕然自勵乃以長夏屏絕人事閉戶兼旬草稿甫就不及審定亟付寫官蓋其中有將恐將懼者存焉噫天下之事應恐懼急圖蓋有千百倍於此者而予力之所隶則僅此而已當世之君子儻有以我為今之楊子雲者書此謝之六月二十四日振玉又識

殷商貞卜文字考

附録

殷商貞卜文字考補正

羅振玉

考古學社社刊第五期單行本

殷商貞卜文字考補正

上虞羅振玉　男福頤錄

序

此卜辭者，實爲殷室王朝之遺物。一頁第十五行

乙室字。遺物下，補「大卜之所掌」五字。

考史第一

武乙三年，自殷遷于河北。二頁八行

河北下，補注「三代世表作庚丁，徙河北。」

當洹水之陽，二頁十行

陽下補「水曲之處」四字。

考之漢書項籍傳，羽乃與章邯盟于洹水。二頁十一行

乙漢書下十四字，改「史記項羽本紀『項羽乃與章邯期洹水南殷虛上。』」

湯陰，即蕩陰。二頁十三行注

下補「漢之蕩陰」。

城北有洹水東流者也。二頁廿行

下補「史記項羽本紀集解『瓚曰，洹水在今安陽縣北去朝謌殷虛一百五十里，然則此殷虛非朝歌也。』」

今則至河亶甲以後十餘世之武乙文丁。三頁一行

乙「文丁」二字。

不應有武乙且有文丁。三頁三行

乙「且有文丁」四字。

曰大戊，曰仲丁。三頁十二行

下補註「三代世表作中丁。」

曰祖甲。三頁十四行

下補注「世表作帝甲。」

今帝王名諡之見於卜辭者十有七。三頁十四行

「十有七，」改「凡二十。」

曰大乙，曰大丁。三頁十五行

下補「曰卜丙。」

曰大戊，曰中丁。三頁十六行

下補「曰卜壬。」

曰且丁，曰南庚。三頁十七行

下補「曰般庚。」

曰且庚，曰且甲。三頁十七行

下補注「世表作帝甲，卜文亦有帝甲」。

曰文丁。三頁十七行

此三字全乙。

大丁雖未立，然刻辭中數見。三頁廿行

下補「外丙卜辭作卜丙，與孟子及史記等書均不合。殷王之名，稱外者凡二世，曰外丙，外壬，而稱丙者，僅外丙一人，卜丙殆即外丙，或後人傳寫增卜爲外與。又卜辭又有卜壬，殆即外壬，然則孟子及史記，譌卜爲外，其信然矣。」

又作南庚，或作般庚，初意冉與南字形近，疑。三頁廿一行

乙或字下十三字。

嗣見刻辭中所屢見之㱿字，……疑冉㱿乃一字，殸字形似。三頁廿二行

此段全乙，改「般庚之」三字。

史記龔奉傳，揚雄傳，後漢書文苑傳杜篤傳。三頁廿四行

此段全乙。

意古文尚書……如竹書是而史記誤也。三頁廿五行

此段全乙，改「與卜文正同」。

于此可見殷周禮制之沿革。四頁九行

沿革下補「矣」字。

與史記合者十有五可訂正史籍者二。四頁十行

「十有五」改「十有六」。「二」改「三」。

又有咸戊，疑即巫咸。四頁十三行

乙「疑」字。

惜無他證也。

此五字乙，下補「白虎通姓名篇『言于臣民亦得以甲乙生日名子。殷臣有巫咸，有祖已也。』王氏引之經義述聞云『巫咸，今文並作巫戊。白虎通用今文尚書，故與古

文不同。後人但知古文之作咸而不知今文之作戊，故改戊爲咸耳。』今以卜辭證之，乃是咸戊，此可證尚書與白虎通者也。咸戊卜辭中亦稱咸。」

史記，殷世家振卒子微立。……無用十二支者。四頁十四行

此段全乙改「白虎通『殷以生日名子，不以子丑爲名何?曰甲乙幹也，子丑枝也，幹者木之質，故以甲乙爲名也。』」

今刻辭中有且丑……以廣異聞。四頁十七行

此段全乙，改「今案刻辭中明有且丑，再見且亥，父卯，再見此可證白虎通之誤。然古彝器亦罕見以十二支爲名者，故漢代經生已無知之者矣。」

書伊訓「惟元祀，」音義「祀年也。」四頁廿行

此十一字乙改「爾雅釋天。」

書祀者二，一曰「其隹今九祀，」一曰「隹王二祀。」四頁廿一行

此段改「書祀者三，曰『隹王二祀六祀，』曰『其隹今九祀，』曰『隹十祀。』」

爾雅釋天辭注。四頁廿二行

此六字乙，改「書疏引孫炎注。」

商代祭祀所用牢數，殆無定制，而卜以定之，故卜辭中。四頁廿六行

此廿一字乙，改「周禮龜人，上春釁龜，祭祀先卜。鄭司農注曰，『祭祀先卜者，卜其日與其牲。』玄謂『先卜，殆用卜筮者。』先後鄭異義。案商命龜祭祀，下文明言者有祭事，則奉龜以往。又大卜大祭祀則眡高命龜，則祭祀先卜，爲因祭祀而卜，非祭先用卜筮者。證之卜辭有云『翌且乙日用二月，』又云『口寅貞其月于父丁，』又卜辭中。」

其稱大牢，曰大牢，曰少牢，曰小牢，此可見商代之祀典，此三則。五頁三行

此廿四字乙，改「此先鄭所謂卜日與牲之確証，足証後鄭之失者也，此五者。」

亦有禘於史事。五頁四行

改「亦有禘于經史。」

正名第二

許書之牢，卜辭或從牛作牢，或從羊作宰。八頁一行

下補注「禮于牛稱大牢，羊豕稱少牢，卜辭作大牢小牢，故牢字或从牛，或从羊。」

許書之鄉。饗食之初字八頁二行

注文五字乙。

然不問从豆與从酒，皆可示鄉之意。八頁三行

改「然不問从皀與从酉，皆可示鄉食之意。」

許書之曹……皆可示曹之意。八頁三行

此段全乙。

妾字V或在上作[illegible]，或在旁作[illegible]，四字或作[illegible]，人左向，或作[illegible]，人右向。八頁八行

此段全乙，改「豕字或作[illegible]，或作[illegible]，或順或逆。」

移易向背。八頁十行

下補「順逆」二字。

其習見之字，如一元天不示，……雖亦見卜辭中，然仍不可識，其八頁廿一行

自其習起訖不可識其止，凡廿八行全乙。

有金文習見不可識，賴卜辭知之者。九頁廿二行

有上補「葢」字。

卤下出古文□……小徐從艸者誤也。十一頁三行

此五行全乙。

今卜辭中有□字，中从□。十一頁十三行

□改□，

乙「中从□」三字。

備下出古文□，今卜辭有□，殆即備字不从人。十一頁廿五行

此十八字乙。

淵下出古文□，今卜辭淵作□不从口水。十二頁三行

此十六字乙。

注始於一，見於十，歲成有木之象。十二頁十一行

此十三字乙。

故注有始一見十之說。十二頁十三行

此九字乙。

今卜辭干支之子，或作兇或作8。十二頁十六行

乙上「或」字，字改「8」作「凷」。

祝注从示从儿口，……則與篆文合矣。十三頁四行

此三十四字乙。

其訓牛爲牢。十三頁十三行

「爲」改「馬」字。

段君以止爲足。十四頁二行

君下補「因」字。

邁注遠行也，从辵萬聲，……許書所載之或體，往往有本于古文者，此其一也。十四頁四行

此段全乙。

徙注迻也，从辵止，……疑亦衛字而略變也。十四頁九行

此七行全乙。

鬳注，鬲屬从鬲虍聲，……象形非聲也。十四頁十九行

此段全乙。

許書从攴，乃从又之譌。十五頁四行

「譌」改「變」。

訢啟鼎作䟴。十五頁五行

改「遂啟諆鼎作䟴。」

教注，上所施下所效也，……乃教之所自昉也。十五頁六行

此段全乙。

亦非从鼎省也。十五頁十四行

　此六字乙。

或从𠨍从豆，其从酉即酒者。十七頁十五行

　乙「即酒」二字，補字「象尊形，曲禮『酒進則起，拜受于尊所，』鄭注『燕飲之禮，鄉尊。』正義『鄉飲酒及卿大夫燕賓主得夾尊。』又曰『若鄉飲酒，皆主人與賓夾尊也。』」

者象相向而飲也。十七頁十七行

　此七字乙，改「从酉象賓主相間夾尊也。」

各異詞也，苦格切。十八頁十三行

　乙「苦格切」三字。

殆後起之字爲篆書所本。十八頁十七行

　「篆書」二字，改「許君。」

竄注匿也，从鼠在穴中，……乃自[illegible]形而譌耳。十八頁十七行

此四行全乙。

[illegible]注，毛拜拜也，象形，今卜辭有[illegible]，殆即拜字。十八頁廿四行

此十七字全乙。

故於豕復著矢以別之。頁十九頁四行

「豕復」改「豕旁」。

金文始見彘字，庚𣪘爲篆所本也。十九頁六行

「爲篆」改「爲許」。

淵注洄水也，……而沒之義不完。十九頁十四行

此六行全乙。

从水从隻。即獲，十九頁廿行

下補「又作[illegible]。」

不从蒦。十九頁廿行

下補「溢注器滿也，从水益聲。今卜辭溢作㳄，象皿中之水上溢，則自皿中溢出者。又作㳄，金文益作㳄（益公鐘）㳄（畢鮮敦蓋）八八均象水溢狀。今篆从㳄，㳄象吹漣漪之狀，皿中之水固不能有此狀也。」

从甲乙之乙，从鳥……許書之或作乃古文。十九頁廿六行

乙「鳥」字改「隹此亦」三字。「乃古文」改爲「古文者。」

本字从鳥乙聲，……段謂俗人加鳥，均誤之甚也。廿頁一行

此段全乙。

今卜辭門作𨳇，上又有楣。廿頁三行

「楣」改「楣。」

晏注安也，从女从曰，……安得謂爲小篆之失乎。廿頁九行

此四行全乙。

萬注毒蟲也象形，……今篆萬从厹於尾形未肖也。廿頁十四行

此段全乙。

日加丑，亦舉手時也。廿頁十九行

此八字乙。

而曰加丑，亦舉手時，語尤紆固。廿頁廿行

此十二字全乙。

未注五行木老于未，……故巡省爲木與。廿頁廿五行

上二行全乙。

五行土生於戊，盛于戌。廿一頁六行

此九字乙。

如鈕王輩也。廿一頁十二行

改「如鈕樹玉王紹蘭輩也。」

卜辭有吾字，許書在口部。……此許書分部之失也。又廿一頁十三行

此三行全乙。

至卜辭中文字之不見于古金文，……願與當世方聞之士共討索之。廿一頁廿行

此十九行全乙。

卜法第三，

即所謂楚焞也。廿四頁二行

下補「白虎通亦云，以荆火灼之。又引禮三正記，灼龜以荆。」

蓋先取龜之下甲。廿四頁十九行

下補「周禮大卜『則眡高作龜』，鄭注『所謂卜因龜之腹骨』是也。」

均不言刻辭于龜。廿五頁七行

「刻辭」改「遝記」。

此先儒所未知者。廿五頁八行

者下補「也」字。

卜辭至簡字多不可識，……戊寅卜貞立其往來亾災。左讀廿五頁八行

此段百又十行全乙。

餘說第四

殆古人所習見矣。卅一頁廿一行

下補「三知古代之書體，卜文大率方折，蓋刀筆宜于徑直，不宜于曲折，然偶有圓折，精細筆如游絲，仿佛古印章之繆篆者。于此知殷時書法，已有方圓兩體矣。」

三，于此知古器之塗朱墨。卌一頁廿一行

「三」改「四」。

殷商貞卜文字考，家大人寓海東時，曾手自删訂，後以之剪裁入殷虛書契考釋中，致稾即廢棄。往歲海上書肆覆印此書時，曾乞改訂本，乃覔稾不得。頃頃于舊筍中偶獲之，謹讀所改訂删節處甚多，全書雖已均囊括入考釋，然有此可窺

是學遞進之迹。且此書，近世學者猶多奉爲圭臬，則所補正，亦不可或廢。爰盡二日力，錄成一卷。此册在　家大人雖謂爲槀不足存，然舉以示今日治卜文史學者，或亦有資于博聞乎。丙子秋男福頤謹記。

殷虚書契考釋

龜雖壽三千歲永不朽在文字

刖翁鐵藏龜之續 乙卯二月廿五日春丸日中書

扉頁羅振玉題字

此乃王亥考釋成祖父隨手箋補之存書眉前後補出殊遍似即後來增訂本所依據藏予手久矣今年承山與琨妹賢伉儷偕過我因檢出為贈以伉儷皆能衍吾家殷契研究之傳付託得人爲可喜也己卯國慶誕日甘孺翁年八十有七識

扉頁羅繼祖書跋

殷虚書契考釋

永慕園印

嘉興沈曾植

奉懷一律

二酉山深是首陽，千秋孤索炯心光。十繇鄭說文能補，六書殷官府有藏。夢裏儃逢師摯告，書成不借康微商。殘年識字心猶在，海水天風鼓一觴。

膠州柯劭忞

歲莫懷人四之一

老作東瀛客，無人記姓名。衣冠非夙昔，風義自平生。學已攀三古，書還擁百城。名山留著作，未覺一身輕。

予性孤冷，少交游，自江湖長往，與世益疏。惟子培方伯、鳳蓀京卿時時詒書海外，勉共歲寒。去歲知予將考訂殷虛遺文，先後賜詩均及茲事，所以期于予者至厚。此編告成，爰錄之簡首。

以志吾之釋敬致廣為將勉力寫定者其得于 二兄鼓勉
之力為多也 仙亭來民記于殷禮在斯堂

宣統壬子冬予既編印殷虛書契欲繼是而為考釋人事乖午因循不克就者歲將再周感莊生吾生有涯之言乃發憤鍵户者四十餘日遂成考釋六萬餘言既竟爰書其端曰予讀詩書及周秦之閒諸子太史公書其記述殷事者葢寥寥焉孔子學二代之禮而曰杞宋不足徵殷商文獻之無徵二千餘年前則已然矣吾儕生三千年後乃欲根據遺文補苴往籍譬若觀海茫無津涯予從事稍久乃知茲事實有三難史公最錄商事本諸詩書旁攬系本顧考父所校僅存五篇書序所錄亡者逾半系本一書今又久佚欲稽前古津逮莫由其難一也卜辭文至簡質篇恆十餘言短者半之又字多假借誼益難知其難二也古文因物賦形繁簡任意一字異文每至數十書寫之法時有淩獵或數語之中倒寫者一二兩字之名合書者七八體例未明易生炫惑其難三也今欲祛此三難勉希一得乃先考索文字以為之階由許書以溯金文由金文以窺書契窮其蕃變漸得指歸可識之文遂幾五百循是考求典制稽證舊聞途逕漸啓扃鐍為開稽其所得則有六端一曰帝系商自武湯逮于受辛史公所錄為世三十見于卜辭者二十有三史稱大丁未立而卜辭所載祀禮儼同于帝王又大乙羊甲卜丙卜壬校以前史並與此異而庚丁之作康祖丁武乙之稱武祖乙文丁之稱文武丁則言商系者之

所未知此足資考訂者一也二曰京邑商之遷都前八後五盤庚以前具見書序而小辛以降衆說多違洹水故墟舊稱亶甲今證之卜辭則是徙于武乙去于帝乙又史稱盤庚以後商改稱殷而徧搜卜辭既不見殷字又屢言入商田游所至曰往曰出商獨言入可知文丁帝乙之世國尚號商書曰戎殷乃稱邑而非稱國此可資考訂者二也三曰祀禮商之祀禮頗異周京名稱實繁義多難曉人鬼之祭亦用柴賁牢鬯之數一依卜定王賓之語為洛誥所基騂牡之薦非鎬京始剏此可資考訂者三也四曰卜法商人卜祀十干之日各依祖名其有夾者則依夾名又大事貞龜餘事骨卜凡斯異例先儒未聞此可資考訂者四也五曰官制卿事之名同于雅頌大史之職亦載春官爰及近臣並符周制乃知姬旦六典多本殷商此可資考訂者五也六曰文字召公之名是夾非奭鳥鳴之字从雞非鳥隹鳥不分子巳殊用牝牡等字牛羊任安牢牧諸文亦同斯例又藉知大小二篆同乎古文古文之真閒存今隸如此之類未遑僂數此可資考訂者六也予爰始操翰訖于觀成或一日而辨數文或數夕而通半義譬如冥行長夜乍覩晨曦既得微行又蹈荊棘積思若痗雷霆不聞操觚在手寢饋或廢以茲下學之資勉幾上達之業而既竭吾才時亦弋獲意或天啟其衷初非吾力能至但探賾索隱疑蘊

尚多覆簣爲山前脩莫竟繼是有作不敢告勞有生之年期畢此志訂譌補闕俟
諸後賢宄山攻錯跂予望之宣統甲寅十二月十八日上虞羅振玉書于日本京
都東山僑舍

殷虛書契考釋

上虞　羅　振玉

都邑第一

商自成湯至於般庚凡五遷都武乙立復去亳徙河北其地當洹水之陰今安陽縣西五里之小屯即其虛矣方志以為河亶甲城者是也

史記殷本紀正義引竹書紀年謂自般庚徙殷至紂之滅二百七十五年更不遷都然考之史記殷本紀武乙立殷復去亳徙河北（三代世表作庚丁徙河北）今本竹書紀年武乙三年自殷遷於河北十五年自河北遷於沬王氏詩地理考引帝王世紀帝乙復濟河北徙朝歌（案帝乙自洹陽徙沬本在河北不得言復濟殆有譌字）是般庚以後至於末季凡再遷也惟諸書均言徙河北不言何地考史記項羽本紀項羽乃與（章邯）期於洹水南殷虛上集解引應劭曰洹水在湯陰界（今安陽漢蕩陰縣兼有今安陽地）殷虛故殷都也瓚曰洹水在今安陽縣北去朝歌殷都一百五十里然則此殷虛非朝歌也

史記殷本紀正義引括地志相州安陽本盤庚所都即北冢殷虛南去朝歌城一百四十八里竹書紀年云盤庚自奄遷于北冢曰殷墟（墟字衍）南去鄴四十里是舊都城西南三十里有洹水南岸三里有安陽城西有城名殷虛所謂北冢

者也水經注洹水篇洹水出山東逕殷墟北又云洹水自鄴東逕安陽城北又引魏土地記鄴城南四十里有安陽城城北有洹水東流者也均謂洹水之南有殷虛武乙所徙蓋在此也雖正義誤以安陽為般庚所都又誤以安陽殷虛為北冢徐氏竹書紀年統箋已正之而洹陰之有殷虛則諸說咸同彰德府志載安陽縣西南有河亶甲城以此殷虛屬河亶甲然河亶甲居相其地蓋在今內黃縣東南非今安陽而今龜甲獸骨出土之處正在今安陽縣西五里之小屯確當洹水之南土人謂之安陽河與前記悉合故知武乙所徙實在此處方志以為河亶甲城者誤也至紀年謂武乙十五年徙沬帝王世紀謂帝乙徙沬二說不合今以卜辭中所見帝王之名考之直至武乙而止據此可知遷沬必在帝乙之世竹書誤而世紀所記為得實也

帝王第二

史記殷本紀載成湯以來至於帝辛傳世三十今見於卜辭者二十有三

曰大乙殷虛書契卷一第三葉同上卷一第四葉後上廿、

史記作天乙書釋文同索隱引譙周說天亦帝也殷人尊湯故曰天乙案天與大形近易譌故大戊卜辭中亦作天戊卷四第十六葉以大丁大甲諸名例之知作大者是

譙周為曲說矣

又案卜辭中書人名或直行書之或旁行書之或合二字為一字書之又或正書或反書其旁行書者又或左讀或右讀書法至不一故一人之名必舉其書法變異者照原式寫於釋文之下而注明原書某卷某葉其小異同者不復備舉

曰大丁 □卷一第四葉□同上□同上

孟子及史記皆言大丁未立而卜辭中屢見之豈未立而仍祀以帝禮與抑前記有誤與不可考矣

曰卜丙 □卷一第五葉□同上□同上

孟子及史記均作外丙尚書序云成湯既沒大甲元年不言有外丙仲壬太史公采世本有之今卜丙之名屢見於卜辭則孟子與史公為得實矣

曰大甲 □卷一第四葉□第五葉□同上

曰大庚 □卷一第六葉□同上□同上□同上□第五葉□第三十七葉

史記作大庚與卜辭同竹書作小庚誤

曰小甲 □卷一第六葉□同上

曰大戊　[illegible]卷一第七葉[illegible]同上[illegible]同上[illegible]同上[illegible]同上[illegible]同上[illegible]同上

[illegible]卷四第十六葉

曰中丁　中口書契菁華[illegible]卷一第八葉中口同上[illegible]同上[illegible]同上中口以上二

曰卜壬　[illegible]卷一第九葉[illegible]同上[illegible]同上

史記作外壬與卜丙作外丙同

曰且乙　且乙卷一第九葉且乙同上且乙同上[illegible]第十葉[illegible]第十一葉[illegible]同上

[illegible]同上[illegible]二以上[illegible]二以上[illegible]二以上[illegible]二以上

曰且辛　且辛卷一第十一葉且辛同上[illegible]同上[illegible]第二十七葉[illegible]第十二葉

曰且丁　且口卷一第十二葉且口同上[illegible]同上[illegible]同上[illegible]第十三葉[illegible]

曰南庚　[illegible]卷一第十三葉[illegible]同上[illegible]同上[illegible]同上[illegible]同上[illegible]第

十四葉[illegible]同上[illegible]同上[illegible]同上[illegible]同上[illegible]第十五葉[illegible]同上

曰羊甲　羊十卷一第四十二葉羊十第四十三葉[illegible]第四十一葉[illegible]十第四

十二葉[illegible]第四十三葉[illegible]同上[illegible]第四十二葉[illegible]同上[illegible]三以上

[illegible]即羊字說見文字篇羊甲即史記之陽甲羊陽古通漢書古今人表有樂陽師

古注即樂羊漢綏民校尉碑治歐羊尚書歐羊即歐陽皆其例矣

曰般庚　卷一第十五葉　同上　同上　同上　同上　第十六葉　同上　同上　同上　後上

曰小辛　卷一第十六葉　同上　同上

曰小乙　卷一第十六葉　同上　第十七葉

曰武丁　卷一第十七葉　同上　第十八葉　同上　同上

曰且庚　卷一第十八葉　第十九葉　同上　同上　第二十三葉　第二十四葉

且康即且庚古庚字或作康石鼓文□馬既迧□□康康康康即庚庚矣

曰且甲　卷一第十九葉　第二十葉　同上　同上　同上

曰康丁　書契後編　同上

史記作庚丁殆康丁之譌商人以日為名固無兼用兩日者矣

曰武乙　卷一第二十一葉　同上　同上　同上　第二十二葉　同上

又有帝甲　十書契後編

史記以為祖甲恐未信也

史記殷本紀之祖甲三代世表作帝甲然卜辭中已有且甲且卜辭於帝甲文後有其眔（即逮字）且丁語則帝甲在且丁之前乎且丁者有河亶甲有沃甲皆卜辭所無或即二者之一矣

又有曰示丁 [illegible]書契菁華 [illegible] [illegible]

曰示壬 [illegible]卷一第一葉 [illegible]同上 [illegible]同上 [illegible]同上 [illegible]同上 [illegible]同上 [illegible]同上 [illegible]第二葉 [illegible] [illegible] [illegible]

曰示癸 [illegible]卷一第二葉 [illegible]同上 [illegible]同上 [illegible]同上 [illegible]同上 [illegible]同上 [illegible]同上

殆湯之先世及其祖若考矣

史記微子報丁報丁子報乙報乙子報丙報丙子主壬主壬子主癸主癸子天乙此示丁殆即報丁示壬示癸殆即主壬主癸其稱示丁示壬示癸者殆湯有天下後以神之禮祀其先猶周之追王矣

又卜辭中所祀之祖或以妣配食其可徵者十有四（五）

示壬之配曰妣庚 [illegible]卷一第一葉 [illegible]

凡殷人所祀之祖稱之曰王賓（說見禮制篇）所配食之妣稱之曰奭（即赫字說見文字篇）亦有祀祖不配以妣者亦有祀妣不及祖者

示癸之配曰妣甲　卷一第三十一葉　第三十二葉

大乙之配曰妣丙　卷一第三葉　書契後編

大丁之配曰妣戊　書契後編

大甲之配曰妣辛　卷一第五葉　第三十七葉　書契後編　同上

大庚之配曰妣壬　書契後編

大戊之配曰妣壬　書契後編

中丁之配曰妣癸　卷一第八葉

且乙之配曰妣己　卷一第三十四葉　書契後編

且丁之配曰妣己　卷一第十七葉　第三十四葉

又曰妣庚　書契後編　同上

又曰妣辛　書契後編　同上

又曰妣癸　書契後編

小乙之配曰妣庚　卷一第十七葉

武丁之配曰妣辛　卷一第十七葉　第三十七葉

又曰妣癸　卷一第十七葉

又曰妣戊 書契後編

且甲之配曰妣戊 卷一第三十三葉

康丁之配曰妣辛 書契後編

諸帝皆一配且乙二配且丁武丁三配者猶少康之有二姚與抑先殂而後繼與不可知矣

人名第三

卜辭中人名於前篇所列帝王之名前籍可徵者外更得七十有八

曰且丙 卷一第二十二葉

曰小丁 卷一第二十二葉 同上

曰且戊 卷一第二十三葉 同上

曰中己 書契後編

曰南壬 卷一第四十五葉

曰父甲 卷一第二十四葉 同上 同上

曰父乙 卷一第二十四葉 第二十五葉 同上 第二十六葉

曰父丁 卷一第二十六葉 同上 書契後編

曰父己 卷三第二十三葉 卷一第二十七葉

曰父庚 卷一第二十六葉 第二十七葉

曰父辛 卷一第二十七葉

曰且卯 卷一第二十三葉

曰父卯 卷一第二十八葉卷七第二十葉 鐵雲藏龜第百十一葉

白虎通殷以生日名子不以子丑爲名然卜辭中以十二枝爲名者不少且卯父卯以外有妣巳妣戌寅父皆以枝爲名者也

曰妣乙 卷一第三十二葉 同上 同上 同上 卷六第二十七葉

卜辭中字或倒書之前之般庚般字倒書此則匕乙二字皆倒書

曰高妣丙 卷一第三十三葉

曰妣丁 卷一第三十三葉 書契菁華

曰高妣己 卷一第三十四葉 同上 同上 第三十五葉

曰高妣庚 卷一第三十六葉

曰妣己 卷一第三十八葉 第三十葉

曰妣壬

曰妣戊　□卷一第三十八葉□同上

凡稱妣某殆皆帝王之妃匹其配食者得知為何帝之妃列之前篇其不知為何帝之妃者則列之此篇

曰母甲　□卷一第二十八葉

曰母丙　□卷一第二十八葉□同上□

曰母丁　□卷一第二十八葉

曰母戊　□書契後編上六

曰母己　□卷一第二十八葉□同上□第三十九葉□第二十八葉□

曰母庚　□卷一第二十九葉□同上□同上□第三十葉□同上

曰母辛　□卷一第三十葉□同上□同上□第二十八葉

曰母壬　□卷一第三十葉□書契後編上七

曰母癸　□卷一第三十一葉□同上□同上

曰母巳　□卷一第三十一葉

卜辭中辰巳之巳皆作□作□者惟此一見

曰兄甲　□卷一第三十八葉

曰兄丁 卷一第三十九葉 同上 同上 同上

曰兄戊 卷一第四十葉 同上 同上

曰兄己 卷一第四十葉 第四十一葉 書契後編上七

曰兄庚 卷一第四十一葉 同上

曰兄辛 書契後編上七

曰兄壬 書契後編上七

商家以日為名殆即取十幹或十二枝一字為之不復加他字金文中每有日甲日乙等是也而帝王之名稱大甲小甲大乙小乙大丁中丁者殆後來加之以示別蓋有商一代帝王就史記所載三十人中以甲名者六以乙名者五以丁名者六以庚名者四以辛名者四以壬名者二惟以丙與戊己名者僅一帝耳使不加字後來史家記事無以別為何代何帝矣然在嗣位之君則承父者逕稱其所生為父某承兄者逕稱其所先者為兄某則當時已自了然故疑上所列曰父某兄某者即前篇所載諸帝矣

曰十□ 卷一第四十三葉 十□

曰丁口 卷一第五十三葉

曰戊

殷考 六

曰與戊□卷一第四十四葉及藏龜第百五十七葉□第四十四葉□

鐵雲藏龜之餘

曰盡戊□卷一第四十四葉□同上□第四十五葉□同上

曰己　殷虛書契後編

曰寅父□卷一第五十一葉□同上□第五十二葉□

曰娥卯□卷四第五十二葉

曰□卷一第四十五葉

皆以日為名者也亦有不以日名者

曰□卷一第二十七葉□第二十三葉

曰□卷一第四十六葉□同上□同上

曰多父□卷一第四十六葉

以上三名或係一人

曰康□卷一第三十七葉

康有妣辛配食殆帝王之名疑即康丁也

曰唐□卷一第四十七葉

曰𢓜卷一第四十八葉同上

曰季書契後編上九

曰杏卷一第四十七葉

曰𢦔卷一第四十九葉同上同上卷六第七葉

曰卷六第七葉同上

此與前書法頗異姑析為二或係一人

曰昌卷一第四十九葉

曰兕卷一第五十葉

曰戚卷一第四十四葉同上同上

曰矢卷一第四十五葉

曰浴卷一第五十一葉

曰之卷一第五十三葉第四十六葉

曰女卷一第五十二葉

曰卷一第四十八葉

曰卷一第五十葉同上同上同上同上

曰田卷一第四十七葉及五十葉□卷二第二十五葉□同上

曰□卷一第五十一葉

曰□卷一第五十二葉

曰□卷一第五十三葉

曰□卷六第十八葉□書契後編

曰□卷一第十六葉

曰□書契後編

曰□卷四第五十二葉□第五十五葉

曰□卷四第七葉

曰□卷一第四十七葉

曰□卷一第五十一葉

曰□卷二第二十五葉□同上□卷三第二十八葉□第二十四葉

右□與□疑是一人

皆於前籍雖有徵矣其名臣之見於卜辭者二

曰咸戊□卷一第四十三葉□同上

白虎通姓名篇臣名亦得以甲乙生日名子殷有巫咸有祖己也王氏經義述聞云巫咸今文並作巫戊白虎通用今文尚書故與古文不同後人但知古文之作咸而不知今文之作戊故改戊為咸耳今卜辭有咸戊殆即巫戊意者巫其官戊其名咸其號矣

曰且己 □卷一第二十三葉 □同上 □同上 □同上

其於且己也尊之曰王賓與帝王同書般庚云茲予大享于先王爾祖其從與享之觀卜辭益徵信矣

地名第四

地名之見於卜辭者百九十有三其類十有六曰王在某曰徣于某曰至于某曰往于某曰出于某曰步于某曰入于某曰田于某曰狩于某曰驅于某曰舟于某曰在某次曰于某曰伐某曰征某曰某方其字或可識或不可識然以上下文與例考之確知其為地名也其稱王在某者八十有一

曰旁 □卷二第三葉

曰樂 □書契菁華 □書契後編

曰反 □卷二第四葉

曰帛　卷二第十二葉

曰白　卷二第五葉

曰余　卷二第十三葉　同上

曰雇　卷二第四葉　第六葉

曰木　卷二第十五葉

曰林　卷二第八葉

曰谷　卷二第五葉

曰[illegible]　卷二第五葉

曰卯　卷二第十葉

曰門　卷二第九葉　同上

曰敝　書契後編上十

曰逢　書契菁華　書契後編上十

曰叉　卷二第十九葉

曰膏　卷二第十五葉

曰奠　卷二第十五葉

曰□ □

□

曰□ □ □上廿

曰鳿 □卷二第九葉

曰龔 □卷二第十八葉

曰灉 □卷二第十一葉

曰潢 □卷二第五葉□第六葉

曰甾 □卷二第八葉□□□□廿一

曰徖 □卷二第六葉

曰湟 □卷二第六葉

曰屰 □卷二第十一葉□同上

曰杏 □卷二第十一葉

曰臭 □卷二第十九葉□第十八葉

曰濼 □卷二第四葉□同上

曰汱 □卷二第四葉

曰変 □卷二第十葉

曰攸 □卷二第十六葉□第十七葉

曰孚 □書契菁華□書契後編□□

曰㪍[illegible]卷二第七葉[illegible]同上[illegible]第八葉[illegible]後上十六

曰取[illegible]卷二第九葉[illegible]同上

曰[illegible][illegible]卷二第十三葉

曰上[illegible][illegible]卷二第十四葉[illegible]第三葉

曰[illegible][illegible]卷二第四葉[illegible]書契後編上十八

曰[illegible][illegible]書契後編上十二

曰[illegible]~~書契菁華~~後上十一

曰[illegible]書契後編上十

曰[illegible]書契後編上十

曰[illegible]卷二第四葉[illegible]後上十[illegible]同上

曰[illegible]卷二第四葉

曰[illegible]卷二第五葉

曰[illegible]卷二第四葉

曰[illegible]卷二第六葉

曰[illegible]卷二第七葉

曰[illegible]卷二第七葉

曰[illegible]卷二第七葉

曰[illegible]卷二第五葉

曰[illegible]卷二第七葉

曰丁卷二第七葉

曰[illegible]卷二第八葉[illegible]書契菁華

曰[illegible]卷二第六葉[illegible]書契菁華

曰出卷二第六葉

曰[illegible]卷二第十八葉

曰[illegible]卷二第十九葉

曰[illegible]卷二第三十二葉

曰[illegible]卷二第三十二葉

曰[illegible]卷二第十二葉[illegible]第十三葉

曰[illegible]卷二第八葉[illegible]第九葉[illegible]第十九葉

曰[illegible]卷二第十五葉

曰[illegible]卷二第十葉

曰[illegible]卷二第十葉

曰[illegible]卷二第九葉

曰[illegible]卷二第五葉[illegible]第八葉

曰[illegible]卷二第十葉[illegible]書契菁華[illegible]

曰[illegible]卷二第十三葉

曰[illegible]卷二第十五葉[illegible]第三十四葉[illegible]同上

曰[illegible]卷二第十一葉又十二葉[illegible]書契菁華[illegible]書契後編上[illegible]

小子射鼎在[illegible]餗即此地也卜辭中地名見金文者僅此與下召字耳

曰[illegible]卷二第十一葉[illegible]第八葉[illegible]第三十四及第三十五葉

曰[illegible]卷二第十葉[illegible]

曰[illegible]卷二第八葉[illegible]同上

曰[illegible]卷二第三葉

曰[illegible]卷二第三葉[illegible]

曰[illegible]卷三第三葉[illegible]

曰□卷二第三葉

曰□書契菁華

曰□書契菁華

曰□書契菁華

曰八□書契後編

其稱戔于某者十

曰射□卷二第八葉

曰向□卷二第三葉□第二十葉

曰宮□卷二第三十一葉

曰雝□卷二第三十六葉□同上□第二十四葉□第三十五葉□同上

曰淮□卷二第十六葉□第七葉□第二十四葉□第二十一葉□第三十六葉

此疑與雝為一字省口耳

曰召□卷二第二十一葉□第二十三葉□第二十二葉□第二十三葉□第二十四葉□第二十二葉□同上□第二十三葉□□

此地名亦見己酉方彝博古圖卷十字作[illegible]

曰[illegible]卷二第二十四葉[illegible]同上

曰[illegible]卷二第二十四葉

曰[illegible]卷二第八葉

其稱至于者三

曰盂卷二第二十葉[illegible]第三十八葉[illegible]第二十葉

曰龔[illegible]卷二第二十五葉

曰[illegible]書契菁華

其稱往于者四

曰休[illegible]書契後編[illegible]

曰[illegible]卷二第二十一葉

曰[illegible]卷四第五十一葉

曰[illegible]卷二第二十葉[illegible]同上

其稱出于者二

曰[illegible]卷二第十八葉[illegible]同上[illegible]卷七第十二葉[illegible]

此字亦見古金文吳中丞大澂以爲穗敦穗尊者其文作[illegible]敦文[illegible]尊文與此殆一字吳釋穗未安

曰[illegible]書契菁華[illegible]卷六第三十五葉

其稱步于者十有七

曰[illegible][illegible]卷二第十五葉[illegible]第十六葉[illegible]第二十六葉

曰[illegible][illegible]卷二第八葉

曰杞[illegible]卷二第八葉

曰[illegible][illegible]卷二第十二葉

曰[illegible][illegible]卷二第十二葉

曰謝[illegible]書契菁華

曰[illegible]卷二第八葉[illegible]書契後編

此字亦見亡乙爵

曰[illegible]卷二第七葉[illegible]第八葉

曰[illegible]卷二第十葉

曰[illegible]卷二第十葉

曰杞卷二第十九葉

曰兄卷二第二十一葉

曰𠦪卷二第二十一葉

曰晉卷二第八葉晉同上

曰吉卷二第八葉

曰侃卷二第二十六葉

其稱入于者一

曰商商卷二第一葉商第二葉商第一葉商第二葉商同上

其稱田于者四十有

曰高高卷二第十二葉

曰斿斿卷二第二十六葉斿同上斿第二十九葉斿第四十一葉

曰衣衣卷二第十一葉

曰麥麥書契菁華

曰大大卷二第二十八葉

曰天天卷二第二十七葉

曰雞 雞卷二第三十六葉雞第三十七葉雞同上

曰鼉 鼉卷二第二十一葉鼉第四十一葉鼉同上鼉同上鼉同上鼉

曰奚 奚卷二第四十二葉

曰殸 殸卷二第四十三葉殸同上殸同上

曰鬖 鬖卷二第四十四葉

曰䖒 䖒卷二第三十四葉䖒第四十四葉䖒同上阿書契後編

曰殺 殺書契菁華殺卷二第二十一葉殺 [illegible]

曰叏 叏卷二第二十八葉叏同上叏同上此增水旁然與上當是一字

曰曹 曹卷二第二十九葉曹同上

曰沃 沃卷二第三十二葉

曰混 混卷二第二十八葉

曰公 公卷二第四十五葉

曰蓋 蓋卷二第三十七葉蓋同上

曰疐 疐卷二第二十七葉疐第三十葉疐第三十九葉疐第三十葉疐第三十五葉疐第四十葉疐第三十八葉

曰

曰[illegible][illegible]卷二第三十八葉[illegible]同上[illegible]第十一葉

曰[illegible]卷二第二十七葉

曰[illegible]卷二第三十一葉

曰[illegible]卷二第三十二葉[illegible]第三十三葉[illegible]同上[illegible]

曰[illegible]卷二第三十八葉[illegible]同上

曰[illegible]卷二第四十二葉[illegible]第四十三葉

曰[illegible]卷二第二十七葉

曰[illegible]卷二第三十二葉

曰[illegible]卷二第二十七葉

曰[illegible]卷二第卅五葉[illegible]同上[illegible]同上[illegible]第四十四葉

曰[illegible]書契後編

曰[illegible]卷二第二十七葉[illegible]同上

曰[illegible]卷二第四十四葉

曰[illegible]卷二第三十二葉

曰[illegible]卷二第二十六葉

曰□卷二第二十一葉

曰□書契菁華

曰□書契後編上五

曰□書契後編上五

曰□卷二第二十八葉

曰□卷二第二十八葉

曰□書契菁華

曰□書契菁華

其稱狩于者一

曰□卷一第四十四葉

其稱舟于者一

曰□卷二第二十六葉

其稱毆于者一

曰□卷二第四十二葉

其稱在某次者十有二

曰齊□卷二弟十五葉□同上

曰霍□卷二弟十五葉□書契菁華

曰受

曰夔□卷二弟十六葉

曰劉□卷二弟十七葉□弟十八葉□同上□同上□弟十七葉□同上

曰湊□卷二弟十八葉□

曰□卷二弟十五葉

曰□卷二弟十七葉□同上□同上

曰□卷二弟十六葉□同上□同上

曰□卷二弟四十葉□

曰□卷二弟十葉

曰□卷二弟十葉

其稱于某者凡稱于某者皆于上有缺字六不能知其爲伐于往于等也

曰夫□卷二弟二十葉

曰栗□卷二弟十九葉□同上

曰湡[illegible]卷二第十九葉

曰汼卷二第十葉

曰[illegible]卷二第二十一葉[illegible]卷六第四十三葉

曰[illegible]卷二第二十葉

其稱伐者四

曰[illegible]卷二第三葉

曰[illegible]卷二第三葉[illegible]第四葉

曰呂卷四第三十一葉

曰中卷七第十五葉

其稱征者二

曰[illegible]卷二第三葉

曰[illegible]書契菁華

其稱某方者二

曰[illegible]書契後編上十七

曰[illegible]書契菁華

殷考 十五

凡是者舍商以外皆不能定為後世何地雖周以後地名亦頗有與上諸地相同者然文不足徵未敢臆斷矣

文字第五

卜辭中文字有形聲義胥可知者有僅得知其形與義者有形聲義胥不可知而與古彝器款識同者今次弟述之其形聲義胥可知者

曰一　一卷三第一葉

曰二　二卷三第一葉

曰三　三卷三第一葉

古金文一二三字均與此同說文解字一二三之古文作弌弍弎乃晚周文字錢先生大昕汗簡跋云作字必先簡而後繁有一二三然後有从弋之弌弍弎而叔重注古文於弌弍弎之下以是知許所言古文者古文之別字非弌古於一也

曰三　亖卷三第一葉

說文解字四之古文作𠃢籒文作亖金文中四字皆作亖無作𠃢者𠃢亦晚周文字錢先生所謂古文之別字矣凡許書所載古文與卜辭及古金文不合者

皆晚周別字也

曰五 ㄨ 卷三第一葉

說文解字五古文作

曰六 ∧ 卷一第十八葉 ∧ 卷三第二十三葉 ∧ 卷三第一葉 ∧ 第二葉 ∧ 卷二第八葉 ∧

六字作∧傳世尖足小布幕後紀數有之前人不能定其為六為八今卜辭有自一至八順列諸數者得確定為六字

曰七 十 卷三第一葉

古文七字皆作十無同篆文作𠤎者古金文中七字至罕見惟尖足小布幕紀數字七皆作十與卜辭正合直至漢器銘識尚爾汾陰鼎有十十枚之文宋人誤釋為二十阮相國(元)釋大官銅壺銘亦同此誤卜辭中凡十字皆作丨(尖足小布亦然)七字皆作十判然明白漢人則十字作十(古金文多作)七字作十以橫畫之長短別之吳中丞(大澂)說文古籀補載古刀幣中ㄔ ψ 个 ㇀等字謂是七字則又誤以九為七矣

曰八 八 卷三第二葉 八 卷一第四十六葉

曰九 九卷二第六葉□第二十二葉□卷三第二十七葉□第一葉□第十六葉□卷四第六葉 □四之廿八

曰十 丨數見不注卷葉以下並同

卜辭中十字至多不遑備舉其紀月者則十月作丨□卷二第二十五葉又作□卷一第二葉□卷二第二十五葉十一月作□卷七第十四葉又作□卷一第三十五葉□卷一第一葉十二月作□卷二第九葉又作□卷四第七葉□第十一葉□第二十二葉十三月有閏之年則卜辭有十三月作□第七葉又作□卷二第十五葉其紀物數者則十一作丨一卷四第四十七葉十五作□卷一第二十九葉 卷二第二十頁又作□卷三第二十三葉二十六作丨□卷二第八葉

曰廿 □卷二第十九葉□卷三第二十八葉

曰卅 □卷一第三十五葉

曰卌 □卷二第二十七葉□卷四第八葉

說文解字有廿卅而無卌博古圖卷十七載敔敦有□□之文□□即訊卌矣宋人誤釋作偯曰 曶鼎卌秭之卌亦作□與卜辭同凡數在二十三十四十以上者卜辭皆用廿卅卌字如二十人作□卷六第四葉二十五作□□卷二第三十四葉四十一作□一卷二第二十七葉四十八作□八卷二第三十三葉

曰百 □卷三第二十三葉 □卷六第四十二葉

卜辭中記數一百作百其二百以上則加畫於百上而合書之二百作□卷四第四葉三百作□卷三第三十一葉五百作□卷七第九葉與古金文同

曰千 □卷八第五葉 □卷六第四十六葉

卜辭中凡數在千以上者則加數於千字之中間三千作□卷六第三十四葉又作□第三十八葉五千作□卷七第十五葉博古圖卷二十二載齊侯鎛或徙四千作□原釋三千余意是四千也盂鼎宣城李氏藏者萬三千八十一人三千亦作□與卜辭同

曰萬 □卷三第三十葉 □

說文解字萬蟲也从厹象形不言何蟲而卜辭及古金文中□□等形均象蠍不从厹金文中或作□石鼓文始作□失初狀矣段先生玉裁云从厹蓋其蟲四足像獸依後來字形為說失之彌遠

曰甲 十

古金文均作十說文解字甲古文作□

曰乙 □ □

曰丙 □ □卷四第[illegible]葉

曰丁 口 口

曰戊 □ □ □ □

曰己 己 己 已

曰庚 □ □ □ □ □ □ □

曰辛 □ □

說文解字分辛辛爲二部卜辭但有□字古金文始有作□者公姞敦然二字義實無別蓋本是一字許君乃以童妾二字隸辛部而辛部諸字若辠辜以下無一不含辛義是不當分二部明矣

曰壬 工

曰癸 □ □

曰子 □ □卷八第一葉□第七葉□卷一第六葉□卷五第三十八葉□卷一第三十八葉□卷四第十四葉 □

說文解字子古文作□籀文作□卜辭中子丑之子皆作□或變作□以下諸形從無作子者□與許書所載籀文□字頗近但無兩臂及几耳召伯虎敦作□有臂而無几與卜辭亦略同惟□□等形則亦不見於古金文蓋字之省略急

就者秦省篆書繁縟而為隸書予謂古人書體已有繁簡二者試觀書契卷三第四五諸葉可知其概矣

曰丑 □ □ □ □ □

曰寅 □卷二第十一葉 □第十葉 □第五葉 □第二十二葉 □卷四第一葉 □卷八第六葉 □卷二第十一葉 □第一葉 □卷一第二十九葉

說文寅古文作□卜辭中寅字屢變與古金文亦全異去許書所謂古文者逾遠矣

曰卯 □

曰辰 □卷一第六葉 □卷四第四葉 □同上 □第二葉

說文解字辰古文作□

曰巳 □ □ □ □ □卷五第二十七葉 □

卜辭中凡十二枝之巳皆作子與古金文同宋以來說古器中乙子癸子諸文者異說甚多殆無一當今得千支諸表卷三第一葉至十二葉乃決是疑然觀卜辭中非無□字又汜妃祀改諸字並從□而所書甲子則無一作□者此疑終不能明也

曰午 □ □ □ □卷五第三十八葉 □卷二第二十葉 □

曰未 □ □ □ □

曰申 □ □卷一第五葉 □卷三第十七葉 □第十五葉 □卷二第二十七葉 □卷四第二葉 □

說文申古文作□籀文作□吳中丞大澂因篆文作□遂謂子□且乙角之□盂□鼎之□均即申字今案□象兩手持杵形雖不能知其為何字其義與舂字所从之□同□字亦然均非申字也附正之於此

曰酉 □ □ □ □卷一第三十七葉 □卷六第三十九葉 □

說文解字酉古文作□ □

曰戌 □ □ □ □卷一第十二葉 □

卜辭中戌字象戉形與戉殆是一字古金文戌字亦多作□仍未失戉形說文解字作□云从戊含一於是與戉乃離為二矣

曰亥 □ □ □ □ □ □

說文解字亥古文作□與晚周古金文略同

曰天 □卷二第三葉 □卷四第十六葉及卷八第九葉

說文解字天從一大卜辭中有从二者二即上字大象人形人所戴為天天在人上也許書从一猶帝示諸字从二亦从一矣

曰日⊙卷一第三十二葉⊖卷三第十九葉卷一第二十葉第五葉

說文日古文作案日體正圜卜辭中諸形或為多角形或正方者非日象如此由刀筆能為方不能為圜故也

曰月卷一第二十六葉卷二第二十二葉卷四第九葉同上卷一第六葉第三十五葉卷八第八葉

作者亦見子璋鐘

曰雨卷三第十七葉第十九葉卷二第三十五葉卷四第九葉卷三第十七葉卷一第八葉卷二第十一葉卷三第十九葉第十八葉第十六葉

說文解字雨古文作

曰霖卷四第九葉

曰霝卷四第二十四葉同上同上

曰雪卷六第一葉同上

說文解字䨮从雨彗聲卜辭从二又雪為凝雨得以手取之

曰電　卷三第十九葉　卷四第十葉及卷七第二十六葉　書契後編

說文解字電古文作　此从　象電形∴象雨點雨與電相將也卜辭中又有作　卷四第十一葉者疑亦雷字

曰晨　卷四第十葉

曰夙　書契菁華　卷六第十五葉　第十六葉

說文解字夙古文作㑉㒀二形卜辭从夕丮與許書之夙正同篆文之丮卜辭及古金文皆作　象執事形

曰晝　卷四第八葉　同上

象日光輝四射之狀後世篆文將此字所从之　引長之而作　上又增聿形義全晦於是許君遂以隸畫部而為與夜為界之說矣

曰昃　卷四第八葉　第九葉　卷七第四十三葉　藏龜第百十葉

从日在人側象日㫝之形即說文解字之㫝徐鉉云今俗別作昃非是今以卜辭證之作昃者正是㫝之古文矣

曰莫　卷四第九葉

从日在林中从林與許書从茻同卜辭从茻从林多不别如囿字作圃亦作圞矣

曰明 □卷四第十葉□卷七第三十二葉

說文解字朙古文作明證以卜辭則朙明皆古文

曰歲 □鐵雲藏龜之餘一

从步戉聲說文解字作戌聲卜辭中又有□字卷四第十葉亦作□卷五第十一葉以歲字例之當為歲月之月然卜辭中凡書某月皆作月無作□者姑記於此以俟考

曰京 □卷四第十葉□第三十一葉□藏龜第九十三葉

曰邑 □卷四第十五葉□第十葉

說文解字邑从口从卪案凡許書所謂卪字考之卜辭及古金文皆作□象人跽形邑為人所居故从口从人猶啚為倉廩所在故从口从㐭

曰啚 □卷四第十一葉□卷七第二十一葉□卷四第十一葉及卷五第六葉

此即都鄙之本字說文解字以為啚嗇字而以鄙為都鄙字考古金文都鄙字亦不从邑从邑者後來所增也雖白彝圖字作□與此同卜辭啚字或省口觀倉廩所在亦可知為啚矣

曰行

𬝳卷四第十一葉　㣔卷一第四十葉　𬝳

𬝳象四達之衢人所行也石鼓文或增人作衜其義甚明由𬝳而變為㣔形已稍失許書作㣔則形義全不可見於是許君乃釋行為人之步趨謂其字从彳从亍失彌甚矣古从行之字或省其右作彳或省其左作亍許君誤認為二字者葢由字形傳寫失其初狀使然矣父辛觶亦作𬝳與卜辭合訓宮中道之䆫字正从此許君謂从口象宮垣道上之形不知口但象宮垣而象道路者乃在口內之𬝳字也

曰田

田

曰囿

[glyph]卷四第十二葉　[glyph]卷四第五十三及卷七第二十葉

說文解字囿籀文作䆮石鼓文囿字亦作䆮與卜辭同或从𦬸與𦬸同意

曰圃

甫卷二第八葉

御尊葢有圃字吳中丞釋圃此作甫象田中有蔬乃圃之最初字後又加口形已複矣

曰百

[glyph]書契菁華

說文解字百古文作𦣻

曰谷 谷卷二第五葉 谷卷四第十二葉

曰水 水卷四第十三葉 水第十二葉 水卷二第四葉

曰川 川卷四第十三葉 川卷八第六葉 川第十二葉

象有畔岸而水在中疑是川字

曰行 衍卷四第十二葉 衍卷八第五葉 衍第十五葉 衍第三葉

說文衍水朝宗于海也从行从水此从川示百川之歸海義彌顯矣或省行作彳或又省川作巛或變川作巛古金文朝字从此姑衍敦盍有衍字與卜辭略同

曰派 𠂢卷二第九葉 𠂢卷五第十九葉 𠂢卷四第十三葉 𠂢第十一及第五十葉

此當是水之流別之𠂢字从彳象川之中流有旁歧丨象幹流出旁枝⺀則水之象也或省⺀知𠂢派本一字許君分為二非也又此字之形狀為𠂢字殆無可疑而文頗難解疑假用為他字矣𠂢字亦見大保敦

曰益 益卷四第五葉 益卷五第三十七第三十八葉 益卷四第十九葉 益卷五第三十八葉

殷考 二十一

象皿水益出之狀[glyph]象水形或从[glyph]者所謂盉圓則水圓[glyph]則象涌益者也

又卜辭中有[glyph]字卷四第十三葉象注水皿中之狀疑是注字未敢確定附記於此

曰泉 [glyph]書契菁華 [glyph]仝上 [glyph]仝上 [glyph]卷四第十七 [glyph][illegible]

說文泉水原也象水流出成川形此从[glyph]象从石罅涓涓流出之狀古金字原字从[glyph]散盤與此略同新莽錢文曰大泉五十泉字作[glyph]尚略存古文遺意

曰𡿧 [glyph]卷二第二十二葉[glyph]同上[glyph]第二十七葉[glyph]第二十一葉[glyph]第二十六葉[glyph]第八葉[glyph]同上[glyph]第二十三葉[glyph]第二十九葉[glyph]卷一第五十一葉[glyph]卷三第二十六葉[glyph]卷四第十四葉[glyph]同上[glyph]卷六第四十五葉

象水壅之形川壅則為𡿧也其作[glyph][glyph]等狀者象橫流汎濫也

曰州 [glyph]卷四第十三葉

說文解字州古文作[glyph]與此同散氏盤亦作[glyph]今許書作[glyph]者傳寫譌也州為水中可居者故此字旁象川流中央象土地

曰汜 [glyph]卷四第十三葉

曰濿 [glyph]卷五第三十一葉[glyph]同上[glyph]同上[glyph][illegible]

从水从萬石鼓文濿有小魚殆即許書之砅字砅或作濿考勉勵之勵粗糲之

糲蚌蠣之蠣許書皆从萬作勱糲蠣以此例之知濿即濿矣說文勱注讀與厲同段先生曰厲亦聲漢時如此讀亦其證也濿為淺水故有小魚許訓履石渡水亦謂淺水矣

曰濿 濿卷二第五葉 濿第六葉

从乚即水省卜辭从水之字多省作乚說文解字攸行也从亻从水省从攴是許君時乚為水省之義尚未失矣

曰濼 濼卷四第十三葉

此即許書从水樂聲之濼虘鐘作濼與此畧同而借用為喜樂字

曰洹 洹書契後編洹卷六第三十二葉洹同上洹第六十葉

齊侯壺洹字作洹此從亘與許書同但省下一耳殷代水名存於卜辭中今可確知其地者僅此而已

曰林 林卷二第八葉

曰麓 麓卷二第二十八葉麓第二十三葉麓書契菁華

說文解字麓古文从彔作禁此从朿乃古文彔字古金文皆如此卜辭禁字又或从二林

曰麎 麎卷七第十七葉

鹿行而塵揚从鹿从土厥誼已明說文解字作麤从三鹿一土籀文从三鹿二土轉視古文為繁矣此字正與今隸同令隸有與古文同與小篆轉異者此其一也

曰宮□卷二第二十葉□卷四第十五葉□同上又卷二第三葉

从吕从吕象有數室之狀从吕象此室達於彼室之狀皆象形也說文解字謂从躳省聲誤以象形為形聲矣謂躳从宮省則可耳

曰室□卷三第三十三葉

曰宅□卷四第十五葉□第十四葉又卷一第三十卷二第二十五葉

晉邦盦作□與此畧同說文解字宅古文作□□二形

曰家□卷四第十五葉□卷七第三十八葉□卷四第四十葉□卷一第三十葉

或从豕或从亥亥亦豕也古金文亦多作宀下豕形父庚卣及家爵說文解字家古文作□

曰寑□卷一第三十及卷四第十五葉□

說文解字寑籀文作□於帚下增又師遽方尊商方卣均作□與卜辭同

曰冓□卷三第十八葉□卷四第三十三葉□第三葉

卜辭借為遣遇字

曰門 □卷四第十五葉□同上□第十六葉

象兩扉形次象加鍵三則上有楣也

曰向 □卷二第二十葉□同上又第三葉

口象北出牖或从日乃由口而譌口日形近古文往往不別古人作書不如後

世之嚴矣

曰宀 □卷四第三葉及第三十三葉

象形上下及兩旁有搘柱中空可貯物

曰貯 □卷四第二葉

象內貝於宀中形說文解字作貯貝在宀旁誼不顯矣又宀貯古為一字說文

于宀訓辨積物貯訓積初亦非有二誼矣

曰雝 □卷二第二十四葉□第三十五葉□第三十六葉

从巛（即水字）从口从隹古辟雝字如此辟雍有環流故从巛或从乚乃巛省也口

象圜土形外為環流中斯為圜土矣或从回與口誼同（鹽卣敔尊亦均从回）古辟雍有囿

鳥之所止故从隹說文訓為雍渠非初誼矣伯雝父鼎作□與此同他金文或

增口作吕後又譌吕為邑初形益不復可見矣

曰陴　□卷二第八葉□同上

說文陴籀文作𩫖與此同史頌敦作□借為俾其所从之畀亦卑字乃从□甲即从𠂇ヲ即吳中丞以為變从畀非也

曰牢　□卷一第十葉□第十一葉□第十七葉□藏龜第七十八葉□卷一第十二及卷三第二十四葉□卷四第十六葉□卷八第八葉□卷一第十一葉□第五葉□卷四第十六葉

牢為獸闌不限牛故其字或从羊□或變作□或變作□遂與今隸同矣其从□者亦見𥜽子卣

曰圂　□卷四第十六葉□同上

从豕在口中乃豕笠也或一豕或二豕者笠中固不限豕數也其从□者上有庇覆令人養豕或僅圍以短垣口象之或有庇覆□象之一其闌所以防豕逸出者

曰𤞞　□卷二第十五葉□第十六葉□同上□第十葉及第十五葉□第十五葉

从自東聲師所止也後世假次字為之此其初字矣兮田盤毋敢不即餗謂不敢不至師次其字正與此同亦見魯文旁尊及師寰父鼎前人釋師非也

曰方 □卷五第十一葉 □第二十三葉 □卷二第十六葉作□者與彔伯戎敦同

曰上 □

曰下 □卷四第三十七葉 □同上

卜辭中二字連用者皆合書之與古金文同段先生注說文解字改正古文之丄丅二字為二二段君未嘗肆力於古金文而冥與古合其精思至可驚矣

曰東 □卷二第五葉及卷三第二十葉

曰西 □卷四第三十六葉 □同上 □卷一第四十八葉 □第三十六葉 □書契菁華 □卷五第十三葉 □卷一第四十八葉 □卷六第三十七葉 □

說文解字西古文作□籀文作□卜辭中作□作□者與許書所載之籀文畧合又且子鼎西字亦作□其作□□等形者吾友王徵君國維因卜辭中以東□□□對舉書契菁華以為亦是西字今以卜辭中他文考之曰貞于東于□曰貞方告于東□卷一第四十八葉 曰口帝于□曰口馬于□卷五第十三葉 曰其𠬝丁于大室□

丁□鄉卷一第三十六葉曰貞亾其來自□卷六第三十七葉依其文觀之均當作西王說是也許君謂日在西方而鳥棲象鳥在巢上卜辭中諸文殆亦象鳥巢狀日既西落鳥當入巢故不復於巢上作鳥形矣

曰南　□卷一第十葉□第十三葉□第十五葉□第十三葉□同上□同上□同上□同上□第十四葉□同上□

說文解字南古文作□古金文亦多與卜辭不合惟文戊爵求古精舍金石圖作□南姬鬲作□與卜辭畧同

曰北　□卷二第八葉□卷四第七葉□

曰中　□卷六第四十九葉□第十七葉及卷四第三十七葉□卷三第三十一葉□卷七第二十二葉□卷一第六葉□

說文解字中古文作□籀文作□古金文及卜辭皆作□亦作□斿或在左或在右斿因風而或左或右也無作□者蓋斿不能同時既偃於左又偃於右矣又卜辭凡中正字皆作□从口从□伯仲字皆作中無斿形叏字所从之中作□三字判然不相混淆許書中正之中从□殆傳寫譌也

曰左　□卷四第三十七葉□卷三第三十一葉

曰右卷四第三十七葉卷三第三十一葉

曰帝卷一第二十二葉卷一第五十及卷三第十八葉藏龜第二葉卷一第三十一卷三第二十四卷六第二十一葉卷四第十七葉卷三第二十一葉書契後編

說文解字帝古文作注古文諸丄字皆从一篆文皆从二二古文上字辛示辰龍童音章皆从古文上今觀卜辭或从一或从二殆無定形古金文亦多从二不如許說也又卜辭中帝字亦用為禘祭之禘說詳禮制篇

曰祖卷一第九葉同上第二十葉第十二葉

說文解字祖从示且聲此與古金文均不從示惟齊子仲姜鎛始作祖

曰宗卷四第十六葉卷一第十葉卷四第十八葉卷一第二十二葉卷八第十五葉

曰示卷一第一葉同上同上同上及第二葉第二葉同上

說文解字示古文作卜辭諸示字亦或从一或从二宗字所從之示亦然其省川作丨或丨下增一則古金文亦未之見矣

曰鬼卷四第十八葉同上

說文解字鬼古文从示作鬼與此合惟許書謂鬼字从厶卜辭及古金文皆無之

曰巫 □藏龜第百四十三葉□

說文解字巫古文作□此从□象巫在神幄中□象執事於神許君謂从□象兩袖舞形□與舞形不類也

曰祝 □卷七第三十一葉□卷四第十八葉□同上

第一字與大祝禽鼎同第二字从示者殆从丅从□象灌酒於神前非示有示形也第三字从□象手下拜形

曰祭 □卷二第三十八葉□卷一第二葉□卷四第十九葉□同上□同上□同上□同上□卷一第十九葉□同上□卷一第四葉□第五葉□第四十一葉□卷四第十六葉□

此字變形至夥然皆象持酒肉於示前之形□象肉□持之點形不一皆象酒也或省示或並省又篆文从手持肉而無酒古金文亦然

曰祀 □卷三第二十七葉□第二十八葉□卷四第十九葉□同上□第二十葉□卷五第四十七葉

曰烝 □卷四第廿葉 □同上 □同上 □同上 □同上 □同上

說文解字烝火氣上行也段先生曰此烝之本誼今卜辭从禾从米在豆中廾以進之孟鼎與此同而省禾春秋繁露四祭冬曰烝烝者以十月進初稻也與卜辭从禾之旨正符此為烝之初誼引申之而為進許君訓火氣上行亦引伸之誼段君以為本誼殆失之矣

曰尞 □卷六第六十四葉 □卷一第二葉 □卷四第二十一葉 □卷一第二十四葉 □卷二第九葉 □書契後編

說文解字尞柴祭天也从昚昚古文愼字祭天所以愼也今此字實從木在火上木旁諸點象火燄上騰之狀卜辭又有大史尞（卷五第十九葉）三卿事尞（卷四第二十一葉）寮字一作□一作□毛公鼎大史寮卿事寮寮字作□均从□从火許君云从昚者非也漢韓勑碑陰遼作遼史晨後碑作遼並从木衡方魯峻兩碑寮字亦然是隸書尚存古文遺意矣卜辭或又省火作□（凡作□者多不勝舉姑舉其一字數見或數十見者亦但舉其一不悉注）或更省作□古金文中章伯敺敢有□字與卜辭同

曰貍 □卷一第三十二葉 □卷六第三十九葉 □卷七第三葉 □

周禮大宗伯以貍沈祭山林川澤此字象掘地及泉實牛於中當為貍之本字

貍為借字或又从犬卜辭云貞三犬尞五犬五豕卯四牛（卷七弟三葉）貍牛曰貍犬曰實一字也

曰沈卷一弟二十四葉卷七弟二十五葉卷二弟九葉此象沈牛於水中殆即貍沈之沈字此為本字周禮作沈乃借字也又據禮經祡燎所以事天貍沈以禮山川而徵之卜辭一則曰賁于妣乙一宰貍二宰一（卷二弟三十二葉）二則曰貞賁于三小宰卯二牛沈十牛（卷七弟二十五葉）三則曰乙巳卜貞賁于妣乙五牛沈十牛十月（卷二弟九葉）是賁與貍沈在商代通用於人鬼既有宗廟之事又索之于陰陽商之祀禮可謂繁重矣

曰彤卷一弟一葉弟二葉弟八葉及弟十七葉弟三十葉弟二十葉及卷四弟二十一葉書彤日之彤不見許書段先生謂即肜字公羊宣八年傳注肜者肜肜不絕是彤之義為不絕卜辭有彡日或作諸形正象相續不絕殆為肜日之本字彭字益从此得聲故卜辭中彭字或从三其明證也卜辭中又有彡月其誼則今不可知矣艅尊亦有彡日博古圖（卷六）載父丁彝亦有彡日隹王六祀語

曰鄉卷四弟二十一葉弟二十二葉同上同上同上同上

此字从□即人相嚮之嚮詳唐風樓金石跋尾从□或从□从□皆象饗食時賓主相嚮之狀即饗字也古公卿之卿鄉黨之鄉饗食之饗皆為一字後世析而為三許君遂以鄉入𨛜部卿入卯部許君訓卯為事之制亦誤未知其為向背字也饗入食部而初形初誼不可見矣

曰福 □卷四第二十三葉□同上□同上□卷五第四十三葉□卷四第二十三葉□同上□同上

从兩手奉尊於示前或省廾或並省示即後世之福字在商則為祭名祭象持肉福象奉尊周禮膳夫凡祭祀之致福者注福謂諸臣祭祀進其餘肉歸胙於王晉語必速祠而歸福注福胙肉也今以字形觀之福為奉尊之祭致福乃致福酒歸胙則致祭肉故福字从酉胙字从肉矣胙亦作祚詩既醉釋文胙本一作祚許君謂福畐聲非也古金文中父辛爵福作畐㢸仲簠福字亦从畐均象尊形

曰祿 □卷六第一及卷七第三葉

說文解字祿从示彔聲古文皆不从示彔敨作□頌敨作□卜辭中棊字从□□此又變作□與古金文略同

曰卜 □卷一第一葉□同上□卷二第二十葉

象卜之兆卜兆皆先有直坼而後出歧理歧理多斜出或向上或向下故其文

殷考　二十七

或作⺊或作亻曶鼎卜作ㄓ說文卜古文作卜並與此不異也

曰貞 𡆥卷一第一葉𡆥第十六葉𡆥卷八第一葉鼎卷七第三十九葉𡆥同上

𡆥卷八第七葉𡆥第十二葉𡆥同上𡆥卷四第十九葉𡆥卷一第二十三葉

說文貞卜問也从卜貝以為贄一曰鼎省聲京房所說又鼎注古文以貞為鼎

籀文以鼎為貞今卜辭中凡某日卜某事皆曰貞其字多作𡆥與𡆥字相似而

不同或作鼎則正與許君以鼎為貞之說合知確為貞字矣古經注貞皆訓正

惟許書有卜問之訓古誼古說賴許書而僅存者此其一也又古金文中貞鼎

二字多不別無鼎鼎字作貞舊輔甗貞字作鼎合卜辭觀之並可為許書之證

段先生改小徐本古文以貞為鼎籀文以鼎為貞兩貞字作貝是為千慮之一

失矣

曰占 占卷四第二十五及卷八第十四葉

說文解字占視兆問也从卜从口又𠮩卜以問疑也从口卜二者疑一字卜辭

中又屢見𠮷字卷四第二十五葉及書契菁華於占外加囗不知與占為一字否

曰㪣 㪣卷一第八葉㪣同上㪣第三十六葉㪣同上

从手持木於示前古者卜用燋火其木以荊此字似有卜問之誼又許書有㪣

字注楚人謂卜問吉凶曰斅从又持祟祟非可持之物疑出乃木之譌然此字在卜辭中皆為祭名豈卜祭謂之斅與

曰朕 □卷三第廿七葉□卷四第四葉□第三十八葉□第四十六葉□卷八第十四葉

說文解字朕我也闕予意朕當以訓兆為初誼故象兩手奉火形而从舟火所以作龜致兆舟所以承龜訓我者殆後起之誼矣

曰吉 □卷四第十九葉及卷五第十六葉□卷五第十六葉□同上□卷二第四十四葉□卷八第七葉□卷二第三十葉□卷一第四十二葉及卷五第十七葉

說文解字吉从士口卜辭中吉字異狀最多惟第一字與許書合作□□者與空首幣文合又卜辭多以大吉弘吉二字合為一字書之大吉二字合書者作□卷五第十六葉弘吉二字合書者作□卷五第十五葉□第六葉□第十五葉偶有分二字書之作□者卷二第十二葉編中僅一見耳

曰人 □卷一第十八及卷四第三十二葉□卷六第三十八葉

曰王 □卷一第七葉□第一葉□第二葉□第七葉□卷四第十四葉□卷六

第三十葉[glyph]卷一第二十九葉[glyph]卷三第二十八葉[glyph]卷四第三十葉[glyph]後下廿七

說文解字王古文作[glyph]金文作[glyph]盂鼎[glyph]格仲尊[glyph]者沔鐘均與說文所載古文同卜辭从[glyph]从[glyph][glyph]即[glyph]刀筆僅能成其匡郭耳並與山同吳中丞釋為古火字是也卜辭或徑作[glyph]王徵君謂亦王字其說甚確葢王字本象地中有火故省其上畫義已明白且據編中所載諸文觀之無不諧也又皇字从王古金文或从王或从土土非土地字即王也又卜辭中或作[glyph]作[glyph]則亦但存火亦得示盛大之義矣

曰公 [glyph]卷二第三葉

說文解字公从八厶八猶背也此與古金文均从八从口

曰尹 [glyph]卷七第四十三葉

說文解字尹从又丿握事者也古文作[glyph]今卜辭與許書之篆文同古金文亦作[glyph]从又从丨許書云从丿殆傳寫譌矣

曰卿 [glyph]卷二第二十三葉及卷四第二十一葉

卜辭及古金文公卿字與鄉食字同說見前鄉字注

曰史 [glyph]第五第三十九葉

說文解字史記事者也从又持中中正也吳中丞曰象手執簡形古文中作[glyph]

無作中者案吳說是也江先生永周禮疑義舉要曰凡官府簿書謂之中故諸官言治中受中小司寇斷庶民獄訟之中皆謂簿書猶今之案卷也此中之本故掌文書者謂之史其字从又从中其言視吳尤詳審可正許君中正之說之失

曰官□卷四第二十七葉□書契菁華□

說文解字官从宀从𠂤𠂤猶眾也此與師同其言至明晰古師字作𠂤而許君於部首之𠂤乃云小阜得之於此而失之於彼何也

曰司□卷二第十四及卷四第二十八葉□

說文司臣司事於外者从反后其文與此正同然古金文司字皆作𤔲疑此乃祠祀之祠字

曰寮□卷五第三十九葉□卷四第二十一葉□第三十一葉

爾雅釋詁寮官也釋文字又作僚左氏傳文七年穀梁傳莊十六年國語魯語注並云同官曰寮儀禮士冠禮注同官為僚是寮古通僚說文有僚無寮於僚訓好貌而卜辭及毛公鼎番生敦皆有寮字今人每以文字不見許書者為俗書是不然矣卜辭又有宀作寮漢祝睦碑寮屬欽熙魏元丕碑酬咨羣寮是漢魏閒尚

段亰為寮也

曰臣卷四第二十七葉

卜辭中小臣二字多合為一字書之作卷二第二及卷四第二十七葉卷四第二十七葉與古金文同

曰畯田卷四第二十八葉

說文解字畯田官也从田夋聲古金文皆从允盂鼎頌敦及追敦盄同與卜辭合

曰𠂤卷二第八葉

即古文師字金文與此同許君訓小𠂤非詳前官字注

曰旅卷四第三十一葉藏龜第九十葉卷一第八葉第二葉卷四第三十二葉

說文解字旅古文作从止古金文皆从从亦有从止者曾伯霝簠旅字作與許書畧近其卜辭从从許書从止者皆㫃之變形卜辭又作象人執㫃古者有事以㫃致民故作執㫃形亦得知旅誼矣伯晨鼎旅作亦从㫃从一人而借用為盧字許書从即之譌

曰賓卷一第一葉第七葉第三十四葉第四十二葉卷六第十五

葉卷一第九葉第十三葉卷七第二十葉卷二第四十五葉卷七第三十一葉

說文解字賓古文作古金文皆从从貝虘鐘作省貝與卜辭同惟古金文中未見从止作者卜辭中賓字變形至多或者止或增口

曰嬪卷四第三十一葉卷七第二十七葉藏龜第二百七十葉

說文解字嬪服也从女賓聲卜辭云貞嬪歸好卷七第二十七葉與堯典嬪于虞大雅曰嬪于京誼同又云王嬪卷一第十四葉第三則又借嬪為賓矣

曰客卷四第三十葉藏龜第九十六葉卷四第三十葉

說文解字客从各各即格之古文古金文多與許書同此从即各旁增人者象客至而有迎之者客自外來故各从象足跡由外而內从口者自名也或省口

曰⿰女客卷四第三十一葉卷五第十葉卷六第二十九葉卷七第二十六葉藏龜第百八十八葉

⿰女客从女客猶嬪从女賓此字不見於許書蓋古有專字而今無矣或省或省口

曰倗卷四第三十葉

貝五為朋故友倗字从之後世友朋字皆假朋貝字為之廢㝺字而不用幸許君尚存之於說文解字中存古之功可謂偉矣古金文中友倗字多與卜辭合望敦作□𢅊鼎作□

曰友

□卷四第二十九及卷七第一葉□卷七第八及卷八第六葉

說文解字友古文作□从羽乃从□傳寫之譌从□又為曰之譌也師遽方尊友作□

曰父

□卷一第二十四葉□第二十六葉□卷六第三十七葉

說文解字父矩也从又舉杖許釋丨為杖然古金文皆从丨疑象持炬形

曰叜

□卷四第二十八葉□第二十九葉□同上

說文解字叜从又从灾闕籀文作□从寸或作□从人此从又持炬火在宀下父與叜何以皆从又持炬古誼今不可知矣

曰母

□卷一第二十八葉□第二十九葉□第二十八葉□同上□第三十葉

卜辭中母字亦通作女諸婦方尊作□與此同

曰妣

□卷一第三十一葉□第三十二葉□同上□同上□第三十三葉

說文解字妣籀文作□卜辭多作□與古金文同多不从女惟義妣鬲名中鬲从女作妃與許書

籀文合吳中丞說古妣字與父相比右為□左為□子案考妣之匕引申而為匕著字匕必有偶猶父之與母相匕矣

曰夫□卷二第二十及卷四第二十五葉

曰妻□卷四第二十五葉□同上

說文解字妻古文作□

曰妃□卷四第二十四葉

說文解字妃从戊己之己又有改字注女字也古金文中作妃作改者均从己皆為女姓即己姓許君以為女字固非金文家或釋作妃匹之妃則更誤矣此从□作㚤妃匹之本字與

曰娥□卷四第五十二葉

从女从我我古文我知即娥字矣

曰婐□卷七第十七葉□卷三第三十三葉□卷四第四十一葉

从女从□□殆為果字象果實在樹之形許君云象果形在木上世固無此碩果矣卜辭或省女作□與孟子二女果同說文婐婐姽也一曰女侍曰婐孟子二女果趙注果侍也今卜辭曰貞帚即歸之段字婐之子卷三第三十三葉曰貞帚果卷四第四

十一葉一曰貞□帚婐于母囗卷七第十七葉與許君一說及孟子趙注合與許君第一說異然可知孟子之果與許君之婐固為一字矣

曰姘　□卷七第十二葉□卷二第四十五及卷四第三十二葉

說文解字姘靜也从女井聲今卜辭中數見姘字其文皆曰帚姘殆與歸婐意相若矣

曰兒　□卷七第四十葉

曰女　□卷四第二十五葉□卷八第九葉

曰兄　□卷一第三十九葉□同上□同上□第四十葉

曰妹　□卷二第三十九葉

妹从女此从母者古文母與女通用卜辭中此字為地名殆即酒誥之妹邦矣

曰姪　□卷四第二十六葉□同上又卷一第二十五葉

曰妾　□卷四第二十五葉及藏龜第二百六十九葉

說文解字妾从䇂从女此从▽乃䇂省

曰奴　□卷一第二十四葉□卷四第二十六葉

說文解字奴古文从人作㣽此从又與許書篆文合

曰奚 奚 卷二第四十二葉 奚 卷一第三葉
說文解字奚大腹也予意罪隸為奚之本誼故从手持索以拘罪人其从女者與从人同周官有女奚猶奴之从女矣

曰俘 俘 書契菁華
說文解字俘軍所獲也从人孚聲此从行省不从人古金文作孚貞敢孚師寰敢省彳吳中丞謂孚乃从爪从十中一象貝作兩手攫貝之形疑小篆从子非是今證以卜辭正是从子古金文从孚者亦子字吳說失之

曰元 元 卷四第三十二葉 元 同上

曰自 自 卷四第十四葉 自 第二十一葉 自 卷一第三十及卷八第十五葉 自 卷四第三十二葉
說文解字自鼻也象鼻形古文作自又自注此亦自字也省許旣以自白為一字而分為二部者以各部皆有所隸之字故也卜辭中自字作自或作自可為許書之證但自部諸字以古文考之多非从自魯字者字均从口或从曰智字等亦然許君生炎漢之季所見古文舍壁中書而外固不能如今日之博自不能無疏失矣

曰叉 卷二第十九葉

說文解字叉手足甲也从又象叉形古金文亦作叉叡均與此合惟字既从又不能兼為足甲許書舉手並及足失之矣

曰夾 卷一第五十二葉及卷四第十六葉

曰矢 卷一第四十八葉 第四十五葉

說文解字矢傾頭也夭屈也二字相似此象傾頭當為矢字

曰夗 卷五第四十一葉

說文解字夗从夕从人古文作此从象人跽形生人拜於朽骨之旁夗之誼昭然矣

曰白 卷七第二十九葉

說文解字白从入合二古文作古金文與此同亦作盂鼎但多借為伯仲字

曰文 卷一第十八葉 同上及卷四第三十八葉 卷四第三十八葉 同上 卷一第十八葉

曰酒 卷一第五葉 第二十二葉及三十五葉 卷二第九葉 卷五第四十七葉

从酉从𣃦象酒由尊中挹出之狀即許書之酒字也卜辭所載諸酒字為祭名考古者酒熟而薦祖廟然後天子與羣臣飲之於朝說文解字酎注三重醇酒也从酉肘省聲明堂月令曰孟秋天子飲酎又案左氏傳見于嘗酎襄二十二年意商之酒祭即後世之嘗酎酒殆酎之本字說文解字酉與酒訓畧同本為一字故古金文酒字皆作酉惟戊寅父丁鼎有酒字作[illegible]亦祭名與卜辭正同段先生曰凡从酒之字當別為酒部解曰从酒省是未知酒酉之本為一字矣

曰旨 [illegible]卷四第三十五及卷七第十五葉

說文解字旨古文作[illegible]此从匕从口所謂嘗其旨否矣

曰羞 [illegible]卷二第十一葉[illegible]卷四第三十四葉[illegible]同上[illegible]卷一第三十六葉

从又持羊進獻之象或从[illegible]亦羊字側視狀也說文解字云从丑丑亦聲誤又為丑又誤會意為形聲矣古金文與卜辭同

曰膏 [illegible]卷一第二十九葉[illegible]卷二第十五葉

說文解字膏从肉高聲此从高省聲

曰鬻 [illegible]卷六第四十二葉[illegible]同上[illegible]同上

說文解字鬻五味盉鬻也从鬻从羔此从𦍌从肉有涪汁在皿中當即鬻字从

皿與从鬲同鬻字篆文从鬲叔夜鼎从皿其例矣許書之鬻疑是後起之字

曰𩰫 □卷三第二十四葉 □卷二第三十七葉 □同上

說文解字𩰫鬻也从鬲羊聲此从皿與鬲同說見上殆即許書𩰫字从凵者亦皿字卜辭中从皿之字或从凵

曰𦎫 □卷三第二十四及卷四第三十四葉

說文解字𦎫孰也从亯羊讀若純一曰鬻也段先生曰純孰字當作此純醕行而𦎫廢矣今卜辭文曰甲辰卜王貞于戊申𦎫卷三第二十四葉又曰壬辰卜□弗𦎫見卷四第三十四葉厥誼殆與亯同許君亯注獻也从高省曰象孰物形夫許於亯注既曰象孰物形又於𦎫注曰孰也二義自相近且是字从亯羊會合二字觀之無從得純孰之誼疑古與亯是一字矣卜辭又有作□者卷二第五葉乃地名不知與𦎫是一字否

曰牛 □卷一第十葉 □第二十九葉 □卷五第四十六葉 □同上 □藏龜第十二葉

說文解字告牛觸人角著橫木所以告人也卜辭中牛字或从二或从乚乃象著橫木之形其文曰十牛卷五第四十六葉曰□牛□或作□作□殆叀字卜辭中叀與牲多連文同上知亦為

牛字矣

曰華 □卷一第十葉 □同上

說文無華字角部觲用角低昂便也从牛羊角詩曰觲觲角弓土部墶赤剛土也从土觲省聲案觲觲角弓今毛詩作騂騂赤剛土之墶周禮草人亦作騂故書作挚形與華近殆華字之譌知華者即騂之本字矣許君不知騂有本字作華乃於觲注曰从牛羊角於墶注曰从觲省皆由未見華字之故注經家謂周尚赤故用騂剛然卜辭中用華者不止一二見知周亦因殷禮耳

曰犅 □卷二第十七葉 □第十八葉 □同上 □

說文解字犅特牛也从牛岡聲此从剛省聲靜敦亦有□字與卜辭正同

曰⿰牛戠 □卷一第二十一葉

說文解字無此字卜辭中又有□□二文卷四第四葉此从□與□殆一字故知此字从牛从戠考說文解字埴注黏土也从土直聲禹貢厥土赤埴墳釋文埴鄭作戠是古戠與直通禮記王制大夫以犆牛周禮小胥釋文特本作犆由此推之知⿰牛戠即犆犆即特矣然由卜辭觀之⿰牛戠當為牛色與前華字同例後人以特釋犆弍非初誼矣

曰牡□卷一第二十葉□第二十九葉□第二十八葉□第三十四葉□卷六第四十七葉

說文解字牡畜父也从牛土聲此或从羊或从犬牡既為畜父則从牛从羊从犬得任所施矣

曰牝□卷一第三十三葉□卷五第四十四葉□卷一第九葉□

說文解字牝畜母也从牛匕聲卜辭中有牝牡二字合書作□者似卜兼用牝牡或仍是牝字疑不能明也母畜對牡而稱牝殆猶母對父而稱匕羊豕亦有牝故或从羊或从豕

曰羊□卷一第十二葉□卷八第十三葉□卷一第十二葉□卷四第五十葉□第四十九葉□同上□第十七葉□第五十葉□第四十九葉□同上□卷七第二十六葉□卷四第五十葉□藏龜第百九十七葉□卷四第四十九葉□卷三第二十三葉□卷四第五十葉及卷八第六葉□卷一第四十一葉□第四十二葉□同上□卷六第四十葉□卷一第四十五葉□第四十一葉□

羊字變體最多然皆為象形其作□者象牽之以索也索在後不在前者羊行每居人先也作□者側視形作□者亦象帶索從側視之之狀也

曰羔 卷四第三十三葉 卷六第四十九葉

从羊从火殆即羔字卜辭又有作者殆亦羔字

曰犬 卷一第四十五葉 第二十六葉 卷三第二十三葉 藏龜第百四十二葉 卷四第五十二葉 藏龜第七十六葉 卷七第二十五葉 卷一第四十六葉 卷七第一葉

曰尨 卷四第五十二葉

象犬腹下脩毛垂狀當為尨字今篆彡在背上犬非剛鬣若在背則彡狀不可見矣

曰豕 藏龜第百四十二葉 卷一第三十四葉 藏龜第六十二葉 第百三十八葉 卷五第五葉 同上

豕與犬之形象其或左或右卜辭中凡象形字弟肖其形使人一見可別不拘拘于筆畫間也有从彡者象剛鬣

曰豚 卷三第二十三及卷四第四十二葉 書契後編 卷五第二葉 卷六第四十七葉

說文解字豚从彖省从又持肉此从豕肉會意字也許書又載篆文从豕肉與

此正合古金文有从又者許書作豩亦有所本矣

曰彘　卷四第五十一葉　同上　同上　藏龜第二百十葉　卷四第五十一葉　同上

从豕身箸矢乃彘字也彘殆野豕非射不可得亦猶雉之不可生得與其从一者亦矢形許君謂彘从彑矢聲从二匕是誤以象形為形聲矣

曰馬　卷一第十九葉　卷四第四十七葉　書契菁華　卷四第四十六葉　同上　卷七第五葉　藏龜第三十葉　卷四第四十五葉　第四十七葉　卷七第四十一葉　第三十四葉

說文解字馬古文作　籀文畧同象馬頭髦尾之形卜辭諸字形雖屢變然一見可知為馬字矣

曰駁　卷四第四十七葉

說文解字駁馬色不純从馬爻聲此殆即許書之駁

曰騽　卷四第四十七葉

說文解字騽馬豪骭也卜辭有　从𦐇𦐇古文友字疑許譌𦐇為習矣

曰⿰禾馬　卷四第四十七葉

从馬利聲殆是許書之驪字廣韻鵹同鸝漢書西域傳西與犂靬條支接注犂讀與驪同古利麗同音故稱字後亦从麗作與

曰鹿 藏龜第百九十三葉 卷三第三十二葉 同上 卷四第四十八葉 卷三第三十二葉 卷四第八葉 第四十八葉 同上 第四十七葉 卷三第三十二葉 同上 卷四卷四十八葉

或立或寢或左或右或回顧或側視皆象鹿形

曰麑 卷二第二十三葉 卷四第四十八葉 卷二第十一葉 卷四第四十七葉

象鹿子隨母形殆即許書之麑字說文解字訓麑為狻麑而別有麛字訓鹿子然麑之為字明明从鹿會合鹿兒之誼正是鹿子矣卜辭以有角無角別鹿母子故卜辭中之字似鹿無角緣是亦得知為麑字矣

曰麇 卷七第二十八葉 卷四第四十八葉

說文解字麇从鹿囷省聲籀文从囷不省今卜辭从不从鹿然則麇殆似鹿而無角者與

曰麐 卷四第四十七葉

說文解字麐牝麒也从鹿吝聲此字从似鹿而角異从吝者聲殆即麐字鹿為歧角麐角未聞似鹿故此字角無歧許从鹿殆失之矣

曰虎　卷四第四十四葉　同上　卷五第二十九葉　卷四第四十五葉　同上　書契菁華　卷四第四十五葉　同上　卷六第六十三葉

說文解字虎古文作　二形此象巨口脩尾身有文理亦有作圜斑如豹狀者而由其文辭觀之仍為虎字也

曰兕　卷一第五十葉

說文解字如野牛而青象形古文作从儿此殆即許書之兕字

曰象　卷三第三十一葉　卷四第四十四葉　同上

說文解字象長鼻牙南越大獸三年一乳象耳牙四足之形今觀篆文但見長鼻及足尾不見耳牙之狀卜辭亦但象長鼻蓋象之尤異於他畜者其鼻矣又象為南越大獸此後世事古代則黃河南北亦有之為字从手牽象下說見則象為尋常服御之物今殷墟遺物有鏤象牙禮器又有象齒甚多非伸出口外之二長牙乃口中之齒卜用之骨有絕大者殆亦象骨又卜辭卜田獵有獲象之語知古者中原有象至殷世尚盛也

曰兔 卷四第五十二葉 卷七第五葉

長耳而厥尾象兔形

曰角 卷四第五十三葉 同上 藏龜第七十一葉

說文解字角獸角也象形角與刀魚相似石鼓文作此作皆象角形ㄟ象角上橫理橫理本直文作曲形者角為圜體觀其環形則直者似曲矣許君云與刀魚相似蓋未知ㄟ象角之橫理也

曰血 卷四第三十三及卷六第十三葉 卷四第三十三葉

說文解字血祭所薦牲血也从皿一象血形此从○者血在皿中側視之則為一俯視之則成○矣

曰臭 卷五第四十七葉 藏龜第百九十六葉

曰羴 卷四第三十五葉 同上 同上

从四羊者與羴同誼

曰犾· 卷五第四十七葉

曰豩 卷一第三十一葉

說文解字豩二豕也闕此从三豕疑即豩字

曰隹 卷一第五葉 第二十七葉 卷三第二十四葉 第二十八葉 第二十七葉 卷二第十五葉 卷一第三十八葉 卷四第九葉 卷三第二十一葉 卷七第三十九葉 同上 卷三第一葉 卷四第四十二葉 卷八第五葉 卷四第二十七葉

卜辭中語詞之惟唯諾之唯與短尾之隹同為一字古金文亦然然卜辭中已有从口之唯亦僅一見耳又卜辭中隹許訓短尾鳥者與鳥不分故隹字多作鳥形許書隹部諸字亦多云籀文从鳥蓋隹鳥古本一字筆畫有繁簡耳許以隹為短尾鳥之總名鳥為長尾禽之總名然鳥尾長者莫如雉與雞而並从隹尾之短者莫如鶴鷺鳧鴻而均从鳥可知強分之之未為得矣

曰鳳 卷二第三十葉 同上 卷四第四十二葉 第四十三葉 同上 藏龜第五十五葉 又第九十七葉

說文解字鳳古文作二形卜辭从與畧同从即凡字古金文作與此小異與篆文同惟从或省作與許書篆古二文不合耳龍字从鳳字所從亦與龍同此於古必有說今無由知之矣王徵君曰卜辭中屢云其遘大鳳即其遘大風周禮大宗伯風師作飌師从雚而卜辭作鳳二字甚相似予棐王說是也考

卜辭中諸鳳字誼均為風古金文不見風字周禮之飌乃卜辭中鳳字之傳譌蓋譌平為𠂢譌凡為風耳地名中有字卷二第十九葉殆亦鳳字之簡者據此知古者假鳳為風矣

曰雞 卷四第四十三葉卷七第二十三葉卷二第三十七葉同上第三十六葉

卜辭中諸雞字皆象雞形高冠脩尾一見可別於他禽或增奚聲然其他𡴀仍是雞形非鳥字也說文解字雞从隹籀文从鳥均失之矣

曰雉 卷二第十一葉第三十四葉卷四第四十四葉卷二第三十一葉卷七第二十四葉

說文解字雉古文作𨾔从弟今以卜辭考之古文乃从𣲖蓋象以繩繫矢而射所謂矰繳者也雉不可生得必射而後可致之所謂二生一死者是也許言从弟殆失之

曰雇 卷二第四葉第六葉

說文解字雇籀文从鳥作卜辭地名中有字从鳥户聲與籀文合

曰舊 卷四第十五葉

說文解字舊鴟舊舊留也从萑臼聲或作鵂此从凵古文臼字多如此作

曰雚

卷四第四十三葉同上第三十九葉藏龜第百二十一葉卷四第十八葉卷一第十六葉卷八第三葉第四葉

說文解字雚小爵也从萑吅聲卜辭或省吅借為觀字此字之形與許書訓鴟屬之萑字相似然由其文辭觀之則否矣

曰鳿

卷二第九葉

說文解字鳿烏肥大鳿鳿也或从鳥作與此同疑此字與鴻雁之鴻古為一字惜卜辭之鳿為地名未由徵吾說矣

曰燕

卷五第二十八葉卷六第四十三葉同上第四十四葉同上

同上同上

象燕籋口布翄枝尾之狀篆書作形稍失矣卜辭借為燕享字

曰龍

卷四第五十四葉第四十三葉第五十四葉藏龜第百六十三葉卷六第四十三葉卷四第五十四葉卷五第三十八葉書契後編下六

藏龜第六十三葉

說文解字龍从肉飛之形童省聲卜辭或从即許君所謂童省从象龍形

冃其首即許君誤以為从肉者□其身矣或省□但為首角全身之形或又增足

曰龜 □卷四第五十四葉 □同上 □同上 □同上 □第五十五葉 □藏龜之餘 □卷八第八葉 □

說文解字龜古文作□卜辭諸龜字皆象昂首被甲短尾之形或僅見其前足者後足隱甲中也

曰魚 □卷四第五十五葉 □同上 □

說文解字魚象形魚尾與燕尾相似謂从火也卜辭魚與燕尾皆作□形不从火然石鼓文魚字下已作火形知許君蓋有所受之矣卜辭中諸魚字皆假為捕魚之漁

曰虫 □卷二第二十四葉 □藏龜第四十六葉

說文解字虫一名蝮博三寸首大如擘指象其卧形卜辭諸字皆象博首而宛身之狀 案許言蝮狀本爾雅釋魚疑有誤字郭注言今蝮蛇細頸大頭正虫字所象也

曰䖵 □卷四第五十二葉 □第五十五葉 □同上

曰它 □卷一第十一及第十三葉 □卷二第二十四葉 □卷四第五及卷六第

殷考 三十九

二十四葉　卷三第二十八葉　卷八第十一葉　同上

說文解字它虫也上古艸居患它故相問無它乎或从虫作蛇卜辭中从止即足也下它或增从彳其文皆曰亡壱或曰不壱殆卽它字上古相問以無它故卜辭中凡貞祭於先祖尚用不它亾它之遺言殆相沿以爲無事故之通稱矣卜辭中亦單稱它則當是有故不可以祭矣又案它與虫殆爲一字後人誤析爲二又并二字而爲蛇尤重複無理許君於虫部外別立它部不免沿其誤矣

曰禾　卷三第二十九葉　卷四第三十九葉

上象穗與葉下象莖與根許君云从木从𠂹省誤以象形爲會意矣

曰黍　卷四第三十葉　第三十九葉　同上　第四十葉　同上　卷七第二十六葉　卷三第二十九葉　藏龜第二百四十八葉　卷四第三十九葉　卷三第二十九葉　同上　卷四第三十九葉　藏龜第二百六葉

說文解字引孔子曰黍可爲酒禾入水也仲䱷父盨亦作　此或省水黍爲散穗與稻不同故作　　之狀以象之

曰來　卷四第五葉　第十四葉　卷二第八葉　第四十二及卷五第四十一葉　卷一第二十五葉　卷二第十五及第二十一葉　第四十葉

說文解字來周所受瑞麥來麰天所來也故為行來之來卜辭中諸來字皆象形其穗或垂或否者麥之莖強與禾不同或者作𣎳作𣎳而皆假借為往來字

曰麥 𪎊卷四第四十葉𪎊同上𪎊同上

說文解字麥从來从夊案此與來為一字許君分為二字誤也來象麥形此从夂降字从之即古降字殆象自天降下示天降之義來牟之瑞在后稷之世故殷代已有此字矣

曰米 米卷四第四十一葉

象米粒瑣碎縱橫之狀古金文从米之字皆如此作許書作米形稍失矣

曰康 康卷一第十二葉康第二十一葉康第十葉

說文解字穅穀皮也或省作康此字與許書或體畧同穀皮非米以∷象其碎屑之形故或作∷或作∵或作∴無定形康侯鼎作康伊敦作康同此今隸作康尚得古文遺意矣

曰嗇 嗇卷四第四十一葉嗇同上

說文解字嗇愛濇也从來从㐭來者㐭而藏之故田夫謂之嗇夫古文作𠾂从田又穡注穀可收曰穡从禾嗇聲案嗇穡乃一字卜辭从田與許書嗇之古文

合从二禾與許書穡字从禾形合穡訓收斂从秝从田禾在田可斂也師袁敨穡作𤲭亦从秝左氏襄九年傳其庶人力于農穡注種曰農收曰穡田夫曰嗇夫謂主爭收斂又穡字禮記皆作嗇此穡嗇一字之明證矣其本義爲斂穀引申而爲愛濇初非有二字

曰季　卷一第五十及卷四第四十七葉　卷四第四十葉　第七葉　卷三第二十九葉　第三十葉

曰耑　卷四第四十二葉　同上　第四十一葉

說文解字耑物初生之題也上象生形下象根也卜辭耑字增∴象水形水可養植物者也上从屮象植物初茁漸生歧葉之狀形似止字而稍異許君止字注云象艸木出有址乃因形似致譌矣

曰不　卷一第八葉　卷三第三十葉　卷三第十七葉　卷五第三十八葉　卷一第二十五葉

象花不形花不爲不之本誼許君訓爲鳥飛不下來失其旨矣

曰木　卷二第十五葉

曰桑　卷一第六葉　卷四第四十一葉

象桑形許書作叒从叒殆由此致譌也

曰杞 卷二第八葉 說文解字杞枸杞也从木己聲文从木旁己杞伯敦作从己在木下與此同

曰果 卷七第二十六葉 象果生於木之形卜辭中婐字采字从此說詳上婐字下采字注

曰芻 卷一第十一葉 卷二第六葉 从又持斷草是芻也散盤有𦨉字與此同古陶文騶字从𦨉漢騶四朱小方錢騶字亦从𦨉均尚存古文遺意矣

曰采 卷五第三十六葉 卷七第四十葉 藏龜第二百四十二葉 象取果於木之形故从爪果或省果从木取果為采引申而為樵采及凡采擇字

曰彝 卷二第六葉 卷五第一葉 說文解字彝宗廟常器也从糸糸綦也廾持米器中實也彑聲古文作𢑴𢑱二形卜辭中彝字象兩手持雞與古金文同其誼則不可知矣

曰尊 卷五第四葉 同上 同上 同上

說文解字尊酒器也从酋廾以奉之或从寸作尊卜辭象兩手奉尊形或从𨸏與古金文同又古金文或从酉或从酋从酋者是許君所本矣

曰壺 卷五弟五葉

上有蓋旁有耳壺之象也古金文中而姬壺壺字作其蓋形與此略同

曰爵 卷五弟五葉 同上 藏龜弟二百四十一葉 又弟八十九葉

說文解字爵禮器也象爵之形中有鬯酒又持之也所以飲器象爵者取其鳴節節足足也古文作象形許君言象爵形者謂所从之今觀卜辭諸爵字象爵之首有冠毛有目有味因冠毛以為柱因目以為耳因味以為足厥形惟肖許書所從之殆由轉寫之訛其从鬯與又則後人所益也許君謂飲器象爵者取其鳴節節足足也今證以卜辭其字確象爵雀形知許君所云為古先遺說不見於諸經注幸尚存於說文解字中許君網羅放佚之功誠巨矣

曰斝 卷五弟五葉

說文解字斝从吅从斗冂象形與爵同意案斝从吅不見與爵同之狀从冂亦不能象斝形今卜辭斝字从上象柱下象足似爵而腹加碩甚得斝狀知許書从作者乃由而譌卜辭从象手持之許書所从之斗殆又由此轉譌

者也又古彝文金文家稱雙矢彝有𤔔字與此正同但省𠬝耳其形亦象二柱三足一耳而無流與尾與傳世古斝形狀脗合可為卜辭𠬝字之證又古散字作𢿵與𢿵字形頗相似故後人誤認斝為散韓詩說諸飲器有散無斝今傳世古飲器有斝無散大於角者惟斝而已故諸經中散字疑皆斝字之譌予嘗以此說質之吾友王徵君徵君然之並謂寶雞所出銅禁備列諸飲器有爵一觚一觶二角一斝一與少牢饋食禮之實二爵二觚四觶一角一散數雖不同而器則相若則散斝信為一物又詩邶風碩人赫如渥赭公言錫爵傳言祭有畀煇胞翟閽者惠下之道見惠不過一散疏言散謂之爵爵總名也予謂此爵字本當作斝斝與赭為韻也傳云見惠不過一散則經本當作錫斝轉譌為散後人因散字不得其韻又改為爵其實散本斝字斝赭同部不煩改爵也其說至精確著之以為吾說左證

曰 卷一第三十五葉卷五第一葉卷一第九葉卷五第一葉卷四第五十四葉卷五第八葉第一葉卷一第二十三葉藏龜第百四十一葉藏龜之餘卷七第十葉卷一第十葉卷四第十二葉卷一第十八葉

作[glyph]者與古金文同其變形至多以文例得知之

曰卣[glyph]卷一第十八葉[glyph]卷五第十七葉[glyph][glyph]

古金文作[glyph]作[glyph]卜辭又省丨其文曰鬯六卣故知為卣矣

曰𣪘[glyph]書契菁華[glyph]卷一第三十五葉[glyph]同上[glyph]

古金文有作[glyph]己侯𣪘[glyph]杞伯𣪘者與此畧同从又持[glyph]殆象勺形所以出納於𣪘中者非从攴也

曰鼎[glyph]卷五第三葉[glyph]

象兩耳腹足之形與古金文同

曰[glyph][glyph]卷五第三葉[glyph]同上[glyph]卷一第二十二葉[glyph]卷六第三十四葉[glyph]同上[glyph]書契菁華

此字不見許書古金文有之有[glyph]史頌𣪘[glyph]王作[glyph]日辛諸形从匕肉於鼎爿殆所以薦肉者也此或加八象有湆汁或省匕或省爿與肉或省肉與匕然皆為一字也

曰甗[glyph]卷五第四葉及藏龜第二百三十五葉[glyph]卷五第三葉[glyph]第四葉及卷七第五葉

上形如鼎下形如鬲是甗也古金文加犬於旁已失其形許書从瓦益為晚出

曰俎 □卷五第三十七葉 □卷六第三十七葉 □卷七第十七葉 □第二十葉
□卷一第三十九又卷六第二葉 □書契菁華

說文解字俎禮俎也从半肉在且上半肉謂仌也然在且旁不在且上卜辭作□則正象置肉於且上之形古金文亦有俎字作□貉子卣□𡚱女彝前人皆釋為宜誤矣

曰豐 □卷五第五葉 □藏龜第二百三十八葉

說文解字豐豆之豐滿者也古文作□卜辭从丰从□殆亦象豐滿形

曰𢍜 □卷五第□二葉 □卷六第九葉 □卷五第二葉 □同上

說文解字𢍜禮器也从廾持肉于豆上讀若鐙同此殆即爾雅瓦豆謂之登之登字卜辭从兩手奉豆形不从肉由其文觀之乃用為烝祀字

曰皿 □卷四第十五及卷五第三葉 □卷五第三葉 □卷八第六葉

說文解字皿飯食之用器也象形與豆同意卜辭中皿字或作□若豆之有骹故許云與豆同意

曰槃 □卷四第十六及卷五第二十七葉 □卷八第十一葉 □卷一第四十三

葉凡第三十六葉

說文解字槃承槃也从木般聲古文作鎜籀文作盤古金文作般此作凡象形旁有耳以便手持或省耳古者槃與舟相類故般庚之般从凡或徑作凡殆與凡字同後世从舟與从凡同意也又以古金文例之般庚之般亦盤盂字矣

曰盂

盂卷二第二十葉盂第三十八葉盂第二十葉盂卷五第五葉

說文解字盂飯器也从皿亏聲古金文从于鼎盂與此同卜辭或从丙凵丙亦于字凵即皿省

曰匚

匚卷五第二及藏龜第二百二十六葉匚卷五第三及卷四第十五葉

說文解字匚受物之器也象形籀文作匚

曰樂

樂卷五第一葉樂書契菁華

从絲附木上琴瑟之象也或增白以象調弦之器猶今彈琵琶阮咸者之有撥矣虘鐘作濼借濼為樂亦从樂許君謂象鼓鞞木虡者誤也

曰鼓

鼓卷五第一葉鼓卷二第十二葉

說文解字鼓籀文作𪔣从古聲卜辭與古金文畧同皆不从古其增宀者殆亦鼓字

曰彭 卷四第七及卷五第三十四葉 卷五第三十四葉 同上 卷七第三葉 卷五第三十四葉

説文解字彭鼓聲也彡聲徐鉉曰當从彡省乃得聲段先生删聲字卜辭从彡或作三乃从彡曰之彡

曰殸 卷四第十葉 卷二第四十三葉 同上 同上又藏龜之餘

説文解字磬从石象縣虡之形籒文省作殸古文作硜卜辭諸字从屮象虡飾𠂆象磬又持ㄅ所以擊之形意已具其从石者乃後人所加重複甚矣

曰聿 卷七第二十三葉

説文解字聿所以書也从聿一聲此象手持筆形乃象形非形聲也聿父辛卣从聿與卜辭同

曰中 中卷六第五葉

此象簡冊形史事等字从之非中正字詳前史字注

曰冊 冊卷四第三十七葉冊卷五第十一葉冊同上冊卷七第十二葉冊卷四第三十七葉冊卷七第六葉冊

説文解字冊象其札一長一短中有二編之形古文从竹作笧卜辭中諸字與

古金文同或增廾象奉冊形

曰貝 卷五第十葉 卷四第三十葉

象貝形作者與盂鼎同作者與貝父己爵同

曰朋 卷一第三十葉 卷五第十葉

此朋貝字與古金文同

曰糸 藏龜第百九十葉

說文解字糸古文作此與許書篆文合象束餘之緒或在上端或在下端無定形

曰絣 卷五第十一葉 同上

說文解字絣織以絲毌杼廾古文卵字此从一或从三正象杼形許君作廾謂是卵字者誤也

曰帛 卷二第十二葉

曰敝 書契菁華

說文解字敝帗也一曰敗衣从攴从㡀㡀亦聲此从㡀省

曰衣 卷二第十及卷五第十葉 卷五第十及第十一葉

說文解字衣象覆二人之形案衣無覆二人之理段先生謂覆二人則貴賤皆覆其言亦紆回不可通此蓋象襟衽左右掩覆之形古金文正與此同

曰裘 □卷七第六葉 □卷四第五十葉 □書契菁華 □卷三第二十九葉 □第二十一葉

說文解字裘古文省衣作求又卣作□此省又作□象裘形當為裘之初字許君表字注古者衣裘故以毛為表段先生曰古者衣裘謂未有麻絲衣羽皮也衣皮時毛在外故裘之制毛在外今觀卜辭與又卣裘字毛正在外可為許說左證卜辭中又有作□者王徵君謂亦裘字其說甚確蓋□為已製為裘時之形□則尚為獸皮而未製時之形字形畧屈曲象其柔委之狀番生敦及石鼓文作□齊子仲姜鎛作□並與此同□既為獸皮而未製衣是含求得之誼故引申而為求匄之求徵君又謂卜辭中又有□字卷一第三十二及第四十三四十四五十諸葉此字甚多畧舉以示例以文誼觀之亦當為求字惟字形稍異附此俟考

曰戎 □卷八第十一葉

說文解字戎兵也从戈从甲卜辭與古金文从戈从十十古文甲字今隸戎字尚从古文甲亦古文多存於今隸之一證矣

曰弓　□卷五第八葉□第七葉

弓父庚卣作□與□同

曰弜　□卷四第二十七葉及卷五第十七葉

說文解字弜彊也卜辭兩見此字其文皆曰弜改疑弜乃粥之古文許君云弓彊殆後起之誼矣

曰彈　□卷五第八及藏龜第百六十二葉□卷五第九葉□第八葉□同上□同上

說文解字彈行丸也从弓單聲或从弓持丸作□段先生從佩觿集韻改㢮為□改注文作或說彈从弓持丸今卜辭字形正為弓持丸與許書或說同許君兼存衆說之功亦鉅矣

曰射　□卷六第三葉□卷四第十四葉□卷五第四十二葉□卷三第三十二葉□卷二第八葉□卷三第三十一葉□書契菁華□卷三第三十二葉□卷五第四十二葉□同上□第四十三葉□第四十二葉□同上□□

說文解字䠶从矢从身篆文作射从寸寸法度也亦手也卜辭中諸字皆為張弓注矢形或左向或右向許書从身乃由弓形而譌又誤橫矢為立矢其从寸

則从又之譌也古金文及石鼓文並與此同

曰弘　卷五第十五葉　同上　卷二第二十二葉

說文解字弘弓聲也从弓厶聲厶古文肱字卜辭从弓从丿與毛公鼎同

曰矢　卷一第三葉　卷五第七葉　卷四第五十一葉　藏龜第二百三十一葉

象鏑幹括之形說文解字云从入乃誤以鏑形為入字矣

曰族　卷五第七葉　同上又卷四第三十二葉　卷五第八葉　卷七第一葉

从㫃从矢軍旅之下矢所集也

曰矦　卷二第二葉　卷四第十八葉　卷五第九葉

說文解字矦从人从厂象張布矢在其下古文作矦與此同古金文亦均从厂

曰臬　卷五第十三葉

說文解字臬射準的从木从自卜辭有此字但不知與許書同誼否

曰箙　卷五第九葉　同上　同上　同上　第十葉

說文解字箙弩矢箙也从竹服聲周禮司弓矢鄭注箙盛矢器也詩小雅象弭

魚服箋服矢服也是古盛矢之器其字作箙作服卜辭諸字盛矢在器中形或一矢或二矢古金文畧同作□丙申角□番生敦□毛公鼎□爵□父癸甗□子父己爵諸形且有中盛三矢作□者博古圖卷十父辛卣番生敦文曰簟弼魚□毛公鼎文亦同是□與□確即毛詩及許書之服箙其字本象箙形中或盛一矢二矢三矢後乃由从一矢之□□變而為□□於初形已漸失而與葡字形頗相近古者葡與服相通假易服牛乘馬說文解字犕注引作犕牛乘馬左傳王使伯服如鄭請滑史記鄭世家作伯犕後漢書皇甫嵩傳注犕古服字此犕服相通假之證矣箙之初字全為象形字乃由□轉寫而為□□又轉譌而為葡為犕又由犕而通假作服又加竹而為箙於是初形全晦而象形乃變為形聲字矣

曰㫃 □卷五弟五葉 □弟六葉

說文解字㫃旌旗之游㫃蹇之皃从屮曲而垂下㫃相出入也□古文㫃字象旌旗之游及㫃之形其義頗難通又所載古文與篆文無異段先生正之曰从屮曲而垂下㫃相出入也十一字當作从屮曲而下垂者游从入游相出入也語意略顯然謂㫃从入尚未得盇㫃字全為象形卜辭作□與古金文同卜象杠與首之飾乀象游形段君以為从入非也蓋篆形既失初意乃全不可知矣

卜辭又有[glyph]字象四游之形疑亦㫃字

曰游 [glyph]卷二第二十六葉 [glyph]第二十九葉 [glyph]第二十六葉 [glyph]第四十一葉

說文解字游旌旗之流也从㫃汓聲古文作[glyph]案石鼓文作[glyph]與此同从子執旗全為象形从水者後來所加於是變象形為形聲矣

曰戈 [glyph]卷六第三十一葉 [glyph]第三十八葉

說文解字戈平頭戟也从弋一橫之象形案戈全為象形丨象柲一象戈非从弋也古金文或作[glyph]形已失矣許君於象形諸字多云从某者因字形失而誤會也

曰戉 [glyph]卷二第十六葉 [glyph]卷四第十三及卷七第十一葉 [glyph]卷四第十五葉

說文解字戉斧也从戈乚聲案戉字象形非形聲古金文或作[glyph]戉事與此同

曰𣎵 [glyph]卷五第十三葉

說文解字𣎵兩刃臿也从木𦉫象形宋魏曰𣎵也或作釫與卜辭所載不知同誼否

曰舟 [glyph]卷二第二十六葉 [glyph]卷七第二十一葉 [glyph]第二十四葉 [glyph]卷五第六葉

象舟形

曰車 卷五第六葉 卷七第五葉 書契菁華 同上 卷五第六葉 藏龜第六十三葉 又第九十一葉

說文解字車籀文作毛公鼎作象側視形（篆文車字亦然）許書从戔乃由而譌卜辭諸車字皆象從前後視形或有箱或有轅或僅作兩輪亦得知為車矣

曰輿 卷五第六葉

說文解字輿車輿也从車舁聲案考工記輿人為車此象衆手造車之形軾較軫軹轛皆輿事而獨象輪者車之所以載者在輪且可象它皆不可象舉輪則造車之事可概見矣

曰爿 卷七第三葉

許書無爿字而牀狀牆戕等字皆从之今卜辭有爿字是許君偶遺之耳

曰甘 卷二第二葉 卷一第一葉 卷三第一葉 卷七第二十四葉

說文解字箕从甘象形下其丌也古文作三形籀文作二形卜辭作作（許書之乃由而譌）與許書古文合此字象甘形而假為語詞（卜辭中諸其字亦然）其字初但作後增丌於是改象形為會意後又加竹作箕則更繁複矣許君錄後起之箕字而附甘其諸形於箕下者以當時通用之字為主也

曰糞　卷二第十八葉　卷五第十二葉

說文解字𡍘棄除也从廾推𠦒棄釆也官溥說似米非米者矢字今卜辭之𡍘即糞字从象糞穢形即官溥所謂似米非米者从甘即許書所从之𠦒（𠦒象田網非箕屬說詳下畢字注）廾以推棄之埽糞穢於甘中而推棄之糞之誼瞭然矣其省廾从土从甘者疑亦糞字

曰帚　卷一第三十葉　卷八第三葉　卷五第十二葉　卷一第二十五葉　第二十八葉

說文解字帚从又持巾埽門內卜辭帚字从象帚形其柄末所以卓立者與金文戈字之同意其从冂者象置帚之架埽畢而置帚於架上倒卓之也許君所謂从又乃ヨ之譌从巾乃之譌謂冂為門內乃架形之譌亦因形失而致誤也凡卜辭中帚字皆假為歸

曰埽　卷七第十五葉　卷六第十七葉　同上

象人持帚埽除之形當為埽之本字說文作埽从帚土殆為後起字變象形為會意矣

曰彗　卷五第三十一葉　卷八第六葉　卷六第六十三葉　卷五第三十

二葉 同上

說文解字彗埽竹也从又持甡或从竹作篲古文作䨮此从兩手持二帚象埽除之形殆即許書彗字許言古文作䨮从羽殆从兩帚之譌與卜辭中又有从又持一帚者殆亦彗字又以字形觀之下埽謂之埽上埽謂之彗許訓彗為埽竹殆非初誼矣

曰專 卷五第十二葉 同上 同上

說文解字專六寸簿也从寸叀聲一曰專紡專此字从叀从又凡篆文从寸之字古文皆从又疑即許書之專字其誼則不可知矣

曰畢 卷一第二十九葉 卷二第五葉 卷五第十四葉

說文解字畢田网也从華象畢形微也或曰由聲卜辭諸字正象网形下有柄或增又持之即許書所謂象畢形之華也但篆文改交錯之網為平直相當於初形已失後人又加田於是象形遂為會意漢畫象刻石凡捕兔之畢尚與字形同是田網之制漢時尚然也又許書隸畢字於華部于畢注云从華象畢形而於華注乃曰箕屬所以推棄之器也象形一若華既象田網之畢又象推棄之箕者許君又謂糞棄二字皆从華今證之卜辭則糞字作乃从甘不从

畢糞除以箕古今所同不聞別用它器其在古文畢即畢字糞棄固無用畢之理也此亦因形失而致歧者

曰网 [glyph] 卷六第三十八葉 後下八

說文解字网从冂下象网交文或从亡作罔或从糸作網古文作[glyph]籀文作[glyph]此作[glyph]象張网形

曰火 [glyph] 卷五第十四葉 [glyph] 同上 後下八

象火形古金文从火之字皆如此作

曰光 [glyph] 卷四第四十一及卷五第三十二葉 [glyph] 卷五第三十二葉 [glyph] 卷三第三十三葉

說文解字光从火在人上光明意也古文作[glyph][glyph]二形

曰𦘔 [glyph] 卷五第三十三葉

說文解字𦘔火餘也从火聿聲徐鉉曰聿非聲疑从聿省此从又持丨以撥餘火象形非形聲也

曰焚 [glyph] 藏龜第八十七葉 後下九 [glyph] 卷一第三十三葉

說文解字𤐫燒田也从火楙楙亦聲段先生改篆文𤐫為焚改注从楙楙亦聲

為从火林謂玉篇廣韻有焚無燓焚符分切至集韻類篇乃合焚燓為一字而集韻廿二元固單出燓字符袁切竊謂楙聲在十四部焚聲在十三部份古文作彬解曰焚省聲是許書當有焚字況經傳焚字不可枚舉而未見有燓知火部之燓即焚之譌元應書引說文焚燒田也字从火燒林意也凡四見然則唐初本有焚無燓不獨篇韻可證也云云今證之卜辭亦从林不从楙可為段說佐證或又从草於燒田之誼更明

曰烄 [glyph]卷五第三十三葉[glyph]同上[glyph]卷六第二十葉[glyph] 此下古

說文解字烄交木然也玉篇交木然之以燎柴天也此字从交下火當即許書之烄字

曰赫 [glyph]卷一第十二及第三十四葉[glyph]第三十七葉[glyph]第三十四葉[glyph]第二及第六葉[glyph]第八及第十七葉[glyph]第三十一葉[glyph]第三十三葉[glyph]第三十七葉[glyph] 之四十一葉 第八葉 又[illegible]

說文解字赫从二赤此从大从炏即二火字者省二大為一誼已明也石鼓文奔作蠿从三歪盂鼎作蠢省三夭為一卜辭中彗字或从二又持二帚或从一又持一帚是其例矣此字即召公名之奭爾雅釋訓奭奭釋文本作赫赫說文奭从

廣雅釋言烄[illegible]
方言上旨

曰叉 [illegible] 後下九

皕从大盛也詩出車傳赫赫盛貌常武傳兩云赫赫然盛也節南山傳赫赫顯盛也赫从二火故言盛从皕則無從得盛意知从皕者乃从㗊之譌奭乃爽之譌字卜辭从㗊或變作[illegible]等皆為火之變形許書又變从百愈變而愈失其初矣卜辭中凡王賓之以妣配食者則二名間必間以爽字戊辰彝遺于匕戊武乙[illegible]（作𢆶亦炏之變形）爽字雖在二名之下義亦相同卜辭又云有爽（卷一第二葉）猶言有妃也是爽有妃之誼許書奭字注召公名又引史篇召公名醜二說不同疑召公或名奭而字醜古人名字誼多相應醜訓比卜辭對父言稱匕（即妣字言與父相比也）意爽亦有妃誼此古誼之僅存者雖不能盡曉然可得其概矣

曰幽 [illegible] 書契後編下九

說文解字幽隱也从山中𢆶𢆶亦聲古金文幽字皆从火从𢆶與此同隱不可見者得火而顯

曰燮 [illegible] 卷五第三十三葉

說文解字燮大孰也从又持辛辛者物孰味也此字从又持炬从三火象炎炎之形殆即許書之燮字許从辛殆炬形之譌（此字又疑為許書訓大華之燊字坿此俟考）

曰大 [illegible] 卷一第三葉 [illegible] 同上 [illegible] 後上十八

曰立　卷六第八及藏龜第二百四十一葉

曰竝　卷五第二十五葉及卷六第五十葉

曰从　卷二第十九葉　第八葉

卜辭中从與比二字甚不易判以文理觀之此當為从字

曰幷　卷四第四十七葉

說文解字幷相从也从从幵聲一曰从持二為幷徵之卜辭正从二與許書後說同

曰伊　卷五第四十葉

曰休　卷五第二十六葉　同上

曰偁　卷六第四葉　卷七第三十七葉

說文解字偁揚也从人爯聲此从爯省知者卜辭中爯亦省作冊矣又此字疑與爯為一字舉父乙爵偁字作　亦省人

曰匄　卷四第九及卷五第二十二葉卷七第二十葉

說文解字匄气也逯安說亾人為匄古金文亦作　師坖父鼎及師遽方尊等　追敦與卜辭同與逯安說亦合

曰允 卷一第二十七葉 卷二第十七葉 卷一第二十八葉

說文解字允信也从儿㠯聲卜辭允字象人回顧形殆言行相顧之意與

曰令 卷一第四十九葉 卷四第二十七葉 卷七第三十二葉 卷一第四十四葉

說文解字令發號令也从亼卪案古文令从亼人集衆人而命令之故古令與命為一字一誼許書訓卪為瑞信不知古文字象人跽形即人字也凡許書从卪之字解皆誤

曰弜 卷六第五葉

說文解字弜二卪也巽从此闕案易雜卦傳巽伏也又為順漢書王莽傳下集注為讓書堯典馬注為恭論語子罕集解故从二人跽而相从之狀疑即古文巽字也

曰𠨍 鐵雲藏龜之餘二

說文解字𠨍事之制也从卪卜辭字从二人相向鄉字从此亦从知即𠨍矣此為嚮背之嚮字𠨍象二人相嚮猶北象二人相背許君謂為事之制者非也

曰抑 卷四第四十六葉

說文解字抑按也从反印俗从手又印注執政所持信也从爪卪卜辭[字形]字从爪从𨈏象以手抑人而使之𨈏其誼如許書之抑其字形則如許書之印抑訓按許書及禮記內則注淮南精神訓注並同訓屈史記劉敬叔孫通傳集解訓枉國語晉語注訓止楚辭招魂注與字形正合引申之則訓安方言十三及廣雅釋詁一訓治廣雅釋詁三訓慎密詩賓之初筵傳及凡謙抑之稱予意許書印抑二字古為一字後世之印信古者謂之璽節初無印之名而卜辭及古金文則已有此字曾伯霂簠云克狄淮夷印燮繁邑抑亦訓安訓治印燮猶言安和矣印之本訓既為按抑後世執政以印施治乃假按印之印字為之反印為抑殆出晚季所以別於印信字也古文每多反書而卜辭及金文印字皆正書無一反書如許書者則印與抑之非有二字二誼明矣

曰旡　[字形]卷四弟三十三葉　[字形]卷五弟二十五葉　[字形]

說文解字㱃食气屰不得息曰旡从反欠古文作[字形]案石鼓文旣字从[字形]與卜辭畧同許書之古文[字形]乃由[字形]傳寫之譌卜辭又有[字形]字不知為旡字之反書抑是許書之欠字不可知矣

曰即　[字形]卷五弟十七葉　[字形]弟二十一葉　[字形]卷六弟五葉

曰既　[字形]卷五弟二十四葉　[字形]藏龜弟百七十八葉　[字形]卷八弟十葉　[字形]卷七弟十

八葉

即象人就食既象人食既許君訓既為小食誼與形為不協矣

曰矢 卷五第二十四葉

許書無此字殆即疑字象人仰首旁顧形疑之象也伯疑父敦疑字作正从此字許君云疑从子止上矢聲語殊難解

曰辟 卷二第二十三葉卷四第七葉第十五葉

說文解字辟法也从卩从辛節制其辠也从口用法者也案古文辟从辛人辟法也人有辛則加以法也古金文作增○乃璧之本字从○辟聲而借為訓法之辟許書从口又由○而譌也

曰若 卷三第二十七及卷八第十一葉卷四第十一葉第四十一葉

說文解字若擇菜也从艸右右手也又諾譍也从言若聲案卜辭諸若字象人舉手而跽足乃象諾時巽順之狀古諾與若為一字故若字訓為順古金文若字與此略同擇菜之誼非其朔矣

曰見 卷一第二十七葉第二十九葉卷六第七葉卷四第四十五葉

卷一第二十九葉卷四第三十四葉

曰相 [glyph]卷二第十七及卷五第二十五葉[glyph]卷一第四十六葉[glyph]卷三第二十三葉

說文解字相省視也从目从木易曰地可觀者莫可觀於木此从目从木與許書同或从屮乃木之省猶杞从林之字或从艸矣古金文亦多省木作屮與此同吳中丞謂作[glyph]十目所視也蓋未知屮為木之省作矣

曰眔 [glyph]卷四第四十七葉[glyph]同上[glyph]第三十七葉[glyph]卷二第四十五及卷五第三葉[glyph]卷五第四十三葉

說文解字眔目相及也从目从隶省古金文作[glyph]（静敦及誅田鼎）卜辭从[glyph][glyph][glyph]等形殆非从隶省也古文隶字从[glyph]

曰斁 [glyph]卷五第九葉[glyph]第三十九葉

說文解字斁解也从攴睪聲詩云服之無斁斁厭也毛公鼎肆皇天亡斁斁字作[glyph]吳中丞釋斁與此同

曰夐 [glyph]卷五第二十四葉

說文解字夐舉目使人也从攴从目卜辭[glyph]从[glyph]即攴字

曰劓 [glyph]卷四第三十二葉[glyph]

說文解字劓刑鼻也从刀臬聲或从鼻作劓此作劓與說文或作合自即鼻之初字也

曰告　卷一第二十六及卷三第二十七葉　卷一第三及第十二葉

曰商　卷二第二及卷四第三十七葉　卷二第一葉　同上

說文解字商从外以知內也从冏章省聲古文作　籀文作　卜辭商字與篆文同或省口

曰咸　卷一第四十三葉　第四十四葉　同上　卷二第六葉

說文解字咸皆也悉也从口从戌戌悉也卜辭與古金文（盂鼎及䍃子卣）皆从戌

曰唐　卷一第九葉

說文解字唐古文作啺

曰啇　卷五第二十一葉　卷六第二十九葉

曰启　卷五第二十一葉　藏龜第二百四十五葉

启或从又象有自名以詣門者往以又启之也

曰合　卷七第三十六葉及書契菁華

曰同　書契菁華

曰如 □卷五第三十葉□同上

曰品 品卷五第三十五葉□同上

曰□ □卷七第七葉

曰日 □卷一第四葉□第四十三葉

說文解字曰詞也从口乙聲亦象口出气也卜辭从一不作乙散盤亦作□晚周禮器乃有象口出气形者

曰冊 □卷一第三十四葉□卷七第二十五葉

說文解字冊告也从曰从冊冊亦聲卜辭此字从口口之意與曰同

曰言 □卷五第二十葉

曰謝 □書契菁華□藏龜第九十六葉□卷四第四葉□卷五第二十三葉第二十二葉□同上□同上□卷四第二十八葉□卷二第二十六葉

說文解字謝辭也从言䠶聲卜辭諸謝字从言从兩手持席或省言或省兩手知為手持席者許書席古文作□夙古文作佰佰又云宿字从此豐姞敢宿字作□許書席之古文从□古金文宿从□皆象席形此作□作□作□文有繁簡形則同也知兩手持席為謝者祭義七十杖於朝君問則席注為之布席堂

上而與之言正義布席令坐也此从兩手持席者蓋臣於君前不敢當坐禮故持席以謝也此古禮之僅存於祭義中者今由卜辭觀之知賜席之禮亦古矣篆文从𢼸聲乃後起之字也

曰䜝 [glyph] 卷二第五葉 [glyph]

說文解字䜝獄之兩曹也在廷東从棘治事者从曰此从口與从曰同意

曰競 [glyph] 卷五第四十一葉

說文解字競从誩从二人此从誩省

曰戠 [glyph] 卷四第四葉 [glyph] 同上 [glyph] 後上九

說文解字戠闕从戈从音此从言古金文識幟諸字皆如此作趩尊錫趩戠衣文作[glyph]格伯敦作[glyph]吳中丞以為識字一从音與許書同一从言與卜辭同古从言从音殆通用不別

曰𩯭 [glyph] 卷二第四十四葉

說文解字無𩯭字而有欬注屰气也又謦注欬也通俗文利喉謂之謦欬此二字亦見莊子徐無鬼篇知𩯭即謦欬之初字矣

曰有 [glyph] 卷三第三十一葉

古金文有字亦多作又與卜辭同

曰及　卷八第七葉　卷五第二十七葉　同上

說文解字及从又从人古文作　𨔣三形石鼓文作　與卜辭同象人前行而又及之

曰反　卷二第四葉

說文解字反古文作　此作反與古金文及許書篆文合

曰𠬝　卷四第八　卷五第二十九　卷八第十二葉

說文解字𠬝治也从又从卪卪事之節也此象以又按跽人與印从　从　同意盂鼎服字作　𨘋尊作　並从　與此同

曰馭　卷五第三十七葉

此字與許書及古金文並同

曰對　卷四第三十六葉

說文解字對从丵从口从寸䜑从士作對漢文帝以為責對而為多言非誠對故去其口以从士也案古金文無从口作者亦非从士又許書从寸古金文及卜辭均从又

曰得卷五第二十九及卷八第十三葉卷七第四十二葉卷一第五十二葉

說文解字得行有所得也从彳㝵古文省彳作㝵許書又有㝵字注取也从見从寸複出當刪此从又持貝得之意也或增彳許書古文从見殆从貝之譌

曰事卷一第二及卷二第二十三葉卷四第二十八葉第四葉

說文解字事从史之省聲古文作卜辭事字从又持簡書執事之象也與史同字同意

曰敘卷六第十葉

說文解字敘次第也从攴余聲此从又篆文从攴之字若敏敃等古文多从又

曰敏卷五第十七葉同上卷二第二卷四第二十七葉卷八第七葉卷五第十八葉

說文解字敏疾也从攴每聲叔敏父敦从又杞伯鼎敏敦均省又與卜辭同

曰為卷五第三十葉同上

說文解字為母猴也其為禽好爪爪母猴象也下腹為母猴形王育曰爪象形也古文作象兩母猴相對形案為字古金文及石鼓文並作从爪从象絕

不見母猴之狀卜辭作手牽象形知金文及石鼓从[illegible]者乃[illegible]之變形非訓覆手之爪字也意古者役象以助勞其事或尚在服牛乘馬以前微此文幾不能知之矣

曰妥 [illegible]卷五第十九葉及書契菁華

古綏字作妥古金文與卜辭並同說文解字有綏無妥而今隸反有之雖古今殊釋然可見古文之存於今隸者為不少也

曰爯 [illegible]卷五第二十一葉[illegible]同上[illegible]卷六第十二葉[illegible]卷四第四十六葉[illegible]卷五第二十一葉[illegible]卷七第十八葉[illegible]卷五第十一葉

說文解字爯并舉也从爪冓省與卜辭同卜辭又或省爪

曰系 [illegible]卷七第七及藏龜第二葉[illegible]卷五第三十六葉[illegible]卷七第四葉

說文解字系繫也从糸丿聲籀文作[illegible]卜辭作手持絲形與許書籀文合

曰敍 [illegible]卷五第二十葉[illegible]第八葉

曰效 [illegible]卷五第十九及藏龜第二十二葉

曰斅 [illegible]卷一第四十四及藏龜第百五十七葉[illegible]卷五第二十葉[illegible]卷一第四十四葉[illegible]藏龜之餘

說文解字斅覺悟也从教从冂冂尚矇也臼聲篆文省作學案卜辭諸文均不从攴且省子或又省作爻

曰改 □卷五第十葉 □第十七及卷四第二十七葉 □卷四第三十一葉 □書契菁華

說文解字改更也从攴己又改改毅大剛卯以逐鬼鬽也从攴巳聲古金文改盨蓋及卜辭有从己之改無从巳之改疑許書之改即改字初非有二形也

曰𠭥 □卷五第三十九葉 □卷二中廿八頁

說文解字𠭥反引也从又𠩺聲卜辭作□从□師𠭥敦作□與卜辭略同所从之□均不从未

曰般 □卷一第十五葉 □同上 □第十六葉 □同上 □卷四第十六葉 □後下廿七

說文解字般辟也象舟之旋从舟从殳殳以旋也古文从攴作䑶此从攴許云从攴乃攴之譌兮田盤亦作□从攴此或又省攴

曰畏 □藏龜之餘卅一頁

說文解字畏惡也从甶虎省鬼頭而虎爪可畏也古文作□古金文作□□盂鼎从甶及手形或省手形从卜是當作攴省此則从鬼手持卜鬼而持攴可畏孰甚古金

曰徽 □□ 卷二十九頁

文或作□既从卜又加攴初形已失矣

曰廾 □卷一第十二（又七第二葉）及卷五第二十二葉

曰龏 □卷四第二十八葉□第三十葉□卷七第三十一葉 □又二第十二葉

曰𢍈 □卷六第十二葉

說文解字有𢍏無𢍈𢍏注兩手同械也从手从共共亦聲或从木作𢍈此作□象兩手絜木形當是許書之𢍈字孟子拱把之桐梓拱字當如此作訓兩手同械者殆引申之義矣

曰與 □卷五第二十一葉□第二（又後下八一）十二葉□第二十一葉

說文解字與黨與也从舁从与古文作□卜辭諸字从般象二人相授受形知與受為與之初誼矣知月為般者以般从月或作□知之知與字从般者以受字知之也或省从兩手奉般形兩手奉般者將有所與也般亦舟也所以盛物鄭司農謂舟若承槃是般與舟殆一物矣

曰受 □卷一第二十葉□卷五第二十二葉□卷八第十一葉□卷三第二十九及卷五第廿二葉□卷五第二十二葉□卷七第二葉□第三十八葉□卷五第二十三葉□卷三第三十葉

說文解字受相付也从𠬪舟省聲古金文皆从舟不省與此同象授受之形與

與同意〔古文〕或作〔古文〕或作〔古文〕皆手形非訓覆手之爪

曰異〔古文〕卷五第三十八葉〔古文〕同上

說文解字異分也从廾从畀畀予也古金文皆作〔古文〕象人舉手自翼蔽形皆借

為翼字此从〔古文〕〔古文〕與古金文亦異

曰鬥〔古文〕卷二第九葉〔古文〕同上〔古文〕卷五第四十一葉

說文解字〔古文〕兩士相對兵杖在後象鬥之形卜辭諸字皆象二人相搏無兵杖

也許君殆誤以人形之〔古文〕為兵杖與自字形觀之徒手相搏謂之鬥矣

曰丞〔古文〕藏龜第百七十一葉

象人臽阱中有抍之者臽者在下抍者在上故从〔古文〕象抍之者之手也此即許

書之丞字而誼則為抍救之抍許君訓丞為翊云从廾从卪从山山高奉丞之

義盍誤〔古文〕為〔古文〕誤〔古文〕為山誤〔古文〕為卪故初誼全不可知遂別以後出之抍代丞

而以丞字之訓訓丞矣

曰樹〔古文〕卷二第七葉〔古文〕同上〔古文〕第八葉〔古文〕

說文解字樹生植之總名从木尌聲籀文作〔古文〕案樹與尌當是一字樹之本誼

為樹立蓋植木為樹引申之則凡樹他物使植立皆謂之樹石鼓文尌字从又以手植之也此从力樹物使植立必用力與又同意許書凡含樹立之誼者若尌若侸若豎其字皆為樹之後起字古文从木之字或省从屮於是壴乃變而為豈既譌壴為壴遂於壴旁增木而又譌又為寸於是樹之本誼不可知矣

曰正 □卷四第四葉□卷二第四十葉□

說文解字正从止一以止古文从二作𤴓又从一足作𤴕此从口古金文作□此但作匡郭者猶丁之作口就刀筆之便也許君云从一足殆由□而譌正月字征伐字同或作□卷六第六十一葉□書契菁華疑亦正字

曰之 □卷五第十四葉□

說文解字之出也象艸過屮枝莖漸益大有所之也一者地也案卜辭从止从一人所之也爾雅釋詁之往也當為之之初誼

曰往 □卷二第八葉□第二十葉□卷一第二十九及卷三第二十三葉□卷三第二十三葉□卷四第五十葉□第十四葉

說文解字㞷艸木妄生也从之在土上又往之也从彳㞷聲古文作□卜辭从止从土知㞷為往來之本字許訓㞷為艸木妄生而別以䢔為往來字非也

曰出 卷三第二十一及卷五第二十八葉 卷一第三葉 卷八第二葉 卷一第四十二葉

說文解字出進也象草木益滋上出達也毛公鼎作與此同吳中丞曰出字从止止足也凵象納屨形古禮入則解屨出則納屨

曰企 卷五第二十七葉 同上

說文解字企舉踵也古文作从足卜辭與篆文同

曰先 卷二第十八葉 卷五第二十四葉

曰各 卷五第二十四葉 同上

說文解字各異辭也从口夂夂者有行而止之不相聽也案各从凵象足形自外至从口自名也此為來格之本字

曰歷 書契後編 卷一第三十三葉

說文解字歷過也从止厤聲此从止从秝足行所至皆禾也以象經歷之意或从林足所經皆木亦得示歷意矣

曰復 卷五第十三及卷七第三葉

說文解字復往來也从彳复聲智鼎作此从殆之省从凵象足形自外

至示往而復來

曰歸 □卷八第一葉□卷四第六及卷五第二十九葉□卷八第一葉□卷五第二葉□卷三第三十三葉□卷四第四十一葉

說文解字歸女嫁也从止从婦省𠂤聲籀文作□此省止與諆田鼎歸夆敢同或又省𠂤

曰衛 □卷一第三葉□卷四第三十一葉□卷八第四葉□卷七第二十五葉□卷四第二十六葉□第三十一葉

說文解字韋相背也从舛口聲獸皮之韋可以束枉戾相韋背故借為皮韋古文作□又衛宿衛也从韋帀从行行列衛也卜辭韋衛一字从口从□象衆足守衛口內之形獸皮可束枉戾故由守衛之誼而引申為皮韋之韋或从行从止从方古金文作□衛父卣此省□為□又或增□為□而省方

曰步 □卷一第十及第四十四葉□卷二第七葉□卷四第一及卷五第二十九葉□卷一第五十三葉□卷六第二十二葉□同上

說文解字步行也从止少相背案步象前進時左右足一前一後形或增□古金文涉字从此从水者乃涉字然卷五第二十九葉卜辭有曰甲午王涉歸王無徒涉之理殆借涉為步字也乃借涉為步或又增行

曰衛 □卷六第二十三葉

从行从武此步武之本字後世經典借武字為之而專字亡矣

曰陟 □卷五第三十葉□

說文解字陟登也从𨸏从步古文作□案从𨸏示山陵形从止象二足由下而上此字之意但示二足上行不復別左右足散盤作□與此同

曰降 □卷四第三十九葉□卷七第三十八葉□卷四第三十九葉□卷三第二十四葉□第二十七葉□

說文解字降下也从𨸏夅聲又夅从夊㐄相承不敢並也案从𨸏示山陵形□象兩足由上而下此字之意亦但示二足下行故左右足亦或別或否鈇叔鐘亦作□

曰登 □卷五第二葉

說文解字登上車也籀文从𠬞作□與此合散盤亦作□

曰陵 □卷六第五十五葉□卷七第九葉□卷六第二十葉

說文解字陵大𨸏也从𨸏夌聲案陵訓椉廣雅釋詁四訓上漢書司馬相如傳集注訓升文選西京賦薛注故此字象人梯而升高一足在地一足已陼而升

曰逢 書契菁華 書契後編上十

說文解字逢遇也从辵夆聲此从彳古文从辵者或从彳許書所載篆文亦然如退或从彳作徂是矣

曰遘 卷一第二葉 卷二第三十五葉 第三十葉 卷四第三葉 卷三第十六及卷四第三十三葉

說文解字遘遇也从辵冓聲此與許書同或省辵

曰逆 卷四第二十四葉 卷五第二十六葉

說文解字逆迎也从辵屰聲案从辵从屰者說見下象人自外入而走以迎之或省止

曰屰 卷六第四十葉

說文解字屰不順也从干下凵屰之也案屰為倒人形示人自外入之狀與逆同字同意故卜辭逆字亦如此作

曰避 卷五第三十葉

从人从即辟字說見上辟字注人有罪思避法也說文解字載遲之籀文从犀作遟殆誤認避為遲矣

曰追　卷五第二十六葉　第二十七葉

說文解字追从辵𠂤聲此省彳𠂤即師字𠂤行以追之也

曰遣　書契後編

說文解字遣縱也从辵䝳聲古金文遣皆从辵从𦥑（穿鼎及遣小子敦城虢遣生敦）或省辵作

　大保敦與此同

曰後　卷二第四葉　第二十四葉　第二十一葉　同上　同上

說文解字後迹也从彳戔聲案後與踐同踐訓行（見儀禮士相見禮注）訓往（見呂氏春秋古樂篇注）此从辵从戈或省止與許書之後同但戈戔殊耳又許書後衛並訓迹乃一字踐雖訓履然與後亦一字是一字而析為三矣

曰前　卷一第四十葉　卷六第二十葉

說文解字歬不行而進謂之歬从止在舟上此从歬从行或省从彳誼益顯矣

曰延　卷二第二十葉　同上　卷六第一葉　第六十四葉　卷三第二十葉

曰浴　卷一第五十一葉

說文解字延安步延延也从廴从止師遽敦及盂鼎作𢓊與卜辭同

注水於般而人在其中浴之象也許書作浴从水谷聲變象形為形聲矣

曰沬 [glyph] 書契後編下十七

說文解字沬洗面也从水未聲古文作[glyph]此象人散髮就皿洒面之狀魯伯愈父匜作[glyph]亦象人就皿水擢髮形許書作沬乃後起之字今隸作頮从廾與卜辭从[glyph]同意尚存古文遺意矣吳中丞曰許書頁部有[glyph]字注昧前也讀若昧疑亦沬之古文許云沫擢髮也疑古沬沐為一字

曰澡 [glyph] 卷四第二十五葉 [glyph] 卷五第三十一葉 [glyph] [illegible]

說文解字澡洗手也从水喿聲此从[glyph]象水从[glyph]象手[glyph]在水中是澡也許書所載亦後起之字

曰盥 [glyph] 卷六第四十二葉 [glyph] 第六十一葉 [glyph] [illegible]

說文解字盥澡手也从臼水臨皿此象仰掌就皿以受沃是盥也

曰洗 [glyph] 卷一第四十七葉 [glyph] 卷五第二十三葉 [glyph] 卷六第三十五葉 [glyph] 同上 [glyph] 同上 [glyph] 卷四第十一葉 [glyph] 卷七第四十二葉 [glyph] [illegible] [glyph] [illegible]

說文解字洗洒足也从水先聲此从[glyph]即足形从[glyph]即水形置足於水中是洗也或增[glyph]象盤形是洒足之盤也中有水置足於中由字形觀之古者沬盥以皿

洗足以盤

曰濯 卷七第二十三葉

說文解字濯瀚也从水翟聲此从⋯象水羽象帚所用以瀚者置羽水中是濯也許書作濯亦後起字

曰武 卷一第十葉 卷三第二十三葉

曰伐 卷二第三葉 卷四第三葉 卷一第十八葉 卷三第二十九及卷六第六葉

曰𢦒 卷一第三十二及卷四第十葉

曰戔 卷四第三十七葉 卷六第三十八葉

說文解字戔賊也从二戈周書曰戔戔巧言案卜辭从二戈相向當為戰爭之戰乃戰之初字兵及相接戰之意昭然可見訓賊者乃由戰誼引申之黷武無厭斯為戔矣

曰制 卷五第四十三葉

曰𢦏 卷二第八及卷四第十八第三十七葉 卷七第十六葉 卷二第二十葉 卷四第三十七葉

說文解字𢦏傷也从戈才聲此从屮从𠦜乃古文在字博古圖所載穆公鼎有□字（鼎文假為𢦏字）从屮與此同卜辭多云亾𢦏猶言無害矣

曰克 □ 卷三第二十七葉

說文解字克肩也象屋下刻木之形古文作□□古金文作□（大保敦）□（克鼎）與此畧同象人戴胄形古金文胄作□（盂鼎及豦彝）作□（伯晨鼎）克本訓勝許訓肩殆引申之誼矣

曰獸 □卷六第四十九葉□同上□卷一第二十九及第四十四葉□卷四第八葉□卷六第二十六葉

說文解字獸守備者从嘼从犬又狩犬田也从犬守聲案古獸狩實一字左氏襄四年傳獸臣司原注獸臣虞人周禮獸人之職所掌皆王田之事詩車攻搏獸于敖後漢書安帝紀注引作薄狩于敖漢張遷碑帝游上林問禽狩所有石門頌惡蟲蔽狩皆獸狩通用其文先獸鼎作□員鼎作□此从□从□並與从□同古者以田狩習戰陳故字从戰省以犬助田狩故字从犬禽與獸初誼皆訓田獵此獸狩一字之證引申之而二足而羽為禽四足而毛為獸許君訓獸為守備者非初誼矣

曰驅□卷二第四十二葉□卷五第四十一葉

說文解字驅馬馳也从馬區聲古文作敺案石鼓文作□與許書古文合師袁敢作□□與此畧同

曰御□卷二第十八葉□卷六第二十二葉□第六葉□卷一第二十五葉□第三十三葉□書契菁華

說文解字御使馬也从彳从卸古文作馭从又从馬此从彳从□□與午字同形殆象馬策人持策於道中是御也或易人以□而增止或又易彳以人或省人殆同一字也作□者亦見盂鼎或又从又馬與許書古文同

曰逐□卷三第三十三葉□卷八第四葉□卷三第三十二葉□卷二第十一及十二葉□卷三第三十二葉□藏龜第四十五葉□卷三第三十二葉□卷六第十葉

說文解字逐追也从辵从豚省此或从豕或从犬或从兔从止象獸走壙而人追之故不限何獸許云从豚省失之矣

曰獲□卷三第三十二葉□卷二第十一葉□第十七葉□卷八第四葉□卷六第二十六葉□卷三第三十一葉□第三十二葉□

說文解字獲獵所獲也从犬蒦聲此从隹从又象捕鳥在手之形與許書訓鳥一枚之隻字同形得鳥曰隻失鳥曰奪奪从大从隻謂鳥已隻而飛去隻象鳥初持在手形大象鳥逸後飛至空際之形非大小之大字許君云从又从奞失之矣茲因釋隻字而附及之

曰濩　藏龜第百六十九葉　卷一第三葉　卷五第三十六葉　同上

說文解字濩雨流霤下貌从水蒦聲卜辭中為樂名即大濩也或从水从隻聲或省又隻省聲

曰牧　卷四第四十五葉　卷五第十葉　第二十七葉　第四十五葉　書契菁華　同上　卷五第四十五葉　同上　藏龜之餘

說文解字牧養牛人也从攴从牛此或从牛或从羊牧人以養牲為職不限以牛羊也諸文或从手執鞭或更增止以象行牧或从帚與水以象滌牛

曰漁　卷七第九葉　卷五第四十四葉　同上　第四十五葉　卷七第十三葉　卷一第二十五葉　卷五第四十四葉　同上　卷六第五十葉　卷五第四十五葉

說文解字⿰氵𩺰捕魚也从𩺰从水篆文从魚作漁此从魚从水者與許書篆文同

或从水中四魚其文曰王漁知亦為漁字矣或借魚為漁或又作魰从又持絲从魚象漁釣形石鼓文漁字作周禮漁人作䱷人均从又則魰為漁無疑許君以魰為篽之古文殆不然矣

曰農卷五第四十八葉同上

說文解字農耕田也从晨囟聲籀文从林作䢉此从林从辰或加又象執事於田間不从囟譔田鼎作予所藏史農觶作並从田散盤作亦从乂與卜辭同从田與譔田鼎史農觶同知許書从囟者乃从田之譌矣

曰余卷一第二十五及卷四第十葉

說文解字余語之舒也从八舍省聲盂鼎作與此同

曰我卷二第十六葉卷一第十六及卷三第三十葉卷四第三十一葉

說文解字我从戈从手手或說古垂字一曰古殺字古文作盂鼎作與此同知許書古文作者乃由傳寫之譌矣

曰猷卷七第十二葉藏龜第八十一葉卷七第十八葉藏龜第八十七葉

說文解字有猶無猷當為一字石鼓文毛公鼎均有猷石鼓作毛公鼎作

此从犬从𠂤。𠂤象酒盈尊，殆即許書之酋字。卜辭中亦有酋字作𠂤（藏龜之餘）。與猷字所从同。古金文猷字則从酋，與許書同矣。

曰德 卷五第十九葉 卷四第十七葉

說文解字：德，升也。从彳悳聲。此从彳从直（吳中丞曰即直字是也）。曶鼎與此同。德，得也，相視而有所得也，故从直。

曰智 卷五第十七葉

說文解字：𥏼，从白从亏从知，古文作𣉻。此省白。

曰龢 卷二第四十五葉

說文解字：龢，調也。从龠禾聲，讀與和同。此从龠省。

曰寧 卷三第三十五及卷五第十八葉 卷二第十八葉

說文解字：寧，願詞也。从丂寍聲。此从寍省心，从丂。寍母父丁鼎亦省心，與此同。卜辭此字皆訓安。

曰𧗞 卷四第十八葉

說文解字：𧗞，定息也。从血，甹省聲。此从皿不从血。卜辭𧗞訓安，與許君訓𧗞為定息誼同，是許君以此為安寧字，而以寧為願詞。今卜辭曰今月鬼𧗞，是𧗞與

下頁另寫二行

盜字誼同當為一字其訓願詞者殆由安誼引申之也

曰成 [甲骨文]卷五第十葉

說文解字成就也从戊丁聲古文作[古文]从午案成古金文皆从戊从丨師田父尊史頌敔等皆然與此同

曰喜 [甲骨文]卷一第一及卷五第十八葉[甲骨文]卷四第十八葉[甲骨文]卷五第十八葉

說文解字喜樂也从壴从口古文作[古文]此與篆文合

曰利 [甲骨文]卷二第三葉[甲骨文]卷五第三十二葉[甲骨文]卷二第十八葉[甲骨文]卷五第三十二葉

說文解字利从刀从和省古文作[古文]此或與許書古文合或與篆文合

曰好 [甲骨文]卷五第十二葉[甲骨文]卷六第二十七葉

石鼓文作[古文]與此第二文合

曰魯 [甲骨文]藏龜之餘[甲骨文]卷六第五十葉

說文解字魯鈍詞也从白鮺省聲此从魚从口鄦惠鼎及師奎父鼎善鼎並从口與此同其从虍从魚者亦見齊子仲姜鎛文曰保盧兄弟吳中丞釋作魯未知是否附此俟考亏田盤亦有盧字

曰齊　卷二第十五葉　同上

曰奠　卷二第十五葉　卷一第二十四葉

从酋从丌並省象尊有薦乃奠字也从酋之字古金文多从酉如𨽍从酉鄭作奠之類从丌之字古金文或省从一如其字作从一（虢叔鐘邵遣敦）之類

曰龐　卷五第十二葉　卷七第三十葉

曰高　卷一第三十三葉　第三十四葉　第三十五葉

曰亞　卷二第八葉

說文解字亞醜也象人局背之形賈侍中說以為次弟也此作與古金文同與許訓象人局背之形不合許因訓醜乃為局背之說然醜古亦訓比訓類與賈侍中次弟之說固無殊爾雅兩壻相謂曰亞正謂相類次矣

曰仲　卷一第八葉　同上

此伯仲之仲古伯仲但作白中然與中正之中非一字（說見前中字注）後人加人以示別許書列之人部者非初形矣

曰季　卷五第四十葉　卷七第四十一葉

曰因　卷五第三十八葉

曰用卷一第九葉第二十八葉第十葉同上卷五第三十五葉

說文解字用从卜从中衛宏說古文作案此字雖不能由形以知誼然衛宏从卜从中之說則決不然矣

曰多卷二第廿五葉卷一第二十七葉第二十三葉

曰小卷一第六葉

曰匕卷一第一及卷二第五葉卷一第一葉卷二第二十葉

曰分卷五第四十五葉

曰盡卷一第四十四葉同上第四十五葉

从又持从皿象滌器形食盡器斯滌矣故有終盡之意說文解字云从皿㶳聲殆不然矣

曰囏卷五第四十葉第四十一葉及卷三第十六葉卷三第二十四葉

卷四第四十六葉

說文解字𡎸土難治也从堇艮聲籀文从喜作囏此从喜省戠又省喜又古金文𡁜字从从黄从火此又省火

曰疾書契後編

象矢著人肊下毛公鼎愍天疾畏之疾字作[illegible]（博古圖載齊侯鎛亦有[illegible]字）與此正同知此亦疾字也說文解字疾病也从疒矢聲籀文作[illegible]古文作廿（此从段注本他本古文與篆文無異段據集韻類篇改）案疾古訓急（詩召旻箋左氏襄十一年傳注）訓速（國語周語及齊語注史記樂書正義荀子臣道篇注）最速者莫如矢故从人旁矢矢著人斯為疾患故引申而訓患（淮南說山訓注及管子小問注）訓苦（荀子大畧篇注）其去大著疒殆為後起之字於初形已失矣

曰噩 [illegible]（卷二第二十一葉）[illegible]（第四十一葉）[illegible]（同上）[illegible]（同上）[illegible]（同上）[illegible] [illegible]

許書無噩字而有㗊注譁訟也从吅屰聲集韻㗊或从噩以是例之知噩即許書之㗊矣噩字見於周官以卜辭諸文考之知从王者乃由[illegible]傳寫而譌傳世古器有噩侯鼎噩侯敦鼎文噩字作[illegible]敦文作[illegible]（沈氏樹鏞釋作噩前人釋器非也）又古金文中喪字从噩从亾量侯敦喪作[illegible]从[illegible]齊侯壺作[illegible]作[illegible]从[illegible]均與卜辭同文考鼎作[illegible]从[illegible]則與噩侯鼎文合喪為可驚㗊之事故从噩亾據此知卜辭諸字與噩侯兩器之文確為噩字噩侯史記殷本紀作鄂侯漢書韋賢傳咢咢黃髮文選諷諫詩作諤諤黃髮綏民校尉熊君碑臨朝謇鄂諤又作鄂是㗊諤鄂古通用爾雅釋天之作噩史記歷書作作鄂（集解引徐廣曰噩一作鄂）知史記之鄂侯即金文之噩侯卜辭中噩為地殆即噩侯國許書之㗊蓋後起之字此其初字矣

曰叀 〼卷二第二十七葉〼第三十葉〼第三十九葉〼第三十葉〼第三十五葉〼第四十葉〼第三十八葉

說文解字叀礙不行也从叀引而止之也古金文有〼字白寅前人釋叀與卜辭文正同

曰弗 〼卷一第二十五葉〼卷五第十八葉〼卷二第二葉〼卷七第二葉

曰至 〼卷二第二葉

曰入 入卷二第一葉人同上

曰在 〼卷一第一葉〼第九葉〼卷七第三十三葉十卷二第三葉十第四及十葉

說文解字在存也从土才聲古金文作十與此同

曰丝 〼卷一第九葉〼第十一葉

說文解字丝微也从二幺古金文用為訓此之玆與卜辭同

曰今 〼卷一第十一葉〼卷三第十九葉〼第二十五葉〼第二十四葉

說文解字今是時也从亼从ㄱㄱ古文及古金文作〼〼名伯虎敦〼齊鎛與此同

曰𣍘 〼書契青華

殷考 六十六

曰昱　㰳卷二第二十三葉□卷一第二十葉□卷三第十七葉□卷七第五葉□第三十二葉□卷三第二十八葉□卷一第一葉□同上□第三葉□第九葉□第四十九葉□卷四第十三葉□卷五第四十四葉□第二十九葉□卷七第四十四葉

說文解字昱明日也从日立聲段先生曰昱字古多假借翌字為之釋言曰翌明也是也凡經傳子史翌日字皆昱日之假借翌與昱同立聲故相假借其作翼者誤也卜辭諸昱字變狀至多初不能定為何字王徵君因盂鼎粤若昱乙酉之昱作□謂卜辭中癸酉卜貞㰳日乙亥之㰳日（卷二第十一葉）亦是昱日予徧推之他辭無不相合知徵君之說信也諸字或从立或从日或省立與日石鼓文弟九鼓日隹丙申下亦有□字與卜辭略同知亦當為昱矣卜辭凡稱次日或再次日為昱數日以後為來數日以前為昔

曰初　□卷五第三十九葉

曰旁　□卷二第三葉

說文解字旁溥也从二闕方聲古文作□□籀文作雱古金文作□（旁鼎）□（旁尊）並从日从方此从凵即日省

曰粤 [glyph]卷五第三十九葉[glyph]書契後編

說文解字粤亏也審慎之詞者从亏从寀古金文皆从于从雨作[glyph]盂鼎作[glyph]静敦作[glyph]毛公鼎吴中丞曰从雨从[glyph]者卜辭中再見一从雨者从[glyph]一从雨从于與古金文同

曰于 [glyph]卷一第三葉[glyph]第四葉[glyph]卷八第一葉

說文解字亏於也象气之舒亏从丂从一一者其气平也古金文皆作[glyph]盂鼎散盤等或作[glyph]己亥鼎朋鼎[glyph]且子鼎與此同

曰乎 [glyph]卷二第五及卷三第二十四葉[glyph]卷一第三十二葉

說文解字乎語之餘也从兮象聲上揚越之形也古金文作[glyph]頌鼎頌敦[glyph]師遽敦與此同

曰㠯 [glyph]卷一第二十六葉[glyph]第二十四葉[glyph]卷五第三十二葉

曰乃 [glyph]卷七第三十一葉[glyph]書契菁華

說文解字[glyph]古文作[glyph]籀文作[glyph]

曰霍 [glyph]卷二第十五葉[glyph]卷五第三十五葉[glyph]書契菁華

說文解字靃飛聲也雨而雙飛者其聲靃然叔男父匜作[glyph]从雔與此同

曰集 [glyph]卷五第三十七葉

說文解字雧羣鳥在木上从雥从木或省作集毛公鼎作集从隹在木上與此同

曰䨥　卷六第四十六葉

說文解字䨥鳥羣也从雥㕁聲卜辭从鳥在㕁上

曰鳴　卷五第四十六葉　同上　同上　卷八第五葉

說文解字鳴鳥聲也从鳥从口此从雞从口雞司時者也應時而鳴引申而為凡鳥之鳴許書从鳥非初誼矣石鼓文已从鳥作鳴

曰𧇾　卷六第四十葉

說文解字𧇾兩虎爭聲从虤从曰此从口與曰同意

此形聲誼之俱可知者其形誼可知而聲不可知者

曰　卷六第十八葉　藏龜第二百四十八葉　卷四第七葉　卷一第九葉　第二十葉　卷五第一葉書中此字誤倒置

象手倒持鳥於神前或兩手或一手案說文鶾注引魯郊以丹雞祝曰以斯翰音赤羽去魯侯之咎風俗通亦言魯郊祀嘗以丹雞其文與許書同由卜文觀之則持雞之祭不始於魯郊矣

曰□卷八第六葉□第十葉

象兩手倒持禾於神前其薦新穀之祭如烝之類與

曰□卷一第三葉□第十四葉□卷六第十葉□卷一第四葉□卷四第十九葉

象兩手薦牲首於且上案周禮夏官小子職掌珥于社稷鄭司農曰珥社稷以牲頭祭也又羊人祭祀割羊牲登其首觀此字知升首之祭殷已然矣

曰□卷三第二十七葉□

象手持貝以薦神

曰□卷六第三葉

象執事於神前禽彝有□字與此略同

曰□卷七第三十七葉

象人在肊下

曰□卷七第二葉□卷六第二十一葉□同上□卷七第三十二葉

象人戴小兒於肩項之形

曰□卷四第十二葉□卷六第三十葉□第四十四葉□同上□第十葉

象人何儋形而手持其前

曰□卷六第三十四葉□卷七第二葉

象人在衣中

曰□卷一第四十六葉□卷八第八葉□卷四第三十八葉

象人陷井中井中或有水

曰□卷六第五葉

象人半陷井中不知與前爲一字否

曰□藏龜第二百五十四葉

象人手持戈

曰□卷一第九葉□第四十八葉

象人手執戉

曰□卷八第六葉

象人持弓亦見祖乙卣

曰□卷五第三十六葉□卷六第十七葉□第十六葉

象人發弩形

曰□卷六第十六葉□卷四第二十三葉□卷六第十五葉

象人手持木作[glyph]者亦見立戈父丁爵

曰[glyph]卷六弟十六葉

象人奉覆尊

曰[glyph]藏龜弟七十五葉[glyph]卷六弟十四葉[glyph]同上

象兩手持尊

曰[glyph]卷八弟六葉

象兩手奉鼎

曰[glyph]卷七弟七葉[glyph]弟十四葉[glyph]卷五弟三十八葉

象手持斗酌酒[glyph]若今斟酒時酒注然

曰[glyph]卷六弟十二葉

象兩手奉簡此與史不知為一字否

曰[glyph]卷六弟三十二葉

象人盪舟

曰[glyph]卷七弟三十一葉

象持矢在水中

[illegible]

曰[illegible]卷七弟三十二葉

象兩手奉田於宀下田象器形

曰[illegible]卷六弟四十六葉

象人手牽龍

曰[illegible]卷六弟五十一葉

象人手執宀

曰[illegible]卷六弟十一葉[illegible]卷七弟三十一葉[illegible]藏龜弟七十六葉

象手持攴擊宀於水中

曰[illegible]卷七弟二十九葉

象持攴擊玉

曰[illegible]卷六弟四十七葉

象兩手奉孕豕

曰[illegible]卷七弟十二葉[illegible]弟十六葉

象手持畢以網豕

曰[illegible]卷四弟二十八葉[illegible]卷七弟三十六葉

从爭貝疑賤字

曰□卷七第五葉

从爭用

曰□卷四第三十及卷六及九葉

从攴人

曰□卷六第三十六葉□同上□卷五第十一葉□卷四第三葉

从矢在足下或一矢或二矢

曰□藏龜第七十三葉

象齒形

曰□藏龜之餘□

从水北其从亻者亦水省

曰□卷六第四十四葉□藏龜第二百十葉

象二室相通連宮字从此

曰□卷八第十葉

象四屋中函一庭之形

曰□卷六第三十二葉□同上□第三十三葉

象裹貝形

曰□卷六第二十六葉□第四十六葉

象束物形Ｘ與二象繩束處疑為束字

曰□卷一第四十二葉□卷六第三十七葉

从刀且

曰□藏龜第百九十九葉

从羊在匚中史頌敦遲字从此

曰□卷六第三十六葉

从羊在槃中

曰□藏龜第四十三葉

象豕在畢中

曰□卷五第十三葉□第十四葉□卷一第十一葉□卷六第三十五葉

象兕在罝中

曰□卷二第十二葉□卷六第六十三葉□第四十一葉□第四十三葉□卷四

第四葉

象獸在阱中或在坎中

曰□卷六第二十三葉□同上

从牛行或羊行疑是牧字

曰□卷六第四十六葉

象獸著矢形

曰□卷六第四十五葉

象獲鳥在鬲中

曰□卷一第四十六葉□卷五第二十五葉

从攴隹李餕敢作□

曰□卷六第四十五葉□同上□同上

象鳥入畢中

曰□卷五第四十三葉□同上□卷一第二十四葉

刀或在牛側或羊側或豕側象屠牲與从匕之牝字異

曰□卷四第十七葉

象緐鳥

曰□卷四第五及卷六第四十七葉

从大豕父乙觚作□

曰□卷八第十葉

从二鹿

曰□卷六第五十八葉

象鹿首

此形與誼之可知者也

卜辭中象形會意諸字不可識而形誼可知者尚多畧舉此以示例耳不備舉也

其形聲誼胥不可知而見於古金文者

曰□卷五第二十二葉□卷一第七葉□第十七葉□第一葉□卷四第二葉□卷一第七葉□□

戊辰彝作□己亥方彝作□見博古圖卷六

曰□卷一第三十八及卷二第二十五葉

見亍田盤前人釋田誤

曰□卷五第四十七葉

見王主父丁尊

曰□卷五第七葉□卷二第五葉

父丁盉作□

曰□卷六第三十七葉□卷一第四十八及卷四第十一卷六第三十七葉

趩鼎作□

曰□卷六第六十七葉□第五十二葉□卷七第十三葉

父乙方鼎作□盉卣作□

曰□書契菁華□卷二第二十一葉

毀作父庚彝作□

曰□卷二第二十三葉

見甲□爵

曰□卷八第七葉

亍田盤作□

曰㺇書契菁華

仲㺇卣作□省彳

曰□卷二第二十一葉□第六葉□卷六第二十四葉

卣文作□又作□

曰□卷三第二十一葉□卷二第十一葉□卷六第八葉

父丁卣作□父乙卣作□

曰□卷四第八葉□卷六第十九葉

山作父乙彝作□

曰□卷六第二十一葉

丁未角作□

曰□卷二第三十七及卷八第十四葉

見奉冊父丁觶及亞形召夫尊且癸角

曰□卷二第十六葉

見鬲攸从鼎及王主父丁尊

曰□卷二第二葉

見父乙方鼎

曰□藏龜第百九十一葉□卷六第五十九葉

盂鼎有□字形小殊不知與此為一字否

曰□卷五第三十六葉□卷一第廿四及卷七第二十五葉

格白敢作□

曰□卷五第七及卷七第四十葉

師望鼎作□

曰□卷五第三十八葉

父乙甗作□薛氏款識己酉方彝作□博古圖等

曰□卷二第十四葉

遣小子敢作□

曰□卷一第四十八葉

□敢作□

曰□藏龜第三十六葉□卷六第六十三葉□卷四第三十二葉

公車鼎及作父丁尊作□

曰冊　卷六第二十九葉

宗曾彝作冊

此形聲誼胥不可知而見於古金文者也

此亦略舉以示例不備舉也

而由文字之可識者觀之其與許書篆文合者十三四且有合於許書之或體者焉有合於今隸者焉顧與許書所出之古籀則不合者十八九其僅合者又與籀文合者多而與古文合者寡以是知大篆者蓋因商周文字之舊小篆者又因大篆之舊非大篆刱於史籀小篆刱於相斯也史籀弟述古文為史篇而已史篇者小學諸書之祖有因而無創者也相斯同文字者亦弟罷不與秦文合者而已至秦數百年所承用商周二代之文字未聞有所廢置也斯說也金壇段氏嘉定錢氏固嘗言其略矣

錢先生汗簡跋云說文九千餘字古文居其大半其引據經典皆用古文說間有標出古文籀文者乃古籀之別體非古文祇此數字也又云後人妄指說文為秦篆別求所謂古文而古文亾矣云云段先生說詳見所注說文解字叙篇中兩先生所言雖不能無得失然其精思卓識不可及也矣

今得卜辭乃益徵信至許書所出之古文僅據壁中書所出之籀文乃據史籀篇一為晚周文字一則亾佚過半之書其不能悉合於商周間文字之舊固其宜矣至於篆文本出古籀故與卜辭合者頗多然商周文字至許君時已千餘年固不能無後世譌更之失而許書之傳至今又二千年又不無傳寫校改之譌故今之學者但據許書以求古文之真何異執人之雲仍以求其高曾之謦欬與然今日得以考求古文之真固非由許書以上溯古金文由古金文以上窺卜辭不可得而幾也由是言之則雖謂古文之真因許書而獲存焉可矣

卜辭弟六

文字既明卜辭乃可得而讀顧商人文辭頗簡方寸之文或紀數事又字多假借有能得其讀不能得其誼者今依貞卜事類分為八目曰祭曰告曰𦎫曰出入曰田獵曰征伐曰年曰風雨弟錄文之完具者斷缺不可屬讀者不復入焉

其卜祭者三百有六

曰壬戌卜貞王賓壬示翌日亾尤卷一第一葉

王賓說見下禮制篇考卜辭之例凡卜祭日皆以所祭之祖生日為卜日如示壬以壬日示癸以癸日大乙以乙日或有先後數日者然非常例矣

曰丙寅卜貞王賓大乙奭妣丙翌日亡尤卷一第三葉

凡以妣配食者卜辭之例皆以妣之生日為卜日如上妣丙則以丙日而不從大乙之乙日也

曰壬寅卜貞王賓示壬翌日亡尤卷一第九葉

曰壬午卜貞王賓示壬翌日亡尤同上

曰辛巳卜貞王賓且辛丁翌日亡尤卷一第十一葉

曰庚申卜貞翌辛酉又于且辛又奭卷一第十二葉

卜辭言有奭而不記妣名以例求之以庚日卜當為妣庚矣

曰庚申卜貞王賓般庚翌日亡尤卷一第十五葉

曰丁卯卜貞王賓且乙翌日亡尤卷一第二十三葉

曰己卯卜貞王賓且己翌日亡尤同上

此視常例先二日卜者

曰口卯卜貞王賓武丁奭妣辛翌日亡尤卷一第三十七葉

右言翌日者十翌日者卜之明日祭也口卯依例當為辛卯矣

曰壬寅卜貞王賓示壬彡日亡尤卷一第一葉

曰癸酉卜貞王賓癸示彡亾尤在十月 卷一第二葉
曰癸酉卜貞王賓癸示彡口口尤 同上
曰丙申卜貞王賓大丁彡亾口 卷一第四葉
甲口口卜貞王賓大丁奭妣戊彡日亾尤 續集二
此以先一日卜者
曰甲申卜貞王賓大甲彡日亾尤 卷一第五葉
甲辰卜貞王賓大甲奭妣辛彡日亾尤 上二
曰辛丑卜貞王賓大甲奭妣辛彡日亾尤 同上
曰辛丑卜貞王賓大甲奭妣辛彡亾尤 後上二
曰癸亥卜貞王旬亾禍在五月甲子彡日小甲 卷一第七葉
此以先一日卜者
曰癸丑卜貞王賓中丁奭妣癸彡日亾尤 卷一第八葉 後上二同
曰癸酉卜貞王賓中丁奭妣癸彡日亾尤 同上
曰丁亥卜貞王賓中丁彡日亾尤 同上
曰壬寅卜貞王賓卜壬彡口口口 卷一第九葉
曰丁亥卜貞王賓卜壬彡日亾尤 同上
此以先五日卜者
曰丁未卜貞王賓南庚彡亾尤 卷一第十三葉

殷考 七十五

此以先三日卜者

曰庚寅卜貞王賓南庚彡口亾尤卷一第十四葉

曰甲辰卜貞王賓羊甲彡日亾尤卷一第四十二葉

曰己丑卜貞王賓般庚彡亾口十六葉卷一第

此以先一日卜者

曰己丑卜貞王賓丁且奭妣己彡日亾尤卷一第十七葉

曰庚戌卜貞王賓小乙奭妣庚彡亾尤同上

曰丁未卜貞王賓武丁彡日亾口卷一第十八葉

曰丁未卜貞王賓康且丁彡日亾尤卷一第二十三葉

且康彡即且康此以先三日卜者

曰丁己卜貞王賓且乙奭妣己彡日亾尤卷一第三十四葉

此以先二日卜者

曰癸未王卜貞酒彡日自田至于多后衣亾它自禍在四月隹王二祀卷三第二十七葉

曰癸亥卜貞王旬亾禍在五月甲子彡日羊甲卷一第四十二葉

此以先一日卜者

曰丁卯卜貞王賓司肜日亡尤 卷一第五十三葉

右言肜日者二十有四祭之明日又祭為肜又司人名前人名篇失載補識於此

曰乙酉卜貞王賓卜丙肜月亡尤 卷一第五葉

曰己卯卜貞王賓大庚肜月亡尤 卷一第六葉

曰己巳卜貞王賓且庚肜月亡尤 卷一第十九葉

右言肜月者三旹以先一日卜者肜月未詳

曰壬申卜貞王賓示壬酒日亡尤 卷一第一葉

曰口戊卜貞王賓示癸爽妣口酒日亡尤 卷一第二葉

卜辭中缺二字考示癸之配曰妣甲下所缺乃甲字則卜日亦當為甲戌矣

曰丙辰卜貞王賓卜丙酒日亡尤 卷一第五葉

曰戊午卜貞王賓大戊酒亡口 卷一第七葉

曰戊辰卜貞王賓大戊酒日亡尤 同上

曰庚辰卜貞王賓南庚酒口尤 卷一第十四葉

曰庚申卜貞王賓般庚酒日亡尤 卷一第十六葉

曰庚寅卜貞王賓庚妣彡日亾尤同上

曰庚子口貞翌日己其口小辛彡口口卷一第十六葉

此以先一日卜者

曰乙卯卜貞王賓小乙彡日亾尤卷一第十七葉

曰乙未卜貞王賓武乙彡日亾尤卷一第十一葉

曰口卯卜卜貞王賓丁且奭己妣彡口尤卷一第十四葉

卯上缺一字依例求之乃己字也

曰甲申卜貞王賓𡆥彡日亾尤卷一第十六葉

右言彡日者十有三彡日亦祭名誼雖不可知而屢見於古金文戊辰彝文曰在十月隹王廿祀彡日己亥方彝博古圖卷八曰在九月隹王十祀彡日兄癸卣博古圖卷廿九曰在九月隹王九祀彡日並與卜辭同兄癸彝之在九月博古圖誤釋十九月凡古金文中前人所釋有稱十ㄙ月者大率在ㄙ月之誤也附識於此

曰辛亥卜喜貞翌壬子示壬彡口口十一月卷一第一葉

曰乙未卜行貞王賓庚妣彡牢亾尤卷一第四十葉

此以先五日卜者

曰己丑卜行貞王賓兄己𠭰叙亾尤卷十一第四葉

曰口酉卜大貞毌𠭰牛卷五第十七葉

酉上缺辛字

曰乙巳卜賓貞翌日丁未酒𠭰于丁尊之正卷五第四葉

曰貞王嬪𠭰亾它卷二第十七葉

曰庚申卜行貞王賓𠭰亾尤卷六第九葉

曰丙午卜貞王賓𠭰亾尤卷五第三十五葉

右言𠭰者八𠭰亦祭名誼不可知矣

曰甲午㞢田遘示癸祭亾囚卷一第二葉

祭亦羣祀之一非若後世為祀之總名也其稱遘示癸今不能知其誼然戊辰彝

亦曰遘于妣戊武乙爽矣

曰丁未卜貞王賓大丁祭亾尤卷一第四葉

曰丙子卜貞王賓卜丙祭亾尤卷一第五葉

曰甲辰卜貞王賓小甲祭口口卷一第六葉

曰癸未卜派貞王旬亾𡆥在正月甲申祭且甲𦎫卷一第十九葉

此祭且甲𠭘甲似二人同祀𠭘甲亦人名前人名篇失載補識於此

曰□亥卜貞王賓且康丁祭匕才 卷一第二十四葉

且康即且庚依例求之卜辭亥上所缺乃己字蓋以先一日卜也

曰甲申卜貞王賓且甲祭匕才 同上

右言祭者七

曰丁亥卜貞王賓大丁祟匕才 卷一第四葉

曰癸巳王卜貞𠂤亡𡆥在正月王𠁁曰大吉甲午𠭘𠭘甲𠭘羊甲 卷一第十二葉

曰癸丑卜貞王賓武丁奭妣癸祟匕才 卷一第十七葉

曰辛亥卜貞王賓武丁奭妣辛祟匕才 同上

曰庚午卜貞王賓且庚祟匕才 卷一第十九葉

曰己巳卜貞王賓且己祟匕才 同上

曰戊午卜貞王賓且甲奭妣戊祟匕才 卷一第十三葉

曰辛酉卜貞王賓康奭妣辛祟匕才 卷一第十七葉

右言祟者八祟亦祭名其誼未詳

曰丁巳卜貞王賓大丁匕𠭘 卷一第四葉

曰庚戌卜貞王賓庚南㽙口𠂇卷一第十四葉

曰癸亥王卜貞旬亾𡆥在三月甲子祭田卷四第十九葉

右言㽙者三㽙亦祭名誼不可知以字形觀之為薦牲首之祭矣其文亦作㽙作

曰甲申卜貞王賓大甲禓亾口卷一第五葉

曰口口口貞王賓小辛禓亾尤卷一第十六葉

曰癸酉卜貞翌日乙亥王其有𠂇于武乙𢑚正王受又卷一第二十一葉

右言禓者三禓亦祭名誼不可知𢑚即禓之省又殆即又字他文有言受又者

又即右猶言受福祐矣

曰癸酉卜貞王賓且甲𢍰亾尤卷一第二十葉

此亦以先一日卜

曰癸丑卜𠦪貞王亾𡆥在四月甲寅肜日𠦪甲日𠬝且乙𢍰卷一第十二葉四

右言𢍰者二𢍰亦祭名以字形觀之乃薦雞之祭矣又𠦪甲亦人名前人名篇

失錄補記於此又此亦一日而並祀二人者

曰丙辰卜貞王賓叙武乙亾尤翦伐卷一第十二葉二

此以後一日卜者伐解見後

曰庚辰卜大貞來丁亥其㪅丁于大室卜丁西嚮卷一第三十六葉

曰丁酉卜行貞王賓㪅亾尤卷一第四十一葉

曰庚申卜貞王賓㪅亾尤卷六第九葉

曰貞王賓㪅亾尤卷四第二十葉卷五第十五葉卷六第四十二葉

右言㪅者五㪅亦祭名誼未詳

曰己酉卜祖丁丁巳酒卷三第二十三葉

曰丙子卜貞酒羔三小牢卯三牢卷七第二十六葉

曰乙亥卜賓貞翌乙亥㪅彡日乙亥酒允彡日卷七第四葉

此以乙亥卜又言翌乙亥不可解也

曰丙辰卜賓貞于之八月酒卷一第四十六葉

曰戊午卜㱿貞今日辛酉乎酒卷一第三十二葉

曰乙丑卜出貞大事[ ]酒先酒其之匚于丁卌牛十月卷四第三十四葉

曰貞翌丁未彡酒䝮卷五第四葉

右言酒者七酒亦祭名殆如後世之酎矣

曰甲辰卜貞王賓烝亾尤卷四第二十葉

曰癸卯卜貞王賓烝口口同上

曰辛酉卜貞王賓烝亡尤同上

曰癸卯卜貞王賓二𠂤烝亡尤同上

右言烝者四皆不言王賓之名意凡卜辭中不舉王賓之名者皆合祭也烝為時祭固非專祭一祖者矣

曰貞王賓䕫亡尤卷六第四十二葉

曰己未卜貞王賓品亡尤卷五第十五葉

曰辛酉卜貞王賓品亡尤同上

右言䕫者一言品者二殆皆為祭名

曰甲辰卜貞王賓示癸口妣甲口口卷一第三十一葉

曰庚子卜貞王賓大庚口口亡尤卷一第六葉

曰庚申卜貞王賓𩐁口口卷一第十三葉

曰乙卯卜貞王賓武乙口亡尤卷一第十二葉

曰乙丑卜貞王賓武乙口日亡尤同上

曰壬子卜旅貞王賓畢亡田卷五第十九葉

曰乙丑卜貞王賓𦉪匕囚同上

曰癸酉卜貞王賓母癸𡆥匕丈卷一第三十一葉

右祭名缺佚者八未三則之𦉪𦉪三字不能定其為人名或祭名姑附於此

曰乙亥卜貞王賓大乙濩匕丈卷一第三葉

濩謂祭用大濩之樂也卜辭中祭用濩者不少而文之完具者僅此

曰辛未卜貞王賓伐匕丈卷四第三葉

曰丁卯卜貞王賓伐匕丈同上

曰丁酉卜貞王賓文武丁伐三十人卯六牢鬯六卣匕丈卷一第十八葉

曰丁丑卜貞王賓武丁伐十人卯三牢鬯口口同上

曰庚辰卜貞王賓祖庚伐二口卯二牢鬯匕丈同上

曰乙未卜貞王賓武乙伐匕丈卷二第二十五葉

曰乙丑卜酒伐于庚妣即妣庚二字倒書伐廿鬯卅卷一第三十五葉

曰癸未卜伐庚妣二字亦倒書伐廿鬯卅卅牢服三三口卷四第八葉

曰甲寅卜貞三卜用口三羊冊伐廿鬯卅牢卅服二口于妣庚三卷八第十二葉

曰己亥卜貞之伐于寅父亦之于𢦏卷一第五十二葉

右言伐者十殆以樂舞祭者也禮記樂記夾振之而駟伐注一擊一刺為一伐湯以武功得天下故以伐旌武功伐當是武舞伐三十人伐十人猶左氏言萬者二人矣其稱卯幾牢者卯誼不可知卜辭中習見之又有曰其卯于大乙六牢書契後編卜辭中有字可識而誼不可知如此類者不少知古訓之亾于周秦以後者多矣

曰癸亥卜彡貞之于示壬賁卷一第一葉

此以後一日卜者

曰賁于乙妣一牢貍二牢卷一第三十二葉同文者凡再見

曰乙巳卜㱿貞賁于乙妣五牢沈十牛十月卷二第九葉

曰癸酉卜貞賁于丁五小牢卯五牛卷二第十一葉

曰貞賁于王亥卷一第四十九葉

王亥人名卜辭文云貞之于王亥卷四第八葉前人名篇失載補記於此

曰上缺貞于昌賁上同

曰賁于昌上同

曰賁于兕卷一第十一葉再見

八十

曰貞勿賁于兕同上

曰癸卯卜貞賁于羔三牢卷一第五十葉

曰丁巳卜賓貞賁于羔卷一第五十一葉

曰癸酉卜貞賁于羔三小牢卯三牢卷七第二十六葉

曰癸未卜貞賁于[illegible]十小牢卯十牛𠦪十二月用卷四第七葉

曰辛酉卜王賁于[illegible]卷六第七葉

曰貞賁于[illegible]卷六第十八葉

曰甲寅卜賁于[illegible]口牢十月同上

曰乙亥卜賓賁于[illegible]六牛卷七第二十葉

曰辛卯卜賁于蚰卷四第五十二葉

曰今日賁于蚰卷四第五十五葉

曰貞于㗊東賁卷一第五十一葉

曰賁于㗊東同上

曰壬辰卜翌甲午賁于口羊之豕卷四第五十二葉

曰貞賁于[illegible]三小牢卯一牛沈十牛卷七第二十五葉

曰辛巳卜𠭯貞貍三犬尞五犬五豕卯四牛一月卷七第三葉

曰貞尞五牛正卷一第四十八葉

曰貞尞三牢卷六第十九葉

曰己巳卜王子𠱾字合文疑正月二辟闕門尞卷四第十五葉

右言尞與貍沈者二十有八此殷代三者通用於人鬼之證

曰鬯十牢之五酒大甲卷一第五葉

曰鬯九牢酒大甲同上

曰之于大戊三牢卷一第七葉

曰天戊五牢卷四第十六葉

曰乙巳卜賓貞三羊用于且乙卷一第九葉

曰貞𠚤鬯于且乙同上

曰甲申卜貞翌乙酉之于且乙牢之一牛之南口卷一第十葉

曰丙午卜賓貞之于且乙十白豕卷七第二十九葉

曰甲辰卜武且乙其牢卷一第十八葉

曰甲寅卜貞武且乙其牢同上

曰甲子卜貞武且丁其牢茲用卷一第十葉

曰甲戌卜貞武且乙宗丁其牢茲用同上

曰貞之于且辛十牢卷一第十一葉

曰癸酉卜之于且辛二牛今日用同上

曰且辛二牛父己二牛卷三第二十三葉

曰丙子卜貞康且丁其牢華茲用卷一第十葉

曰丙戌卜貞康且丁其牢華茲用卷一第十二葉

曰丙申卜貞康且丁其牢華茲用同上

曰丙子卜貞康且丁其牢華同上

曰丙戌卜貞康且丁其牢華同上

曰丙辰卜貞康且丁其牢茲用卷一第十一葉

曰丙辰卜貞康且丁其牢同上

以上卜祭武且乙用甲日康且丁用丙日皆先一日卜者

曰甲午卜貞康且其牢華卷一第十二葉

此以先三日卜

曰庚申卜賓貞南庚玉牛𠷎 卷一第十三葉

曰之于南庚𠷎小牢 卷一第十四葉

曰甲戌卜貞之小乙牢七月 卷一第十六葉

曰丙戌卜貞武丁丁其牢 卷一第十七葉

曰丙辰卜貞武丁丁其牢兹用 同上

曰丙子卜貞武丁丁其牢兹用 卷一第二十一葉

曰丙戌卜貞文武丁其牢兹用 卷一第十一葉

曰丙午卜貞文武丁其牢 卷一第十八葉

曰癸巳卜貞且甲丁其牢兹用 卷一第十九葉

曰甲申卜貞且甲丁其牢兹用 卷一第三十一葉

以上七則並先一日卜

曰甲寅卜貞武乙丁其牢兹用 卷一第二十一葉

曰甲子卜貞武乙丁其牢兹用 同上

曰甲戌卜貞武乙宗丁其牢 同上

曰甲寅卜貞武乙宗丁其牢 卷一第二十二葉

以上四則並先一日卜

曰戊戌卜旅貞且戊甘[illegible]羊卷一第十三葉二

曰癸卯卜以貞之于父甲犬卷一第十六葉二

此亦以先一日卜

曰貞之犬于父甲卷七第十五葉二

曰貞之豕于父甲卷一第十四葉二

曰貞之于父庚犬卷一第十六葉二

曰于母己小宰用三卷一第十八葉三

曰貞之于母庚二牛卷一第十九葉二

曰母庚牡一同上

曰乙亥子卜來己酒羊妣己卷八第十三葉

曰乙亥卜[illegible]貞朱于咸十牛卷一第十四葉四

曰貞[illegible]于王大宰卷一第十五葉四

曰[illegible]犬同上

曰貞之犬于多介父卷一第十六葉四

曰貞尞之犬于多介父同上

曰甲寅卜㱿貞之于唐一牛其之曰口卷一第四十七葉

曰丙辰卜賓貞𡧊于丁十牛十羊口月卷一第五十三葉

曰貞翌口口于丁二牛卷七第三葉

曰貞之于王亥卌牛辛亥用卷四第八葉

曰貞之犬于娥卯彘卷四第五十二葉

曰癸卯卜貞彈鬯百牛百用卷五第八葉

曰己未俎于𡧊羊己卯十牛中卷六第二葉

曰貞𡆥豕百九月卷六第四十二葉

曰彈曰羊己曰𡆥皆人名卷六第四十三葉又曰貞口于𡆥前人名篇失載補識於此

曰丁卯卜余𠂤于𡆥三牛口正卷六第七葉

曰壬申卜貞田犬一三月卷三第二十九葉

曰貞御鬯牛三百卷四第八葉

曰口申卜㱿貞五羊卯五牛卷四第五十葉

曰丙戌卜貞文武𡆥其牢卷四第三十八葉

殷考

八十三

曰丙寅卜貞文武宗口口牢同上

曰丙午卜貞文武宗其牢兹用卷三第二十三葉

曰十五犬十五羊十五豚　卅犬卅羊卅豚　廿犬廿羊廿豚　五十犬　五十羊

五十豚同上

曰丁卯卜貞王往相牛同上

曰貞王往相牛同上

曰貞往相牛同上

曰貞牛百同上

曰貞牛十五卷一第二十九葉

曰其五牢　其三牢卷三第二十四葉

曰十羊廿牛同上

曰甲寅卜牢用卷八第八葉

曰貞我一月酒二月俎卷一第三十九葉

右言牢鬯者七十有六

曰之于大丁卷一第四葉

曰之于大甲同上

曰丁卯卜貞之于大甲三月卷七第四十一葉

曰貞之於大甲卷一第十三及第四十五葉

曰于大戊卷一第七葉

曰之于且乙卷一第九葉

曰貞且辛它我卷一第十一葉

曰貞且辛不我它同上

曰貞之于且丁卷一第十二及第四十五第五十一葉

曰貞于且丁御卷一第二十九葉

曰己亥卜賓貞御于南庚卷一第十三葉

此先一日卜

曰貞之于南庚同上

曰貞南庚它同上

曰貞南庚不它同上

曰甲午卜娋貞之于羊甲卷七第四十葉

曰之于咸卷一弟四葉

曰庚辰卜命[illegible]于咸卷一弟四十四葉

曰癸酉卜之于咸六月同上

曰貞之于咸戊卷一弟四十三葉

曰丁卯卜旅貞其[illegible]于小丁四月卷一弟二十二葉

曰于多[illegible]且戊卷一弟二十三葉

曰貞隹父甲宅卷一弟二十四葉

曰壬寅卜之父甲同上

此以先二日卜者

曰庚子卜之父乙羊寸卷一弟二十五葉

此先五日卜

曰御歸好于父乙卷一弟三十八葉

曰丙寅卜貞其月于父丁卷一弟二十六葉

此先一日卜

曰貞之于父庚卷一弟二十七葉

曰父辛不宅同上

曰貞于母丙御歸卷一第二十八葉

曰貞于母己御卷一第三十九葉

曰貞㞢于母庚御卷一第二十九葉

曰之于母庚卷一第三十一葉

曰貞𠂇之于妣甲卷一第二十七葉

曰妣甲不唯卷一第三十一葉

曰貞之于妣乙卷一第四十八葉

曰癸未貞其桒⊕之于高妣丙卷一第三十三葉

曰貞之于妣己同上

曰于妣己卷一第四十三葉

曰貞之于高妣己卷一第三十四又第三十五葉

曰貞㞢于高妣己御卷一第四十四葉

曰于妣庚卷一第四十三葉

曰貞之于高妣庚卷一第三十六葉

曰貞㞢之于高妣己高妣庚同上

曰于妣壬 卷一第三十八葉

曰隹妣癸 同上

曰于妣癸御歸 同上

曰丁丑口之兄甲 同上

曰隹兄丁 同上

曰貞于兄丁御 卷一第三十九葉

曰貞兄丁宄 同上

曰貞之于兄丁 同上

曰貞彡之于兄丁 同上

曰貞御繖于兄丁 同上

曰以貞于學戊 卷一第四十四葉

曰于盡戊 同上

曰貞之于盡戊 同上及第四十五葉

曰貞之于多 卷一第四十五葉

曰貞之唐 卷一第四十七葉

曰貞之于𫝀 同上

曰貞之𫝀 同上

曰貞于僕 卷一第四十八葉

曰貞于蔑 卷一第四十九葉

曰貞之于蔑 同上

曰貞之于羔 卷一第五十葉

曰貞之于寅父 卷一第五十一葉

曰癸丑卜賓貞之于寅父二月 同上

曰貞之于賓 卷一第五十三葉

右言之于或但言之言于者六十有六之者適也之于某猶特牲饋食禮筮辭云適其皇祖某子矣

曰甲午卜賓貞王𫝀大示 卷三第十二葉

曰貞御王自田𫝀大示𫝀二月 同上

曰口戌卜貞口𫝀其酒于大示口于丁 卷四第十七葉

曰辛巳卜大貞之自田元示三牛二示二牛𫝀三月 卷三第十二葉

曰乙酉貞夕元示同上

曰口口卜王貞于三示十月卷四第十七葉

曰己巳卜求于九示卷三第二十二葉

曰大示曰元示曰二示曰三示曰九示不知何神又有上示西示並見卷七第三十二葉

皆不見于周官周官言大神示蓋謂天地不知與卜辭同異何如矣

曰丁巳卜貞帝尞卷四第十七葉

曰貞帝尞三羊三豕三犬同上

曰貞方帝卯一牛之南口卷七第一葉

曰貞方告于東西卷一第四十八葉文再見

曰貞口于東于西同上

曰貞于東卷一第四十九葉

曰貞寮于東卷三第二十四葉

曰己巳卜王寮于東卷四第十五葉

曰寮于西卷五第十三葉

右卜神示之祭十有六後八者貳卜郊禘之祭然不能確知之矣

此卜祭者也

其卜告者十有五

曰乙巳卜[?]貞告方出于[?]甲大乙 卷一第三葉

曰乙巳卜賓貞[?]爭告[?]方出允其口 卷五第十七葉

曰貞告[?]于且丁 卷一第十二葉

曰告于庚妣 妣庚二字倒文 卷一第三十五葉

曰貞于妣庚告 同上

曰貞于羊甲告 卷一第四十二葉

曰貞[?]告于唐 卷一第四十七葉

曰貞于唐告 同上

曰貞告[?]方于[?] 同上及第五十葉

曰乙酉卜兄貞[?]今月告于南室 卷三第三十三葉

曰己巳卜兄貞[?]告血室其[?] 卷四第三十三葉

曰口口卜賓貞翌庚子之告麥允之告麥 卷四第四十葉

曰庚子卜賓翌辛丑之告麥 同上

曰翌乙未亾其告麥（同上）

曰己酉卜𠬝貞告于母辛㞢𢦏十月（卷五第四十八葉）

此卜告者也

其卜享者四

曰甲辰卜王貞于戊申𩫖（卷三第二十四葉）

曰壬辰卜卞弗𩫖見（卷四第三十四葉）

曰缺上甾其大𩫖祟（卷四第四十二葉）

曰癸亥卜王方其𩫖大邑（卷八第十二葉）

此卜享者也

其卜出入者百二十有八

曰其大出吉（卷五第三十葉）

曰其亦出（卷四第十三葉）

曰貞于翌庚申出（卷五第四十四葉）

曰癸卯卜出貞旬亾囚九月（卷五第十八葉）

曰貞王往出（卷七第二十葉）

曰甲午卜賓貞王往出𡆥卷七第二十八葉

曰丙戌今口七其大出五月卷一第四十六葉

曰丙子卜貞方其大出七月卷五第二十八葉

曰貞不允出卷一第四十二葉

曰丙辰貞不出卷三第二十五葉

曰癸未子卜貞我不吉出卷八第二葉

曰貞方不大出卷五第二十八葉

右卜出者十有二

曰甲口卜賓貞王入卷一第九葉

曰甲戌卜㱿貞今六月王入于商卷二第一葉

曰辛未卜[illegible]貞王于之七月入于商同上

曰辛卯卜㱿貞來辛丑王入于商同上

曰己丑卜㱿貞來乙巳王入于商同上

曰庚寅卜㱿貞來乙巳王入于商同上

曰貞今肊王入于商卷二第二葉

曰貞王八月入于商同上

曰貞不至于商五月同上

曰辛卯卜㱿貞來乙巳王入同上

曰乙亥卜[illegible]貞王于八月入卷四弟六葉

曰貞王入若卷四弟三十三葉

右卜入者十有二

曰翌癸亥王步卷六弟二十五葉

曰在翌甲子步卷四弟三十一葉

曰乙丑卜貞王步亾巛卷三弟二十五葉

曰辛酉卜貞王步亾巛同上

曰乙卯卜貞王步亾巛同上再見

曰己酉卜貞王步亾巛同上

曰辛巳卜貞王步亾巛卷三弟二十六葉

曰辛卯卜貞王步亾巛同上

曰庚辰卜貞王步亾巛卷二弟十五葉

曰壬寅卜在𩰫貞王步于[illegible]亾巛卷二第五葉

曰乙卯卜在林貞王步亾巛卷二第八葉

曰庚辰卜在圃口王步于𩖧亾巛同上

曰辛巳卜在𩖧貞王步于[illegible]亾巛同上

曰甲午卜在[illegible]貞王步于[illegible]亾巛同上

曰壬辰卜在杞貞今日王步于[illegible]亾巛同上

曰庚寅卜在[illegible]貞王步于杞亾巛同上

曰乙卯王卜在𪀚貞今日步于[illegible]亾巛卷二第九葉

曰戊寅王卜在[illegible]貞今日步于[illegible]亾巛卷二第十葉

曰癸酉卜在帛貞王步[illegible]𡔷口巛卷二第十二葉

曰口亥卜在口貞王步口虞亾巛同上

曰丙辰卜在䔲貞今日王步[illegible]亾巛卷二第十五葉

曰甲午卜在[illegible]次貞今日王步于[illegible]亾巛卷二第十六葉

曰辛丑王卜在[illegible]次貞今日步于口亾巛卷二第十七葉

曰辛巳卜在[illegible]王步亾巛卷二第十九葉同上

殷考

八十九

曰辛酉王卜在𦎫貞今日步于口亡巛同上

曰貞翌庚戌步于𦎫卷二第二十一葉

曰貞于辛亥步同上

曰己未王卜在𦎫貞今日步于澅亡巛卷二第二十六葉

曰辛酉卜㞢貞今日王步于𦎫亡它同上

右言步者二十有九此與下曰𢦏曰往曰在曰歸並附于卜出入之後

曰癸丑卜在𦎫貞王𢀛亡𡆥在六月王𢦏于上𩚢卷二第四葉

曰癸巳卜在反貞王𢀛亡𡆥在五月王𢦏于𩚢同上

曰癸酉卜在動貞王𢦏往來亡巛卷二第八葉

曰癸巳卜在𦎫貞王𢦏𦎫往來亡巛于師北同上

曰庚寅卜在齊次王𢦏往來亡巛卷二第十五葉

曰甲午卜翌日乙王其𢦏于向亡𢦏　于宮　于盂亡𢦏卷二第二十葉

曰丁未卜貞王𢦏于宮往來亡巛卷二第二十二葉

曰丁酉王卜貞其𢦏于宮往來亡巛卷二第三十一葉

曰辛丑卜貞王𢦏于盂往來亡巛卷二第二十七葉同上

曰乙巳卜貞王徝于召往來亡巛同上

曰壬寅卜貞王徝于召往來亡巛同上及第二十三第二十六葉

曰乙巳卜貞王徝于召往來亡巛在九月卷二第二十二葉

曰丙寅卜貞王徝于召口來亡巛王𠂤曰弘吉隹王二祀肜日隹口口同上

曰戊戌卜貞王徝于召往來亡巛同上及第二十三葉

曰丁亥卜貞王徝于召往來亡巛同上

曰壬申卜貞王徝于召往來亡巛同上及第二十三葉

曰壬辰卜貞王徝于召往來亡巛卷二第二十三葉

曰丁酉卜貞王徝于召往來亡巛同上

曰丁丑卜貞王徝于召往來亡巛同上

曰己酉卜貞王徝于召往來亡巛卷二第二十四葉

曰辛亥卜貞王徝于召往來亡巛卷二第二十六葉

曰戊辰卜貞王徝㞢往來亡巛卷二第二十四葉凡再見

曰丁丑卜貞王徝于寃往來亡巛卷二第四十葉

曰己亥卜貞王徝于淮往來亡巛卷二第二十四葉

曰庚申卜貞王㣇于雝往來亡巛卷二第三十六葉

曰壬子卜貞王㣇于雝往來亡巛同上

右言㣇者二十有六

曰[illegible]貞王往于𦨶卷二第十九葉

曰貞王[illegible]往于𦨶卷二第二十葉

曰壬口卜賓貞王往休卷五第二十六葉

曰癸未卜賓貞王往于[illegible]卷二第二十一葉

右言往者四

曰癸亥王卜在旁貞旬亡𡆥王𠧞曰吉卷二第三葉

曰癸酉卜在上𩵦貞王旬亡𡆥在七月同上

曰癸丑卜在上𩵦貞王旬亡𡆥在二月卷二第十四葉

曰癸卯卜貞王旬亡𡆥在二月在上𩵦同上

曰癸卯卜在上𩵦貞王旬亡𡆥同上

曰癸卯卜在上𩵦貞王旬亡𡆥口十月同上

曰癸未卜在上𩵦貞王旬亡𡆥王廿司同上

曰癸未卜在上𥁕貞王旬亡𡆥在□月王廿司同上

王廿司殆即廿祀司即祠字是商稱年曰祀亦曰司矣

曰癸酉卜在上𥁕貞王旬亡𡆥卷二第十葉

曰庚寅王卜在䵼貞余其𠂤在丝上𥁕今𦍌其𩫖其𢦏𣎴示于商正余受𠁁王𢀛

曰吉卷二第五葉

曰癸未卜在㴱貞王旬亡𡆥卷二第四葉

曰己亥在潢貞王今月亡𡆥卷二第六葉

曰癸亥卜寅貞王旬亡𡆥在九月正人方在雇同上

曰癸巳卜貞王旬亡𡆥在二月在齊次隹王來正人方卷二第十五葉

曰癸酉卜在攸派貞王旬亡𡆥王來正人方卷二第十六葉

𢍰尊亦有隹王來正人方語乙亥方鼎則云隹王正井方其誼均不能確知矣

曰己未卜在攸貞王今月亡𡆥卷二第十七葉

曰癸亥卜在攸貞王今月亡𡆥卷二第十六葉

曰癸亥王卜在𨛜貞旬亡𡆥卷二第十七葉

曰癸卯在𨛜貞王旬亡𡆥同上

曰癸丑卜在劉貞王旬亾畎 卷二第七葉

曰癸亥卜在向貞王[?]亾口 卷二第二十葉

曰壬辰卜貞爭御在臭在囊 卷二第十八葉

曰癸巳王卜在夌貞旬亾畎王𡆥曰吉 卷二第十葉

曰癸未王卜在[?]次貞旬亾畎 同上

曰貞商至于來䏍在[?] 卷二第十一葉

曰甲戌卜在[?]貞叉邑今月弗[?]在十月又一 卷二第十三葉

曰庚寅卜在[?]次貞王[?]林方亾巛 卷二第十六葉

曰庚寅卜在[?]次貞王今月亾畎 同上

右言在者二十有八

曰辛卯卜[?]貞翌甲午王步歸 卷五第二十九葉

曰辛未卜賓貞今日命方歸口月 同上

曰貞[?]命方歸八月 卷五第二十八及第四十六葉

曰戊戌卜[?]貞王曰矦虎毋歸 書契菁華

曰辛卯卜[?]貞[?]命𡍬口先歸九月 卷七第四葉

曰戊申子卜人歸卷八第一葉

曰己亥子卜人不歸同上

曰戊寅子卜丁歸在師人卷八第六葉

曰戊寅子卜丁歸在川人同上

曰癸酉卜口貞今十月人歸卷八第九葉

曰己亥子卜貞在川人歸卷八第十二葉

曰命壴歸卷五第二葉再見

右言歸者十二

此卜出入者也

其卜田漁者百有三十

曰貞王狩于𢀛卷一第四十四葉再見

曰貞王□狩于乂同上

曰甲申卜䧹貞王步狩卷四第一葉

曰上缺䧹貞今日我其狩口卷五第十四葉

曰乙丑貞翌卯王其𢦔畢八月卷六第十一葉

𠂤

曰乙丑貞翌卯其狩𠦪弗畢 同上

曰貞王狩 卷六第二十六葉

曰往狩 卷六第四十九葉

曰辛卯卜貞其狩㞢畢 同上

曰癸亥卜逐貞𩁹亡囚 卷五第十八葉

曰貞弗其畢𦎫在𪉩 卷二第四葉

曰貞弗其畢 十月 在盖 卷二第三十六葉

曰丁卯卜在𠂤貞𢀛告曰馬來羞王𦵔今日𢦏亡巛畢 卷二第十一葉

曰癸丑卜逐貞𣏟亡囚 卷五第十八葉

曰□戌卜貞王往于田亡巛 卷三第十六葉

曰辛酉卜貞王田往來亡巛 同上

曰庚寅卜在𣄰貞王田往來亡巛 卷二第八葉

曰戊申卜王往田𦥑 卷二第十七葉

曰壬辰卜貞王田于𣆥往來亡巛 卷二第十八葉

曰壬寅卜在𤲦貞王田衣逐亡巛 卷二第十一葉

曰戊申卜在𢦏貞王田衣逐亡𡿧同上

曰戊寅卜在高貞王田衣逐亡𡿧卷二第十二葉

曰戊午卜在𠷎貞王田衣逐亡𡿧卷二第十五葉

曰辛酉卜在𦎧貞王田衣逐亡𡿧同上

曰戊申王卜貞田𦎧往來亡𡿧王𠧪曰吉卷二第十[illegible]葉

曰戊午王卜貞田𦎧往來亡𡿧王𠧪曰吉卷二第三十一葉

曰丁卯卜貞王田天往來亡𡿧卷二第二十七葉

曰戊午口貞王其口斿往來亡𡿧在九口卷二第二十九葉

曰戊戌王卜貞其田盂往來亡𡿧卷二第三十一葉

曰辛丑卜貞王田于盂往來亡𡿧引吉卷二第三十五葉

曰壬戌卜貞王田盂往來亡𡿧王𠧪曰吉卷二第四十一葉

曰乙酉卜貞王田盂往來亡𡿧卷二第三十葉

曰乙亥卜貞王田宮往來亡𡿧同上

曰辛卯卜貞王田宮往來亡𡿧同上

曰戊寅卜貞王田宮往來亡𡿧同上

曰戊午卜貞王田宮往來亾巛卷二第四十三葉

曰辛丑卜貞王田宮往來亾巛卷二第三十四葉

曰乙亥王卜貞田宮往來亾巛王𠧟曰吉同上

曰壬申卜貞王田宮往來亾巛卷二第四十二葉

曰戊戌王卜貞田疐往來亾巛卷二第三十九葉

曰壬寅王卜貞田疐往來亾巛王𠧟曰吉卷二第四十二葉

曰丁卯卜貞王田疐往來亾巛卷二第三十二葉

曰辛未卜貞王田書往來亾巛同上

曰辛巳卜貞王田書往來亾巛王𠧟曰吉同上

曰乙丑卜貞田于書往來亾巛同上

曰辛卯卜貞王田書往來亾巛卷二第三十九葉

曰庚寅卜貞王田書往來亾巛卷二第三十六葉

曰辛未王卜貞田書往來亾巛王𠧟曰吉卷二第三十四葉

曰壬辰王卜貞田書往來亾巛王𠧟曰吉同上

曰戊寅王卜貞田書往來亾巛王𠧟曰吉卷二第四十一葉

曰辛丑卜貞田𣏟往來亡𡿧王𠧞曰吉卷二第三十九葉

曰壬寅王卜貞田𦎫往來亡𡿧王𠧞曰吉兹𡴑在十月又二卷二第四十二葉

曰辛酉卜貞王田𦎫往來亡𡿧同上

曰戊子王卜貞田𦎫往來亡𡿧王𠧞曰吉卷二第四十一葉

曰壬寅王卜貞其田于𡆥往來亡𡿧卷二第三十一葉

曰丁巳卜貞王田高往來亡𡿧王𠧞曰吉卷二第三十二葉

曰壬子卜貞𡆥田𣏟往來亡𡿧王𠧞曰吉同上

曰辛卯卜貞王田𣏟往來亡𡿧卷二第三十三葉

曰辛丑卜貞王田𣏟往來亡𡿧同上

曰壬申王卜貞田𣏟往來亡𡿧王𠧞曰吉卷二第三十四葉

曰乙巳卜貞王田𣏟往來亡𡿧王𠧞曰𢎀在三月卷二第三十六葉

曰辛丑卜貞田𣏟往來亡𡿧王𠧞曰吉卷二第三十九葉

曰辛丑卜貞王田𣏟往來亡𡿧卷二第四十四葉

曰壬寅卜貞王田雝往來亡𡿧卷二第三十五葉

曰戊戌卜貞王田雝往來亡𡿧同上

曰壬子卜貞王田雝往來亡巛卷二第三十六葉

曰戊申卜貞王田雝往來亡巛同上

曰辛酉卜貞王田雝往來亡巛同上

曰戊辰卜貞王田雞往來亡巛卷二第三十七葉

曰戊午王卜貞田盂往來亡巛口𠭯曰口同上

曰壬寅卜貞王田膏往來亡巛卷二第三十八葉

曰辛丑卜貞王田于膏往來亡巛同上

曰戊戌卜貞王田于膏往來亡巛同上

曰戊子卜貞王田膏往來亡巛卷二第四十二葉再見

曰丁酉卜貞王田膏往來亡巛同上

曰壬子王卜貞田𪊨往來亡巛王𠭯曰吉獲鹿十卷二第十六葉

曰己丑卜貞王𢦏于召往來亡巛在九月丝𠂤獲鹿一卷二第十三葉

曰口辰王卜貞田𦎫往來亡巛王𠭯曰吉丝𠂤獲鹿二卷二第十六葉

曰壬子卜貞王田于斿往來亡巛丝𠂤獲鹿十一同上

曰壬子王卜貞田𡧊往來亡巛王𠭯曰𢦔丝𠂤獲𠂤卅一麑八馬一卷二第二十七葉

曰戊戌王卜貞田十往來亡巛王𠧞曰大吉在四月兹御獲𤉲十又三同上

曰戊申卜貞王田于𦎧麓往來亡巛兹御獲馬一𤉲四具延𩦹卷二第二十八葉

曰壬申卜貞王田書往來亡巛獲白鹿一𤉲二卷二第二十九葉

曰乙未王卜貞田書往來亡巛王𠧞曰吉兹御獲四麋一鹿卷二第三十五葉

曰戊戌王卜貞田𡆥往來亡巛王𠧞曰吉兹御獲鹿八卷二第三十四葉

曰戊戌王卜貞田𡆥往來亡巛王𠧞曰吉兹御獲鹿四卷二第三十五葉

曰壬申王卜貞田𢀛往來亡巛王𠧞曰吉兹御獲鹿十又口卷二第四十四葉

曰壬辰王卜貞田𨺅往來亡巛王𠧞曰吉在十月兹御獲鹿六卷二第三十五葉

曰戊申卜貞王田雞往來亡巛王𠧞曰吉兹御獲𤉲二卷二第三十六葉

曰壬申卜貞王田奠往來亡巛王𠧞曰吉獲𤉲十三卷二第四十二葉

曰戊辰王卜貞田𣲗往來亡巛獲𤉲七卷二第四十三葉

曰戊辰卜貞王田于𣲗往來亡巛獲𤉲七同上

曰戊子卜貞王田𢦏往來亡巛王𠧞曰吉兹御獲卷二第四十四葉

曰壬午王卜貞田𢦏往來亡巛王𠧞曰吉兹御獲鹿二同上

曰戊寅王卜貞田𢀛往來亡巛王𠧞曰吉兹御獲鹿二同上

曰戊午卜貞王田于梲往來亡巛兹𢀛獲卷二第三十二葉

曰癸未卜王曰貞有馬在行其左射獲卷三第三十一葉

曰遘獲　貞不其獲同上

曰𫞮曰其獲己酉王逐允獲二卷七第三十四葉

曰壬戌卜射獲不卷三第三十二葉

曰癸巳卜在𠂤貞王徙于射往來亡巛驅从十六卷二第八葉

曰壬申卜𦁣貞圃畢𢀛丙子𢀛允畢二百之九一口卷四第四葉

曰逐鹿獲卷三第三十二葉

曰癸巳卜王逐鹿同上

曰貞其射鹿獲同上

曰今月獲　王其往逐鹿同上

曰鹿獲𢀛射同上

曰丙戌卜王不其獲鹿同上

曰上缺獲鹿允獲五卷七第十三葉

曰上缺獲允獲鹿五同上

曰缺上獲畢鹿十五之六卷五第十四葉

曰貞[illegible]不其獲鹿卷三第十三葉

曰缺上卜以貞逐馬獲卷七第十四葉三

曰己未卜以貞逐豕獲卷三第十三葉三

曰占不其獲豕十月同上

曰貞口不其獲羊同上

曰先不其獲羊同上

曰貞先獲羊卷五第十二葉三

曰貞求我羊卷四第五十葉

曰己酉卜[illegible]貞[illegible]獲羊同上

曰貞往羊不其得同上

右卜田狩者百二十有三

曰貞乎子漁之于且乙卷五第十四葉四

曰口乎漁之于父乙卷一第十五葉二

曰丁亥卜貞子漁其之[illegible]卷五第十四葉四

殷考　九十六

曰辛卯卜貞今月口田月十漁卷五第四十五葉

曰貞弗其畢𡕀在漁同上

曰癸未卜丁亥漁卷四第五十六葉

曰貞御子漁卷七第十三葉

右卜漁者七

此卜田漁者也

其卜征伐者三十有五

曰征 貞其克𢦔卷三第二十七葉

曰隹其弗克同上

曰貞𢦔往征卷七第二十九葉

曰其伐𢀛利不利卷三第十三葉同上

曰其伐𣎆利不利同上

曰貞𢦔伐𢀛方卷三第二十九葉

曰貞𠬝隹王往伐𢀛卷四第十一葉

曰𢦔多臣伐𢀛方同上

曰令口乎伐𢀛方卷四弟三十九葉

曰貞乎伐𢀛卷五弟十九葉

曰𢀛乎伐𢀛同上

曰貞𢀛伐𢀛帝不我其受又卷六弟五十八葉

曰庚子卜賓貞𢀛登人三千乎𢀛方弗受之又卷七弟二葉

曰己巳卜䇓貞𢀛方弗允戈戌卷七弟八葉

曰甲子卜䇓貞乎伐𢀛方受口口卷七弟三十五葉

曰庚申卜䇓貞王𢀛正𢀛方下上弗若不我其受又卷五弟二十二葉

曰貞令口口从𢀛侯虎伐𢀛方受之又卷四弟四十四葉

曰貞令𢀛王伐屮方口口人五千乎口卷七弟十五葉

曰乙丑卜王貞余伐猷卷七弟十八葉

曰貞曰師毋在兹延卷一弟九葉

曰丙戌卜貞𢀛師在𢀛不水卷二弟四葉

曰甲戌卜在𢀛貞今月師不口卷二弟十葉

曰戊辰卜貞今月師亾𠭰盜卷四弟十一葉

殷考 九十七

曰丁亥卜貞今月師亾𡆥𥁑五卷第十八葉

曰丙戌卜貞今月師亾𡆥𥁑同上

曰癸丑卜𢀛貞師往衛亾𡆥四卷第十一葉

曰丙戌卜貞𠂤馬左右中人三百六月三卷第十一葉

曰丁丑王卜貞今𡧊𠂤九𡧊册𣏟𠂤矦弓口𠂤眔二𠂤余其从戰亾有自下上口

口口有不𠂤𢦏口口口邑商亾宅在口口四卷第十七葉

曰上缺登人三千乎戰六卷第十八葉

曰甲子卜王𠂤卜大𠂤五卷第五葉

曰上缺四日庚申亦之來𡚬自北子口告曰箸甲辰方征于𢼸俘人十之五人五日

戊申方亦征俘人十之六人六月在口口書契菁華

右言征伐者三十有一

曰癸丑卜𠂤貞𠂤亾𡆥王固曰之求之𠂤甲寅允之來𡚬又告曰之往芻自洛十

人之二同上

曰王固曰之求其之來𡚬三至九日辛卯允之來𡚬自北𢼸敏𠂤告曰𠂤方牧我

田十人同上

曰王固曰之求其之來嬉三至七日己巳允之來嬉自西彡友角告曰𢀛方出牧

我示褺田七人五（同上）

曰癸巳卜殻貞旬亡𡆥王固曰之求其之來嬉三至五日丁酉允之來嬉自西洗

𢦔告曰𢀛方征于我東鄙□二邑𢀛方亦牧我西鄙田（同上）

右言𢀛牧者四附於征伐之後

此卜征伐者也

其卜年者二十有二

曰貞𣏟年于羔（卷一第五十葉）

曰帝命雨正年　貞帝命雨弗其正年（同上）

曰庚午卜貞禾之及雨三月（卷三第二十九葉）

曰受黍年（同上）

曰貞受黍年（同上）、

曰甲申卜貞黍年（同上）

曰貞乎黍受年（同上）

曰隹黍受年（卷三第三十葉）

曰庚申卜貞我受黍年三月同上

曰觀黍卷四第三十九葉

曰戊戌貞我黍年卷四第四十葉

曰己酉卜黍年之正同上

曰乙未卜貞黍在龍囿啚受之季二月卷四第五十三葉

曰貞不其受黍年卷三第三十葉

曰貞我不其受年同上

曰凨受年卷六第十六葉

曰乙巳卜以貞弜不其受年卷七第十三葉

曰甲辰卜商受年卷三第三十葉

曰戊申卜王貞受□商年□月卷八第十葉

曰弗受之年同上

曰□寅卜萬受年卷三第三十葉

此卜年者也

其卜風雨者七十有七

曰辛丑卜貞今日王口口不遘大風丝口口卷三第二十八葉

曰其遘大風卷三第二十九葉

曰不遘風　其遘大風同上

曰貞翌丙子其之風卷四第四十三葉

曰辛未卜王貞今辛未大風不隹田卷八第十四葉

曰乙卯卜貞今日王田疐不遘大風　其遘大風卷二第三十葉

曰壬寅卜貞今日王其田曹不遘大風　其口大風同上

曰戊午口其雨口庚午日延風自北月口卷四第十三葉

右言風者八

曰丙辰卜丁巳雨卷三第十五葉

曰王固曰其雨卷四第二十五葉

曰丁巳其雨卷三第十五葉

曰今丙申其雨同上

曰辛亥貞今月雨同上

曰乙卯卜貞今月其雨同上

曰貞今日雨卷三第十六葉

曰貞今日其大雨七月同上

曰貞今壬申其雨同上

曰庚辰卜𠭯貞今日其雨卷七第三十三葉

曰癸未卜来壬辰雨卷三第十九葉

曰乙酉卜大貞及兹二月之大雨同上

曰七日壬申雷辛巳雨壬午亦雨同上

曰口令癸巳至于丁酉雨卷三第二十葉

曰今三日雨同上

曰辛未卜貞自今至乙亥雨一月同上

曰𠭯及十三月雨卷一第四十五葉

曰丙申今日雨丁酉雨卷三第二十一葉

曰乙巳卜出貞今日雨二月同上

曰帝唯癸其雨同上

曰庚戌𠭯貞茲雨不隹我□求年

曰上缺𠭯貞今三月帝命多雨卷三第十八葉

曰丁未卜𠭯貞及今二月雨卷七第十六葉

曰甲戌卜賓貞自今至于戊寅雨卷三第十一葉

曰乙丑卜庚雨卷三第十八葉

曰庚辰卜六貞翌辛巳雨卷四第二葉

曰乙卯卜翌丙雨卷七第十四葉

曰口口卜㞢翌戊申雨同上

曰辛口卜㞢貞翌壬子雨允雨同上

曰癸丑卜㞢翌甲雨甲允雨同上

曰辛亥卜㞢翌壬雨允雨同上

曰壬子卜㞢翌癸丑雨允雨同上

曰庚辰卜□今月其雨允雨卷四第十二葉

曰翌癸亥其雨癸亥允雨卷六第十五葉

曰貞今日不雨　貞其雨卷三第十七葉

曰乙卯卜貞今日不雨　其雨同上

曰翌日戊不雨　其雨同上

曰庚子卜逆貞翌辛丑雨　貞翌辛丑不其雨卷五第十六葉

曰貞帝于岳卷三第二十四葉

其支處蔑其命于岳

曰貞不隹上同

曰貞不其茲九月卷六第二十七葉

曰丁巳卜允見六月卷一第二十七葉

曰受之又　貞弗其受之又卷一第二十七葉

曰戊申卜㱿貞來乙亥其雨　戊申卜㱿貞來乙亥不其雨卷七第十七葉二

曰甲申卜翌乙雨　翌乙不雨卷七第十一葉四

曰貞今月其雨　貞今月不雨卷七第十三葉四

曰口口其雨之月允不雨卷三第十一葉三

曰壬午卜來乙酉雨｜不雨卷一第十五葉二

曰貞今丙午延雨　今丙午不其延雨卷三第二十葉

曰貞不其雨在五月卷三第十六葉

曰貞今月不雨上同

曰今月不其雨上同

曰貞今月不其雨九月上同

曰癸巳之月不雨　藏龜廿二

曰之月允不雨卷七第十四葉

曰戊寅卜貞今月不雨卷三第十七葉

曰甲戌卜大貞今日不雨上同

曰壬申卜今日不其雨上同

曰壬午卜貞今日不雨上同

曰庚寅不其雨卷三第十八葉

曰壬辰卜貞今日不雨卷三第十九葉

曰己卯雨不卷三第十八葉

曰壬午卜來乙酉雨不卷四第二十六葉

曰丙戌卜貞自今日至庚寅雨不卷三第十九葉

曰乙未卜賓貞今日其延雨卷二第九葉

曰貞今己亥不延雨卷三第二十一葉

曰辛亥卜貞延雨不多雨卷三第十八葉

曰乙丑卜冓雨已其不

曰貞其冓雨

曰戊寅卜貞今日王其田[illegible]不遘大雨兹[illegible]卷二第十八葉

曰壬午卜今日王田書不遘雨卷二第十九葉

曰戊申卜貞今日王田[illegible]不遘雨兹[illegible]其[illegible]雨卷二第十五葉

曰戊辰卜貞今日王田[illegible]不遘大雨　其遘大雨卷二第十二葉

曰丁卯卜㱿貞王往于[illegible]不一冓雨卷四第十一葉

曰丁卯卜𠕋貞王燕𠦪口不一冓雨同上

曰貞今口其雨在圃漁卷四第五十五葉

曰庚子卜㱿貞王般其冓之日般冓雨五月卷五第二十七葉

右言雨者六十有九

此卜風雨者也此八事外文可錄者尚數百事不復備舉讀吾書者隅反焉可矣

禮制第七

殷商禮制徵之卜辭其可知者六端曰授時曰建國曰祭名曰祀禮曰牢𠦪曰官制取以校周禮其因革略可知也今依次述之

商稱年曰祀亦曰祠

爾雅釋天商曰祀徵之卜辭稱祀者四稱司者三曰惟王二祀再見曰惟王五祀曰其惟今九祀曰王廿祀均見卷三第二十七及二十八葉曰王廿司再見于卷二第十四葉一見于卷四第二十八葉是商稱年曰祀又曰司也司即祠字爾雅春祭曰祠郭注祠之言食詩正義引孫炎云祠之言食音賜爲郭注所本是祠與祀音義俱相近在商時殆以祠與祀爲祭之總名周始以祠爲春祭之名故孫炎釋商之稱祀謂取四時祭祀一訖其說殆得之矣

一月為正月亦稱一月

卜辭中正月凡三見（卷一第十九第四十二及卷四第四葉）一月凡四見（卷一第三十九及卷四第四第三十卷七第三葉）是商或稱正月或稱一月也

有閏之年則稱其末月曰十三月

卜辭中書十三月者凡四見（卷一第四十五卷二第二十五卷三第二十二卷四第七葉）殆皆有閏之年也古時遇閏稱閏月不若後世之稱閏幾月至商有十三月則並無閏月之名可徵古今稱閏之不同矣

此授時之可知者也

王畿曰京師亦曰大邑

卜辭中有王其乎宦于京師（卷四第三十一葉）及告于大邑商（卷三第二十七葉）二語均謂王都書多士肆予敢求爾于天邑商天邑即大邑之譌正義引鄭玄曰言天邑商者亦本于天之所建據譌文以為說失滋甚矣康誥云周公初基作新大邑于東國洛多士今朕作大邑于茲洛孟子引逸書用臣附于大邑周三稱大邑與卜辭正同益沿商人之舊稱矣

其宗廟宮室之制則有大室

卜辭中太室再見一曰其𣪊丁于大室（卷一第三十六葉）一曰甲戌王卜口大室口口命（卷二第三十六葉）是大室之名商已有之矣

有南室

卜辭曰告于南室（卷三第三十三葉）南室未見他書尸子稱明堂殷曰陽館孝經緯言明堂在國之陽南室者其明堂與抑為廟中南方之室與不可知矣

有血室

卜辭中三言血室曰貞酒匚于血室匕𠂤（鐵雲藏龜第五十葉）曰貞翌辛未其之于血室三大牢（又第百七十六葉）曰告血室（卷四第三十三葉）依其文觀之是廟室也禮器言血毛詔于室故謂之血室與

有祠室

曰壬辰卜貞[illegible]司室（卷四第二十七葉）司室即祠室殆亦廟室矣

有皿宮

文多斷缺（卷四第十五葉）誼不可知

有東寑

曰癸巳卜賓[illegible]今二月宅東寑（卷四第十五葉）此寑殆亦廟中之寢矣

有龍囿

文曰乙未卜貞黍在龍囿卷四第五十三葉於此貞黍殆在郊外之地矣

此建國之可知者也

諸祭之名曰宗

文曰丙子卜貞文武宗其牢丝口又曰丙寅卜貞文武宗口牢口口卷四第十八葉

此當為卜宗祀者故無王賓之名矣

曰禘

文曰口口卜貞大日其口王其有久武乙口文武帝彡酒口口王受冬王受口卷一第二十二葉云文武帝與上條文武宗語法同宗為宗祀則帝殆為禘祭矣禘祭而先云有久武乙者殆武乙祔廟時之吉禘與

曰烝

曰肜日

曰肜月

文均見卜辭篇以上四祭誼並可知肜月以下則但知其為祭名而已

曰𠱓日

曰[illegible]

曰祭

曰嘗

曰[illegible]

曰禝

曰[illegible]

曰敹

曰酒

曰羹

曰品

以上諸文並載于卜辭篇

曰[illegible]

說見文字篇

曰衣

卜辭中言衣者頗多曰丁丑卜貞王賓自武丁至于武乙衣亾尤曰甲辰卜貞

曰貞酒彡衣

武丁

米且乙且丁且甲康且丁武乙衣亾尤（並書契後編）曰辛巳卜貞王賓亩歲至于多姑衣亾尤曰癸丑卜貞王賓自亩至于多姑衣亾尤曰□亥卜貞王賓歲自亩至于多姑衣亾尤（並卷二第二十五葉）衣亦祭名而合諸祖祭之其制則不可知矣諸文中其且乙且丁且甲康且丁武乙合祭者既有且丁又有康且丁今以商之世次推之且甲之後武乙之前為康丁知康且丁者即康丁也而卜辭中稱文武丁者二武祖乙者二康且丁者八以此例推之知文武丁即文丁武且乙乃武乙矣前帝王篇未載文丁當據以補此一世也文丁史記作大丁竹書作文丁據卜辭則竹書是而史記非矣又卜辭中有書康且丁作[illegible]□（卷一第二十三葉）[illegible]□（第二十四葉）者前人名篇誤以為祖康附正於此

此祭名之可知者也

祭先卜日卜牲其日恒以所祭之祖之生日

例多見前卜辭

其卜日也亦以所祭之生日卜之

說見前卜辭篇

其卜牲也卜其毛色

曰丙子卜貞康丁(丁且)其牢革(卷一第十葉)曰其戠幺用(卷一第二十一葉)曰華叀戠是卜毛色也禮家皆謂夏后氏牲用黑殷用白周用騂以卜辭證之殊不然矣

卜其牝牡

曰卯𢀛牡(卷一第二十葉)曰毋庚牡一(第二十九葉)曰御于高妣己口牡(第三十四葉)曰貞牝登于且乙(第九葉)曰其牢牝貞辟口牢牡(書契後編)是卜牝牡也

卜其多寡

說見下

王親相牛

卜辭言王往相牛者三(並卷三第二十三葉)周禮則肴牲為大宗伯及小宗伯之職王不親相也此周禮之不同於殷者

田漁以取鮮

春秋傳曰惟君用鮮衆給而已王制言天子諸侯之田一為乾豆卜辭中書田獵者雖無取鮮明文然大率當為祭祀也其卜漁者曰貞乎子漁之于且乙(卷五第四十四葉)曰十月漁曰九月在漁曰九月漁(並第四十五葉)曰王漁(卷五第十六葉)是王亦親漁以充祀也禮記月令季春天子始乘舟薦鮪于寢廟不知為何代之禮然周官

獻人則云掌以時獻春獻王鮪又左傳公矢魚于棠臧僖伯曰早隸之事官司之守非君所及是周禮王不親漁與殷異也月令所記或周以前之禮矣又卜辭言漁在九月與月令言季春者異月令所記其亦非殷禮與抑殷之親漁歲非一與

臨祭爯冊

卜辭曰己未卜貞𩰪酒𢀛冊太甲書契後編又曰爯冊𠂇妣乙卷七第六葉其餘言爯冊者尚多是祭時有告神之冊矣

其受享之祖稱王賓厥配稱奭

卜辭中稱所祭者曰王賓祭者是王則所祭者乃王賓矣周書洛誥王賓殺禋咸格猶用殷語前人謂王賓賓異周公者失之奭說見前文字篇

此祀禮之可知者也

其祭時牢𢀛之數無定制一以卜定之其牲或曰大牢或曰小牢或牛或羊或豕或犬其牛又曰牡曰牝曰𤛌曰犆其用牲之數或一

卜辭中用一牛者曰且乙卷一第十葉曰唐卷四第七葉用一牡者曰母庚卷二第九葉用一牢

或二

用二牛者曰且辛卷一第十三葉卷[illegible]二十三葉曰父己卷三第二十三葉曰母庚卷一第十九葉用二牢者

戠三

用三牛者曰戠卷六第七葉用三牢者曰大戊卷一第七葉曰小辛第十六葉曰丁第四十葉用三

小牢者曰母己第二十八葉用三羊者曰且乙第九葉

戠五

用五牢者曰大戊卷四第十六葉曰妣庚卷一第三十五第三十六葉

戠十

用十牛者曰咸卷一第四十四葉用十白豕者曰且辛卷七第二十九葉用十牢者曰且辛卷一

第十一葉曰父乙第二十四葉

戠二十

用十牛十羊者曰丁卷一第五十三葉

戠三十

用三十牛者曰丁再見一卷四第三十四一卷五第三葉用三十牢者曰妣庚一再見卷四第八卷八第十二葉

戠四十

用四十牛者曰王亥卷四第八葉

而止於百

用百牛者曰彈卷五第八葉用百豕者曰𡚸卷六第四十二葉又有僅曰牢曰牛曰羊曰牡曰小牢曰羊曰犬而不言其數者其僅言牢者曰大甲卷一第五葉僅言牛者曰南庚第十三葉僅言羊者曰康且丁再見一卷一第十葉一第十二葉僅言牡者曰且乙第九葉僅言小牢者曰南庚第十四葉曰小乙第十六葉僅言羊者曰且戊第二十三葉曰妣己卷八第十三葉僅言犬者曰父甲再見一卷一第二十六葉卷七第二十五葉曰父庚第二十二葉

其用牲之法曰𡚸曰貍曰沈曰卯曰俎

卯之誼不可知然觀卜辭所載每云𡚸幾牢貍幾牢卯幾牢或云𡚸幾牢沈幾牢卯幾牢別卯于𡚸貍沈則卯者當為薦於廟之牲矣

祭時或僅用𡚸

僅用𡚸者曰示壬卷一第一葉曰王亥第四十九葉曰昌再見並第四十九葉曰兕再見並第五十及第五十一葉曰𤰇下東再見並第五十一葉曰𢀛卷六第十七葉皆不記牢數曰𤰇則用三牢卷一第五十葉

或僅用卯

其僅用卯者曰武丁卯六牢卷一第十八葉

或兼用𡚸與卯

兼用𧶠與卯者曰丁𧶠五小牢卯五牛（卷二第十一葉）曰□𧶠十小牢卯十牛（卷四第七）

曰羌𧶠三小牢卯三牢（再見並卷七第二十六葉）

或兼用𧶠與貍

兼用𧶠與貍者曰妣乙𧶠一牢貍二牢（卷一第三十二葉）

其用卯之數或六

用卯六者曰文武丁（卷一第十八葉）

或三十

用卯三十者曰妣庚（再見卷一第三十五葉一見卷四第八葉）

亦止于百

用卯百者曰彈（卷五第八葉）其僅曰卯而不言幾卣者曰大甲（卷一第五葉）曰且乙（第九葉）

曰南庚（再見卷一第十三葉一見第十四葉）曰康且丁（卷一第二十葉）曰且戊（卷二第二十三葉）

牢卯之外或薦以玉

祭用玉者曰南庚（卷一第十三葉）僅一見而已

此牢卯之可知者也

至殷之官制則有卿事（再見卷二第廿三葉一見卷四第二十一葉）

卿事亦見乙未敔文曰乙未卿事錫小子𠭰貝二百與卜辭同毛公鼎及番生敔亦皆有卿事士古皆訓事卿事即卿士也詩商頌降予卿士大雅百辟卿士箋卿士卿之有事也又小雅皇父卿士箋云朋黨於朝皇父為之端首兼擅羣職故但目以卿士云詩之卿士即卿事周官六官之長皆曰卿而鄭君謂卿士兼擅羣職是卿士即冢宰矣周官雖無卿士之名而屢見於詩及周初古金文是周官實沿殷制矣

有大史 卷五第三十九葉

周禮春官有大史掌建邦之六典亦掌大祭祀卜辭中因卜祭而有大史之名是殷之大史職掌與周略同周官實沿殷制矣卜辭稱大史寮周毛公鼎番生敔亦均有此語

有方 卷五第二十九葉

卜辭云命方歸方當為官名周禮夏官有職方土方合方訓方形方五氏疑亦仿殷制矣

有小臣 凡三見並卷四第二十七葉

周禮夏官有小臣掌王之小命詔相王之小灋儀及王之燕出入及大祭祀小

祭祀以其職掌觀之殆與卜辭之小臣略同矣

有豎卷五第二葉凡再見

文曰命壴歸壴與樹當為一字亦即後世之豎字說文解字豎豎立也廣雅釋詁豎立也壴在卜辭中為官名與周禮天官及禮記文王世子之内豎左氏傳晉侯之豎曹伯之豎相類蓋王之近侍小臣其名已見於殷世矣

有埽臣再見並卷六第十七葉

此名不見於前籍以其名考之亦小臣與豎之類矣

此官名之可知者也由此觀之商周二代之禮因革略可見矣

卜法第八

卜以龜亦以獸骨龜用腹甲而棄其背甲

背甲厚不易作兆且甲面不平故用腹甲

獸骨用肩胛及脛骨

脛骨皆剖而用之

凡卜祀者用龜卜它事皆以骨田獵則專用脛骨其用胛骨者則疆理征伐之事為多故殷虛所出獸骨什九龜甲什一而已其卜法削治甲與骨令平滑於此或

鑿焉或鑽焉或既鑽更鑿焉龜皆鑿骨則鑽者什一二鑿者什八九既鑽而又鑿者二十之一耳此即詩與禮所謂契也

鑿跡皆橢圓形如◎鑽則正圓形如○既鑽更鑿者則外圓而內橢如◎大抵甲骨薄者或鑿或鑽其鑽而復鑿者皆厚骨不易致坼者也

既契乃灼於契處以致坼灼於裏則坼見於表先為直坼而後出歧坼此即所謂兆矣

予所見兆形甚多略示如下

卜 卜 卜 卜 卜 卜 卜 丫 丫 丁 丅 丁 丁 丁 卜

蓋不契而灼則不能得坼既契則骨與甲薄矣其契處刄斜入外博而內狹形為橢圓則尤薄處為長形灼於其上斯沿長形而為直坼由直坼而出歧兆矣於以覘吉凶並刻辭於兆側以記卜事焉此古卜法之可據目驗以知之者也

予既據目驗知古卜法概畧證以周禮春官及毛詩戴記周秦諸子之言卜事者多與符合知殷周卜法無大差而鄭君箋注詩禮則頗有失誤是商周卜法漢儒已不能明矣詩大雅曰爰契我龜契即荀子鍥而不舍之鍥契者鍥之初字古契字多訓刻易繫九家注釋名廣雅釋言漢書乘傳集注後漢書張衡傳注並同韓非子及周官大卜鄭

司農注所謂鑿龜莊荀韓非諸子及王制所謂鑽龜均即契也（書契之契本誼亦訓刻竹帛以前皆為刻字卜辭其證也周禮小宰鄭司農注謂書契為符書乃書契之別一誼曲禮之執右契管子之使無券契之責皆符書也說文解字謂契為大約乃以符書為契之本誼殆失之矣）契誼為刻而所以刻之之具即以名焉華氏所謂掌共燋契是也契所以鑿燋所以爇杜子春所注本自分明極合事實而鄭君乃為異義一則曰士喪禮楚焞置于燋在龜東楚焞即契所用以灼龜再則曰以契柱燋火而歛之契既然以授卜師其注士喪禮又曰楚荆也荆焞所以鑽龜者始誤以契與燋為一物鑽與灼為一事以鄭君之熟精三禮乃有此譌此殷周卜法漢代已失之確證矣孔氏詩正義亦謂楚焞即契賈氏儀禮正義又云鑽龜用荆祖述鄭義譌誤益滋至李華乃為卜用生龜之說去古益遠古制乃愈不可知矣至骨卜之法為古籍所不載而顧見於宋史西夏傳及徐霆之黑韃事略其觀吉凶與古同否雖不可知而西夏之卜以艾灼羊髀骨（宋史作脾骨乃髀骨之譌）黑韃亦灼羊之枚子骨謂之燒琵琶與商代骨卜用肩胛骨者正合中夏卜事獨存於荒裔且逾二千年而不絕亦異事矣又殷周卜法漢儒已不能明者光州胡侍郎煦卜法詳考推衍禮經斷以己意所言至精晰證以予所目驗若合符節此亦我 朝學術超越前代之明驗矣侍郎之書世顧罕知者故附著之

殷虚書栔考釋

余為商遺先生書殷虛書契考釋竟作而歎曰三代以後言古文者未嘗有是書也夫先生之於書契文字其蒐集流通之功蓋不在考釋下即以考釋言其有功於經史諸學者頗不讓於小學以小學言其有功於篆文者亦不讓於古文然考釋之根柢在文字書契之文字為古文故姑就古文言之我朝學術所以超絶前代者小學而已順康之間崑山顧先生實剏為說文音韻之學說文之學至金壇段氏而洞其奧古韻之學經江戴諸氏至高郵王氏棲霞郝氏而窮其用使世無所謂古文者謂小學至此觀止焉可矣古文之學萌芽於乾嘉之際其時大師宿儒或殂謝或篤老未遑從事斯業儀徵之書亦弟祖述宋人略加銓次而已而俗儒啚夫不通字例未習舊埶者輒以古文所託者高知之者鮮利荊棘之未開喜鬼魅之易畫遂乃肆其私臆無所忌憚至莊述祖龔自珍陳慶鏞之徒而古文之厄極矣近惟瑞安孫氏頗守矩矱吳縣吳氏獨具懸解顧未有創通條例開拓閫奧如段君之於說文戴段王郝諸君之於聲音訓詁者余嘗恨以段君之邃於文字而不及多見古文以吳君之才識不後於段君而累於一官不獲如段君之優游壽考以竟其學遂使我朝古文之學不能與說文古韻方駕豈不惜哉先生早歲即治文字故訓繼乃博綜羣籍多識古器其才與識固段吳二君之儔至於從

容問學厭飫墳典則吳君之所有志而未逮者也而此書契文字者又段吳二君之所不及見也物既需人人亦需物書契之出適當先生之世天其欲昌我朝古文之學使與說文古韻匹抑又可知也余從先生游久時時得聞緒論比草此書又承寫官之乏頗得窺知大體揚推細目竊歎先生此書銓釋文字恒得之於天人之表而根源脈絡一一可尋其擇思也至審而收效也至宏蓋於此事自有神詣至於分別部目創立義例使後之治古文者於此得其指歸而治說文之學者亦不能不探源於此竊謂我朝三百年之小學開之者顧先生而成之者先生也昔顧先生音學書成山陽張力臣為之校寫余今者亦得寫先生之書作字拙劣何敢方力臣而先生之書足以彌縫舊闕津逮來學者固不在顧書下也宣統甲寅十二月祀竈日海甯王國維

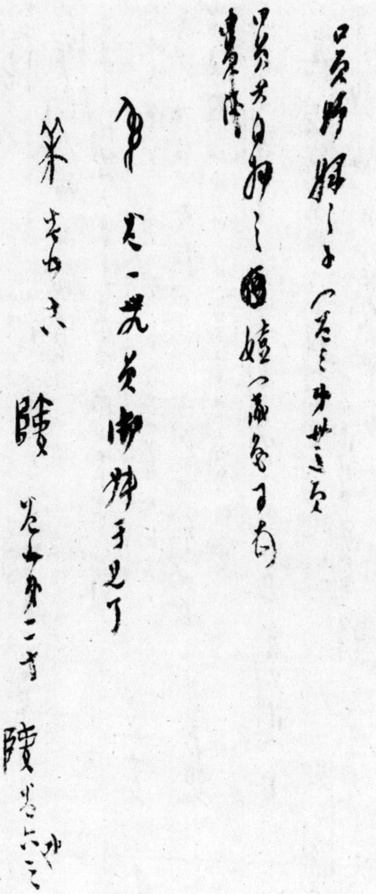

書末題識一

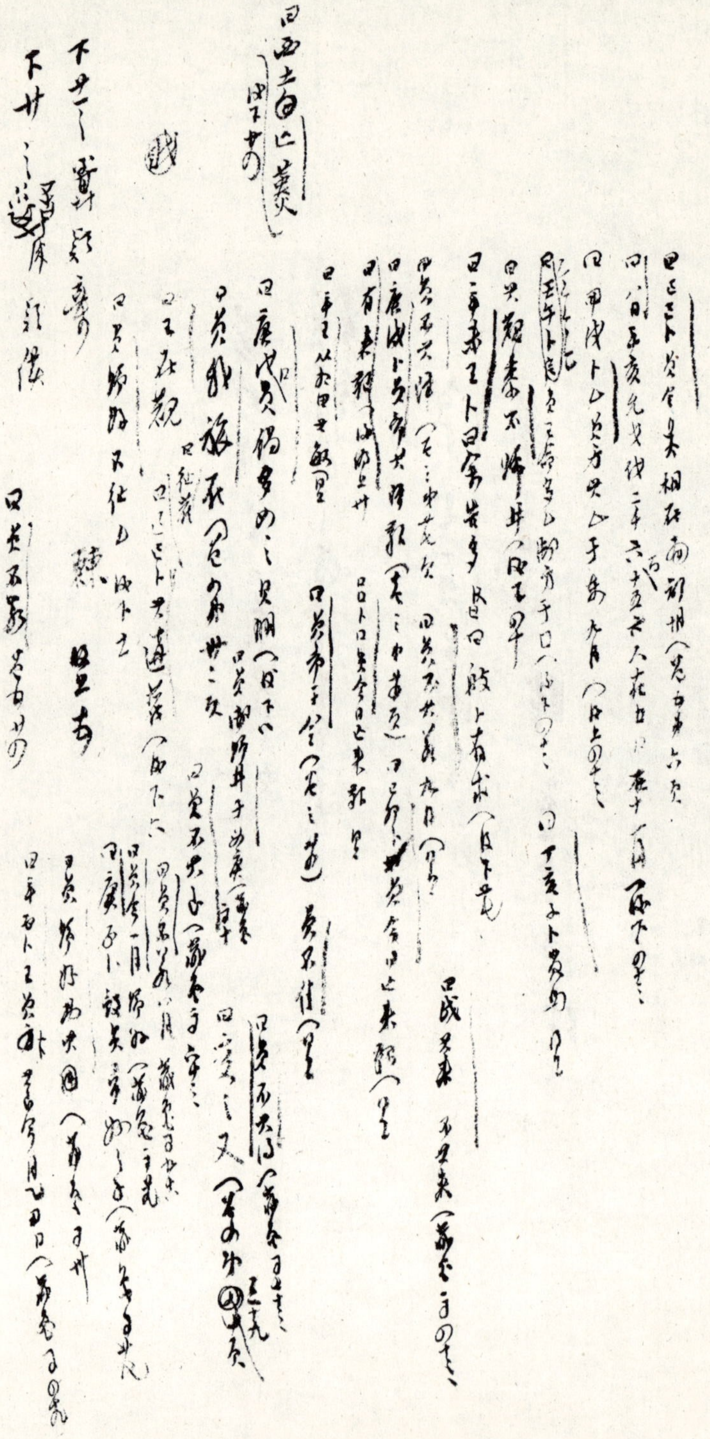

書末題識二

程易疇　汪容甫　段茂堂

王伯申　王懷祖

閻　顧　錢　全　戴

[illegible]

[illegible]

書末題識三

羅振玉 撰

殷虚書契考釋三種

下

中華書局

增訂殷虛書契考釋

增訂殷虚書契考釋三卷

丁卯二月東方學會印

商遺先生殷虚書契考釋成余讀而歎曰自三代以後言古文字者未嘗有是書也炎漢以來古文閒出孔壁汲冢與今之殷虚而三壁中所得簡策殊多尚書禮經頗增篇數而淹中五十六卷同於后氏者十七孔氏四十五篇見於今文者廿九因所已知通彼未見事有可藉功非至難而太常所肄不出曲臺之書臨淮所傳亦同濟南之數雖師說之重在漢殊然將通讀之方自古不易至於誤廝作序以衸為袀文人之作盜人大邑之書天邑古今異文而同繆伏孔殊師而沿譌言乎釋文蓋未盡善晉世中經定於荀束今之存者穆傳而已讀其寫定之書閒存隸古之字偏旁締構頗異古文隨疑分釋徒存虛語校之漢人又其次矣其餘郡國山川頗出彝器始自天水訖於本朝呂薛編集於前阮吳考釋於後恆軒晚出尤稱絕倫顧於創通條例開拓閫奧概乎其未有聞也夫以壁經冢史皆先秦之文姬

嬴漢晉、非絕遠之世、彝器多出兩周、考釋已更數代、而校其所得、不過如此、況乎宣聖之所無徵、史佚之所未見、去古滋遠、爲助滋寡者哉、殷虛書契者、殷王室命龜之辭、而太卜之所典守也、其辭或契於龜、或刻諸骨、大自祭祀征伐、次則行幸畋漁、下至牢鬯之數、風雨之占、莫不畛於鬼神、比其書命、爰自光緒之季、出於洹水之虛、先生既網羅以歸、祕藏拳印以公天下、復於暇日、撰爲斯編、余受而讀之、觀其學足以指實、識足以洞微、發軫南閣之書、假途蒼姬之器、會合偏旁之文、剖析孳乳之字、參伍以窮其變、比校以發其凡、悟一形繁簡之殊、起兩字並書之例、上池既飲、遂洞垣之一方、高矩攸陳、斯舉隅而三反、顏黃門所謂隱括有條例、剖析窮根源者、斯書之謂矣、由是太乙卜丙、正傳寫之譌、文入商宅殷、辨國邑之殊號、至於諏日卜牲之典、王賓有奭之名、槱燎薶沈之用、牛羊犬豕之數、損益之事、羌難問於周京文獻之傳、夙無徵於商邑凡諸放逸盡在數陳駅燭龍而照幽都拊彗星而掃荒翳以視安國之所隸定廣微之所撰次者事之難易功之多寡區以別矣是知效靈者地復開究委之藏弘道惟人終佇召陵之説後有作者視此知津甲寅冬十有二月海甯王國維、

宣統壬子冬、予既編印殷虛書契、欲繼是而為考釋、人事乖午。因循不克就者歲將再周、感莊生吾生有涯之言、乃發憤鍵戶者四十餘日、遂成考釋六萬餘言。既竟、爰書其端曰、予讀詩書及周秦之間諸子、太史公書、其記述殷事者、蓋寥寥焉。孔子學二代之禮、而曰杞宋不足徵、殷商文獻之無徵、二千餘年前則已然矣。吾儕生三千年後、乃欲根據遺文、補苴往籍、譬若觀海茫無津涯、予從事稍久、乃知茲事實有三難、史公最錄商事、本諸詩書、旁覽系本、顧考父所校僅存五篇、書序所錄亡者逾半、系本一書、今又久佚、欲稽前古、津逮莫由、其難一也。卜辭文至簡質、篇恆十餘言、短者半之、又字多假借、誼益難知、其難二也。古文因物賦形、繁簡任意、一字異文、每至數十、書寫之法、時有淩獵、或數語之中、倒寫者一二、兩字之名、合書者七八、體例未明、易生炫惑、其難三也。今欲祛此三難、勉希一得、乃先考索文字以爲之階、由許書以溯金文、由金文以窺書契、窮其蕃變、漸得指歸、可識之文、遂幾五百、循是考求、典制、稽證舊聞、途逕漸啟扃鐍、爲開稽其所得、則有六端、一曰帝系、商自武湯逮于受辛、史公所錄、爲世三十、見于卜辭者、二十有三、史稱大丁未立、而卜辭所載祀禮、儼同于帝王、又大乙羊甲卜丙卜壬、校以前史、並與此異、而庚丁之作康祖丁、武乙之稱武祖乙、文丁之稱文武丁、則言商系者之所未知、此足資考訂者一也、二曰京邑、商之遷都、前八後五、盤庚以前、具見書序、而小辛以降、衆說多違、洹水故墟、舊稱亶甲、今證之卜辭、則是徙于武乙、去于帝乙、又史稱盤庚以後、商改稱殷、而徧搜卜辭、既不見殷字、又屢言入商、田游所至、曰往曰出、商獨言入、可知文丁帝乙之世、國尚號商、書曰戎殷、乃稱邑而非稱國、此可資考訂者二也、三曰祀禮、商之祀禮、夐異周京、名稱實繁、義多難曉、人鬼之祭、亦用祡貞牢㞢之數一依卜定王賓之語為洛誥所基騂牡之薦非鎬京始刱此可資考訂者三也四曰卜法商人卜祀十干之日各依祖名其有奭者則依奭名又大事貞龜餘事骨卜凡斯異例先儒未聞此可資考訂者四也五曰官制卿事之名同于雅頌大史之職亦載春官爰及近臣並符周制乃知姬旦六典多本殷商此可資考訂者五也六曰文字召公之名是奭非奭鳥鳴之字从雞非鳥隹鳥不分子巽殊用牝牡等字牛羊任安牢牧諸文亦同斯例又籍知大小二篆同乎古文古文之真間存今隸如此之類未遑僂數此可資考訂者六也予爰始操翰訖于觀成或一日而辨數文或數夕而通半義譬如冥行長夜乍覩晨曦既得微行又蹈荆棘積思若痗雷霆不聞操觚在手寢饋或廢以茲下學之資勉幾上達之業而既竭吾才時亦弋獲意或天啟其衷初非吾力能至但探賾索隱疑蘊尚多覆簣為山

前脩莫竟繼是有作不敢告勞有生之年期畢此志訂譌補闕俟諸後賢它山攻錯跂予望之宣統甲寅十二月十八日上虞羅振玉書于日本京都東山僑舍

殷虛書契考釋卷上

上虞 羅 振玉

都邑第一

商自成湯、至於般庚凡五遷、都武乙立、復去亳徙河北、其地當洹水之陰、今安陽縣西五里之小屯、即其虛矣、方志以為河亶甲城者是也、

史記、殷本紀正義引竹書紀年、謂自般庚徙殷至紂之滅二、百七十五年、更不遷都、然考之史記殷本紀、武乙立、殷復去亳徙河北、（三代世表作庚丁徙河北、）今本竹書紀年、武乙三年自殷遷於河北十五年自河北遷於沬、王氏詩地理考引帝王世紀、帝乙復濟河北徙朝歌（案帝乙自洹陽徙沬、本在河北、不得言復濟、殆有譌字、）是般庚以後、至於末季凡再遷也、惟諸書均言徙河北、不言何地、考史記項羽本紀、項羽乃與章邯期於洹水南殷虛上集、解引應劭

曰、洹水在湯陰界、今安陽漢蕩陰縣兼有今安陽地、殷虛故殷都也、瓚曰洹水在今安陽縣北、去朝歌殷都一百五十里、然則此殷虛非朝歌也、史記殷本紀正義引括地志相州安陽本盤庚所都即北冢、殷虛南去朝歌城一百四十八里、竹書紀年云、盤庚自奄遷乎北冢、曰殷墟、墟字衍、南去鄴四十里是舊都城、西南三十里有洹水、南岸三里有安陽城、西有城名殷虛、所謂北冢者也、水經注、洹水篇、洹水出山東、逕殷墟北、又云洹水自鄴東逕安陽城北、又引魏土地記、鄴城南四十里有安陽城、城北有洹水東流者也、均謂洹水之南有殷虛、武乙所徙、蓋在此也、雖正義誤以安陽為般庚所都、又誤以安陽殷虛為北冢、徐氏竹書紀年統箋已正之、而洹陰之有殷虛、則諸說咸同、彰德府志載安陽縣西南有河亶甲城、以此殷虛屬河亶甲、然河亶甲居相、其地蓋在今內黃縣東南、非今安陽、而今龜甲獸骨出土之處，正在今安陽縣西五里之小屯，確當洹水之南，（土人謂之安陽河。）與前記悉合，故知武乙所徙，實在此處，方志以為河亶甲城者，誤也。至紀年謂武乙十五年徙沫，帝王世紀謂帝乙徙沫，二說不合，今以卜辭中所見帝王之名考之，直至武乙而止，據此可知遷沫必在帝乙之世，竹書誤而世紀所記為得實也。

帝王第二

史記殷本紀載成湯以來至於帝辛凡三十傳，今見於卜辭者二十有三。

曰大乙，

乙亥卜貞王賓大乙祭亡尤

史記作天乙，（書釋文同。）索隱引譙周說：天亦帝也，殷人尊湯，故曰天乙。案天與大形近易譌，故大戊卜辭中亦作天戊，以大丁、大甲諸名例之，知作大者是，譙周為曲說矣。

成湯以上十三傳見於卜辭者九

又案卜辭中書人名、或直行書之、或旁行書之、或合二字為一字書之、又或正書或反書、其旁行書者又或左讀或右讀、書法至不一、故一人之名、必舉其書法變異者照原式寫於釋文之下、其小異同者不復備舉、

亦曰唐、[illegible]四七　甲午卜殼貞之于唐

王氏國維曰、卜辭屢見唐字、其一條有唐、太丁、太甲、三人相連、而下文不具、唐與太甲太丁連文、而又居其首、疑即湯也、說文口部、啺古文唐、从口昜、與湯字形相近、博古圖載齊侯鎛鐘銘曰、虩虩成唐、有嚴在帝所、尃受天命、又曰奄有九州、處禹之都、夫受天命有九州、非成湯其孰能當之、太平御覽八十二、及九百一十二引歸藏曰、昔者桀筮伐唐、而枚占熒惑不吉、博物志六、亦曰、案唐亦即湯也、卜辭之唐必湯之本字、後轉作啺、遂通作湯、然卜辭於湯之專祭、必曰王賓太乙、

惟祭告等乃稱唐、未知其故、桒王說是也、唐殆太乙之謚、史記商本紀、集解引謚法曰、除暴去殘曰湯、風俗通王霸篇、湯者攘也昌也、言其攘除不軌、蓋讀湯如蕩、王桒唐訓大、說文唐大言也、以其字從口、故曰大言、玉篇堯稱唐者、蕩蕩道德至大之貌、論語蕩蕩乎民無能名焉、注蕩大也、古唐湯蕩相通、義皆訓大、攘除之訓殆不然也、

曰大丁、 丁未卜貞王賓大丁歔亡尤

孟子及史記、皆言大丁未立而卒、卜辭中屢見之、豈未立而仍祀以帝禮與、抑前記有誤與、不可考矣、

曰卜丙、 丙子卜貞王賓卜丙歔亡尤

孟子及史記均作外丙、尚書序云成湯既沒、大甲元年、不言有外丙、仲壬、太史公采世本有之、今卜丙之名屢見於卜辭、則孟子與史記為得實矣、

曰大甲、 甲申卜貞王賓大甲□亡□

曰大庚、 己卯卜貞王賓大庚□亡尤

史記作大庚，與卜辭同，竹書作小庚，誤。

曰小甲、 甲辰卜貞王賓小甲彡□□

曰大戊、 之于大戊三牢

曰中丁、 癸未卜貞王賓中丁

曰卜壬、 壬寅卜貞王賓卜壬彡日亡尤

史記作外壬，與卜丙作外丙同。

曰且乙、 貞敹毖于且乙

又有高且乙，上加高字，不知與且乙為一人否。

曰且辛、 癸酉卜之于且辛二牛今日用

曰且丁、 貞告𢓊于且丁

曰南庚、

己亥卜賓貞御于南庚

曰羊甲、

卜求于羊甲

即羊字、說見文字篇、羊甲即史記之陽甲、羊陽古通、漢書古今人表有樂陽、師古注、即樂羊、漢綏民校尉碑、治歐羊尚書、歐羊即歐陽、皆其例矣、

曰般庚、

庚申卜貞王賓般庚[illegible]日亡尤

曰小辛、

甲[illegible]卜貞王賓小辛□亡尤

曰小乙、

甲戌卜貞之于小乙□牢

曰武丁、

丙[illegible]卜貞武丁丁其牢

曰且庚、

庚辰卜貞王賓且庚[illegible]

曰且甲、

癸子卜貞且甲丁其牢茲用

曰康且丁。

丙戌卜貞康且丁丁其牢羊兹用

史記作庚丁。為康丁之譌。商人以日為名。無一人兼用兩日者。又卜辭曰。甲辰卜貞王賓[illegible]且乙且丁且甲康且丁武乙衣亡尤。其文中前已有且丁。後又有康且丁。以商之世次推之。且甲之後武乙之前。為庚丁。則康且丁者。非且丁。乃康丁矣。

曰武乙。

甲子卜貞武乙丁其牢

亦曰武且乙。

甲戌卜貞武且乙□丁其牢兹用

卜辭中有武乙。有武且乙。以康丁之亦作康且丁例之。知武且乙即武乙矣。

曰文武丁。

丙午卜貞文武丁[illegible]丁其牢

以康且丁武且乙例之。知文武丁即文丁。考史記武乙之次為太丁。竹書作文丁。以卜辭證之。竹書是而史記非矣。

又有帝甲。

己卯卜貞帝甲□□其牢且□□之

不知稱何帝名甲者。史記殷本紀之祖甲。三代世表作帝甲。然卜辭中已有且甲。且卜辭於帝甲文後有其眔即逮字且丁語。則帝甲在且丁之前。前乎且丁者有河亶甲有沃甲。皆卜辭所無。或即二者之一矣。

又有曰土。Ω 貞𡆥羊于土九牛

王氏國維曰。卜辭有Ω字。其文曰貞𡆥于Ω三小宰卯一牛。又曰貞求年于Ω九牛。又曰貞𡆥𡆥于Ω。又曰貞于Ω求Ω。即土字。盂鼎受民受疆土之土作土。卜辭用刀鍥不能作肥筆。故空其中作Ω。土。疑即相土。史記殷本紀契卒子昭明立。昭明卒子相土立。相土之字。詩商頌春秋左氏傳。世本帝繫篇。皆作土。而周禮校人注引世本作篇相士作乘馬作士楊倞荀子注引世本此條作土。而荀子解蔽篇曰乘杜作乘馬。呂覽勿躬篇曰乘雅作駕。注。雅一作持。持。杜聲相近。則土是士非。楊倞注荀

子曰、以其作乘馬故謂之乘杜、是乘本非名相土或單名土又假用杜也、然則卜辭之土當即相土矣、

曰季、[illegible] 後上九

王氏國維曰卜辭人名中又有季其文曰辛亥卜□貞季□求王、又曰癸巳卜之于季、又曰貞之于季季亦殷之先公、即冥是也、楚辭天問曰、該秉季德厥父是臧、又曰恒秉季德則該與恒皆季之子、該即王亥恒即王恒皆見于卜辭則卜辭之季亦當是王亥之父冥矣、

曰王亥、[illegible] 後上一 [illegible] 廿六 [illegible] 後上十二 貞于王亥求年

王氏國維謂卜辭之王亥即殷本紀冥之子振其言曰、史記殷本紀冥卒子振立索隱振系本作核漢書古今人表中上垓冥子微垓子、是冥之子、微之父名核、一作垓、史記作振、字之誤也山海經大荒東經有困民國句姓而食有人曰王亥、

而手操鳥，方食其頭。王亥託於有易、河伯僕牛，有易殺王亥，取僕牛。郭注引竹書曰：殷王子亥賓於有易而淫焉，有易之君綿臣殺而放之，是故殷主甲微假師於河伯以伐有易，克之，遂殺其君綿臣也。是山海經之王亥，即竹書之殷王子亥，亦即世本、漢表之核與垓，卜辭王亥正其人也。呂氏春秋審分覽：王氷作服牛。氷乃亥之譌。初學記三十九引世本：胲作服牛。太平御覽八百九十九引世本：鮌作服牛。鮌亦胲之譌，胲又亥之譌也。山海經之僕牛，亦即呂覽之服牛，古僕服同音，蓋王亥始作服牛，有易之君殺而取其牛。山海經所記，與竹書傳聞異辭。楚辭天問：該秉季德，厥父是臧，胡終弊夫有扈，牧夫牛羊。該亦即王亥，有扈與有易，則又傳聞異辭。又云：恒秉季德，焉得夫朴牛。朴牛亦即服牛矣。由此觀之，則戰國時傳說均謂服牛之事始於王亥。相土作乘馬，王亥作服牛，均商之

肙一

先有大功德於民者矣、

曰王恆、太亙 後上九 太亙 十七　貞王恆鍚

王氏國維曰亙、即恆字、說文二部、古文恆从月、而今本作死、从外殆轉寫之誤、疑初亦作亙、詩小雅如月之恆、傳、恆、弦也、亙字从弓、疑亙亙即恆弦之本字也、此王恆與王亥並稱、疑是父子或兄弟、楚辭天問既云該秉季德、厥父是臧、又云恆秉季德、王亥即該、則恆必為王恆矣、

曰上甲、囲 卅三 囲　甲寅酒翌上甲王廿祀

王氏國維曰、魯語上甲微能帥契者也、商人報焉、是商人祭上甲微、而卜辭不見上甲、郭璞大荒東經注引竹書作主甲微、而卜辭亦不見主甲、余由卜辭有匚乙·匚丙·匚丁三人名、其乙丙丁三字、皆在匚或コ中、而悟卜辭中凡數十見之囲或作囲、即上甲也、卜辭中凡田狩之田字、其口中橫直二筆、皆與其四

旁相接而人名之田則其中橫直二筆或其直筆必與四旁不接與田字區別較然田中十字即古甲字甲在口中與匚冂之乙丙丁三字在匚或コ中同意上或加一作亩上加一者古六書中指事之法一在田上與二字古文上字之一在一上同意去上甲之意尤近細觀卜辭中記田或亩者數十條亦惟上甲微始足當之王棨王說是也亩即上甲二字合文許書帝古文作帝注古文諸上字皆从一篆文皆从二二古文上字考之卜辭及古金文帝示諸文或从一或从二知古文二亦作一卜辭中亦有作亩者尤上甲合文之明證矣

曰匚、司後上八司後上八囚一五十三 丁亥卜貞王賓匚彡日亡尤

亦曰示丁、祊菁九祊後上一

亦曰示羊丁、祊五八

亦曰丁、囗一五三 丙辰卜賓貞旬工丁十宰牛十羊二月

曰匚、[illegible]後上八 [illegible]後上八 [illegible]後上八　貞于匚告[illegible]方

亦曰乙、[illegible]後下四二　丙子卜[illegible]貞乙用一牛

曰匚、囚、後上八　丙申卜旅貞王賓匚[illegible]

商代帝王之名，曰名之上皆冠以他字，如大乙、大甲之類。茲三名不冠字而加匚以識别之，初不能定為何人。考殷本紀載微子報丁、報丁子報乙、報乙子報丙，意此匚匚匚三人者必報丁、報乙、報丙矣。

曰示壬、[illegible]　壬申卜貞王賓示壬[illegible]日亡尤

丁工　工工

曰示癸、[illegible]　癸酉卜貞王賓示癸多亡尤

則湯之先世及其祖若考矣。殷本紀報丙子主壬、主壬子主癸、主癸子天乙，此示壬、示癸當即主壬、主癸，與報丁之稱示丁正同，殆湯有天下後，以神

之禮祀之，其猶周之追王矣。

又卜辭中所祀之祖，或以妣配食，其可徵者十有六。

示壬之配曰妣庚。（卜貞示壬奭妣庚）

凡殷人所祀之祖稱之曰王賓（說見禮制篇）所配食之妣稱之曰奭（即赫字，說見文字篇）亦有祀祖不配以妣者，亦有祀妣不及祖者。

示癸之配曰妣甲。（口口口口口賓示癸奭妣甲𦎫日口口）

大乙之配曰妣丙。後（丙寅卜貞王賓大乙奭妣丙𦎫日亡尤）

大丁之配曰妣戊。後上（戊戌卜口賓大丁奭妣戊祟）

大甲之配曰妣辛。後上 後上 後上（辛卯卜貞王賓大甲奭妣辛彡日）

大庚之配曰妣壬。後上 後上（壬午卜貞王賓大庚奭妣壬𦎫亡尤）

大戊之配曰妣壬。後上 後上（壬寅卜貞王賓大戊奭妣壬𦎫口亡尤）

中丁之配曰妣癸。（癸丑卜貞王賓中丁奭妣癸彡日亡尤）

且乙之配曰妣己。後上 後上（丁未卜貞王賓且乙奭妣己彡日亡尤）

又曰妣庚、後上三 後上三 後上 庚午卜貞王賓且乙奭妣庚𡆥亡尤

且辛之配曰妣庚、後上三 庚子卜貞王賓且辛奭妣庚彡日亡尤

且丁之配曰妣己、後上 貞王賓且丁奭妣己𡆥亡尤

又曰妣癸、後上三 □未卜貞□賓且丁□妣癸𡆥亡尤

羊甲之配曰妣甲、後上四

小乙之配曰妣庚、後上四 庚午卜貞王賓小乙奭妣庚𡆥日亡尤

武丁之配曰妣辛、後上四 □卯卜貞王賓武丁奭妣辛𡆥日亡尤

又曰妣癸、 癸丑卜貞王賓武丁奭妣癸𡆥亡尤

又曰妣戊、後上四

且甲之配曰妣戊、 戊寅卜貞王賓且甲奭妣戊彡日亡尤

康丁之配曰妣辛、後上四 後上三 辛子卜貞王賓康丁奭妣辛□亡□

諸帝皆一配、且乙、且丁二配、武丁三配者、猶少康之有二姚與、抑先祖而後繼與、不可知矣、

人名弟三、

卜辭中人名於前篇所列帝王之名前籍可徵者外、更得九十、

曰且丙、 □子貞且丙

曰且戊、 戊戌卜旅貞其戊□三中羊

曰且卯、 貞□且卯

曰父甲、 貞隹父甲□

曰父乙、 貞□□御于父乙

曰父丁、 丙午卜貞其月于父丁

曰父戊、

曰父己、 己酉□且辛二牛父己二牛

曰父庚、 貞之于父庚

曰父辛、 父辛不□

曰父寅、 丁丑貞其父寅

曰父卯、　之父卯

曰妣乙、　貞于妣乙二牢

卜辭中字或倒書之前之般庚般字倒書此則匕乙二字皆倒書

曰高妣丙、　癸未貞其求之于高妣丙

曰妣丁、　口卯口口妣丁

曰高妣己、　貞口之于高妣己高妣庚

曰高妣庚、　貞之于高妣庚

曰妣壬、

曰妣己、　庚子卜王甲妣甲妣己妣癸

曰妣戊、　貞御其妣戊

凡稱妣某殆皆帝王之妃匹、其配食者得知為何帝之妃、列之前篇、其不知為何帝之妃者、則列之此篇。

曰母甲、　一　六　之母甲母辛

曰母丙、　一　六　一　六　貞于母丙　御

曰母丁、　一　六　口于母丁

曰母戊、　後上　六　其出于母戊

曰母己、　一　六　一　六　一　六　用三小牢于母己

曰母庚、　一　一　一　卅　貞之于母庚　二半

曰母辛、　一　卅　一　卅　一　卅　一　六　七　後上　口午卜貞口之　母辛

曰母壬、　一　卅　七　後上　七　後上　七　口口母壬　七

曰母癸、　一　卅　一　卅　一　卅　癸酉卜貞王賓母癸　七

曰母巳、　卅一　口母巳于

卜辭中辰巳之巳皆作子、作了者此為僅見、

曰兄甲、　卅八　丁口之兄甲

曰兄丁、　一　卅九　一　卅九　一　卅九　一　卅九　貞于兄丁　御

曰兄戊、[illegible] 乙亥兄戊

曰兄己、[illegible] 後上七 己丑卜行貞王賓兄己歲叡亡尤

曰兄庚、[illegible] 後上七 貞兄庚歲眔庚己其牛

曰兄辛、[illegible] 後上七 囗囗囗其禱兄辛

曰兄壬、[illegible] 後上七 甲申卜即貞其王于兄壬于母辛宗

曰兄癸、[illegible] 後上七 叡兄癸

商家以日為名、殆即取十幹或十二枝一字為之、不復加他字、金文中每有日甲自乙等是也、而帝王之名、稱大甲小甲大乙小乙大丁中丁者、殆後來加之、以示別、蓋有商一代帝王、就史記所載三十人中、以甲名者六、以乙名者五、以丁名者六、以庚名者四、以辛名者四、以壬名者二、惟以丙與戊己名者僅一帝耳、使不加字、後來史家記事無以別、為何代何帝矣、然在嗣位之君、則承父者逕稱其所生為父某、承兄者

遲稱其所先者為兄某則當時已自了然故疑上所列曰父某兄某者即前篇所載諸帝矣後編上有曰父甲一牡父庚一牡父辛一牡三人在一段中初疑一人何得承三父則予前承父者稱父ム之說似頗不合嗣考史記殷本紀湯甲卒弟盤庚立盤庚卒弟小辛立小辛卒弟小乙立小乙卒子武丁立知此父甲父庚父辛者即陽甲盤庚小辛皆武丁諸父故均稱父ム此不但與予說不相戾且為確證矣

曰己、巳 後上九 庚午卜貞于己十月

曰庚、[illegible] 後上九 [illegible] 鐵廿二 乙丑卜王于庚吉

曰戊、[illegible] 後上八

曰羌甲、羌 後上十八 羌 菁 [illegible] 十九

或省甲字羌或增口殆是一人

曰甲介、十[illegible] 四三十 [illegible] 後上廿三 貞于甲介御[illegible]

曰兆甲、兆十 四二 癸丑卜[illegible]貞王旬亡[illegible]十二月甲寅[illegible]兆甲日[illegible]

曰下乙、[illegible] 後上八 貞唐于下乙十一月才

曰小丁　丁卯卜旅貞其□□□小丁三月

曰𤰈戊　□貞□于𤰈戊

曰盡戊　貞之于盡戊

曰中己　後上八　己酉卜□貞□其又中己□

曰南壬　四五　丙午卜貞南壬□□

曰寅尹　貞之于寅尹

曰娥卯　貞之犬于娥卯彘

曰上巳　後上八　貞上巳受我又

曰中己　後上八　□酉卜貞中己□其

曰□戊　四五　貞□戊

或以十干、或以十二支、皆以日為名者也、白虎通殷以生日名子、不以子丑為名、然卜辭中以十二枝為名者不少、王亥以外、若寅尹、若且卯、父卯、娥卯、若上巳、中

已妣已母已、若戌與戊戌、皆以十二支名者也、

亦有不以日名者、

曰彈、[甲骨文]五八 [甲骨文]五九　癸卯卜貞彈鬯百牛百口

亦曰示彈、[甲骨文]六一 [甲骨文]六二　貞其[甲骨文]妣乙壬寅示彈隹王口八月

曰杏、[甲骨文]四七一　貞之杏

曰蒦、[甲骨文]四九一 [甲骨文]四九一 [甲骨文]四九一 [甲骨文]六七　貞之于蒦

曰[甲骨文]、[甲骨文]六一 [甲骨文]六七　辛酉卜王貞于[甲骨文]

此與前書法頗異、姑析為二、或係一人、

曰浴、[甲骨文]五一　貞于浴用

曰之、[甲骨文]三一 [甲骨文]四三　口吕貞于之

曰賁、[甲骨文]三一 [甲骨文]　貞之于賁

曰[甲骨文]、[甲骨文]四六 [甲骨文]四八　貞于[甲骨文]

曰昌、[甲骨文]四九　壬午卜殻貞于昌

月一

曰兕、□五十三□ 貞勿尞于兕

曰蚰、□四□五二□四□五五 辛卯卜尞于蚰

曰羔、□一□五十□一□五十□一□五十□一□五十□一□五十□一□五十 貞勿尞人于羔

曰熊、□後上九 庚申卜貞王賓熊亡尤

曰□、六□後上□後上廿三 甲午卜貞尞于□

曰□、後上九 丁卯卜㱿貞王𡎐吉于□二月

曰□、五二 貞于□

曰□、四七 癸未卜貞尞于□十口小牢卯十牢羊 十二月

曰□、四七 貞之于□

曰□、五二 貞州牛于□

曰□、後上九 貞之于□

曰□、四八 貞于□先□一月

曰□、五一 貞于□

曰□、後上九　貞□于□

曰□、後上九　乙丑卜王于□吉

曰□、四二六　貞□□角九月

曰□、二六　己未卜□羊□人卯十牛

曰□、二六　庚辰卜□貞□牛二□

曰多介、□□□□□一　□王多介不風

曰多介父、□□□□□□□□□□□一　貞□之犬于多介父

曰多父、□□四六一　戊子卜于多父旬

以上三名、似為一人、姑析書之、

曰王矢、□□□□□□□□四　後下　貞□□王矢三□

亦曰矢、□四八一　辛酉卜□貞于矢先□一月

曰三□、三□後下卅三　癸酉卜求年于三□

皆於前籍靡有徵矣、其名臣之名、見於卜辭者三、

自一

曰伊尹、後上八 丙午貞又彡歲于伊尹二牢

亦曰伊、後上 後上 癸巳貞又彡伐于伊其五大乙彡

曰咸戊、 貞之于咸戊

亦曰咸、 癸酉卜之于咸六月

伊尹咸戊之名、或但舉一字曰伊曰咸、又白虎通姓名篇臣名亦得甲乙生日名子、殷有巫咸有祖已也、王氏經義述聞云、巫咸今文作巫戊、白虎通用今文尚書、故與古文不同、後人但知古文之作咸、而不知今文之作戊、故戊為咸耳、今卜辭有咸戊、殆即巫咸矣、

曰且己、 己卯卜貞王賓且己𩰫日亡尤

其於且己也、尊之曰王賓、與帝王同、書般庚云、茲予大享于先王、爾祖其從與享之、證之卜辭、益徵信矣、

地名第四

地名之見於卜辭者凡二百三十、綜其類十有七、曰王在某、曰𢓊于某、曰至于某、曰往于某、曰出于某、曰步于某、曰入于某、曰田于某、曰狩于某、曰敺于某、曰舟于某、曰在某次、曰于某、曰從某、曰伐某、曰征某、曰某方、其字或可識、或不可識、然以其文例考之、確知其為地名矣、其稱王在某者九十有五、

曰亳、 後上九　甲寅王卜在亳貞今日□鴻亡巛

曰旁、 三二　癸亥王卜在旁貞□亡𡆥王□曰吉

曰安、 後上九

曰樂、 菁　後上十　癸亥卜才樂貞王旬亡𡆥

曰反、 四二　癸子卜才反貞王旬亡𡆥

曰帛、 十二　癸酉卜才帛貞王旬□

曰白、 五二　庚申□□才白貞□□亡□

曰余、 十三　十三　辛□卜才余隻馬

曰雇、 四二 六二 後上十三　癸亥卜寅貞王旬亡猷在九月正人方在雇

曰木、 二十五又後上十三

曰林、 八二

曰谷、谷 五二　口丑卜賓口在谷口口

曰轡、 五二　壬寅卜在轡貞王步于口亡巛

曰卯、 十二　卜在卯王步口亡巛

曰鬥、 九二 九二　丁未酒口巛在鬥

曰敝、 後上十　壬在敝

曰逢、 菁 後上十　癸未卜在逢貞王旬亡猷

曰趞、 八二 菁　丙戌卜在趞貞令口口王步于口亡巛

曰叉、 九二　口口卜在叉貞口口口口口亡巛

曰膏、 十五二

曰垦、 後上十　口口卜在垦口口亡猷

曰萛、 二十五

曰鳳、 二十九　□□𢓊□□□㞢□□□才鳳□□入方

曰鳴、 二九　乙卯王卜在鳴貞今日□于敫亡□

曰冀、 二十八

曰澫、 二十二

曰潢、 五二 六二　乙亥卜才潢貞王今月亡𡆥

曰甾、 八二　庚寅卜才甾王步于𩰫□中

曰勤、 七二 七二 八二 後上十二

曰敢、 九二 九二　隹□才敢

曰㝵、 菁 後上十五

曰徐、 六二

曰澧、 六二

曰濼、 後上三 三二

曰子、

曰杏、

曰臭、

曰⿰氵臬、

曰汱、

曰麦、

曰攸、

曰⿱𠂊⿱田酉、

曰上⿱𠂊⿱田酉、

曰⿸广秝、

曰⿰食木、

曰⿹𢦏食、

曰洒、

曰交、

曰爵、

曰桒、

曰八桒、八

曰沚、沚

曰羲、

曰潒、

曰蒦、

曰[illegible]、

曰[illegible]、

曰[illegible]、

曰[illegible]、

曰[illegible]、

曰[illegible]。

曰[illegible]。

曰[illegible]。

曰[illegible]。

曰[illegible]。

曰[illegible]。

曰[illegible]。

曰[illegible]。

曰[illegible]。

曰[illegible]。[illegible]

曰[illegible]。

曰[illegible]。

曰[illegible]。

曰[illegible]、[illegible]

曰[illegible]、[illegible][illegible][illegible]

曰[illegible]、

曰[illegible]、

曰[illegible]、

曰[illegible]、[illegible]

曰[illegible]、

曰[illegible]、[illegible][illegible]

曰[illegible]、[illegible][illegible][illegible]

小子射鼎在[illegible]餗即此地也卜辭中地名見金文者僅此與

下召字耳

曰[illegible]、

曰[illegible]、

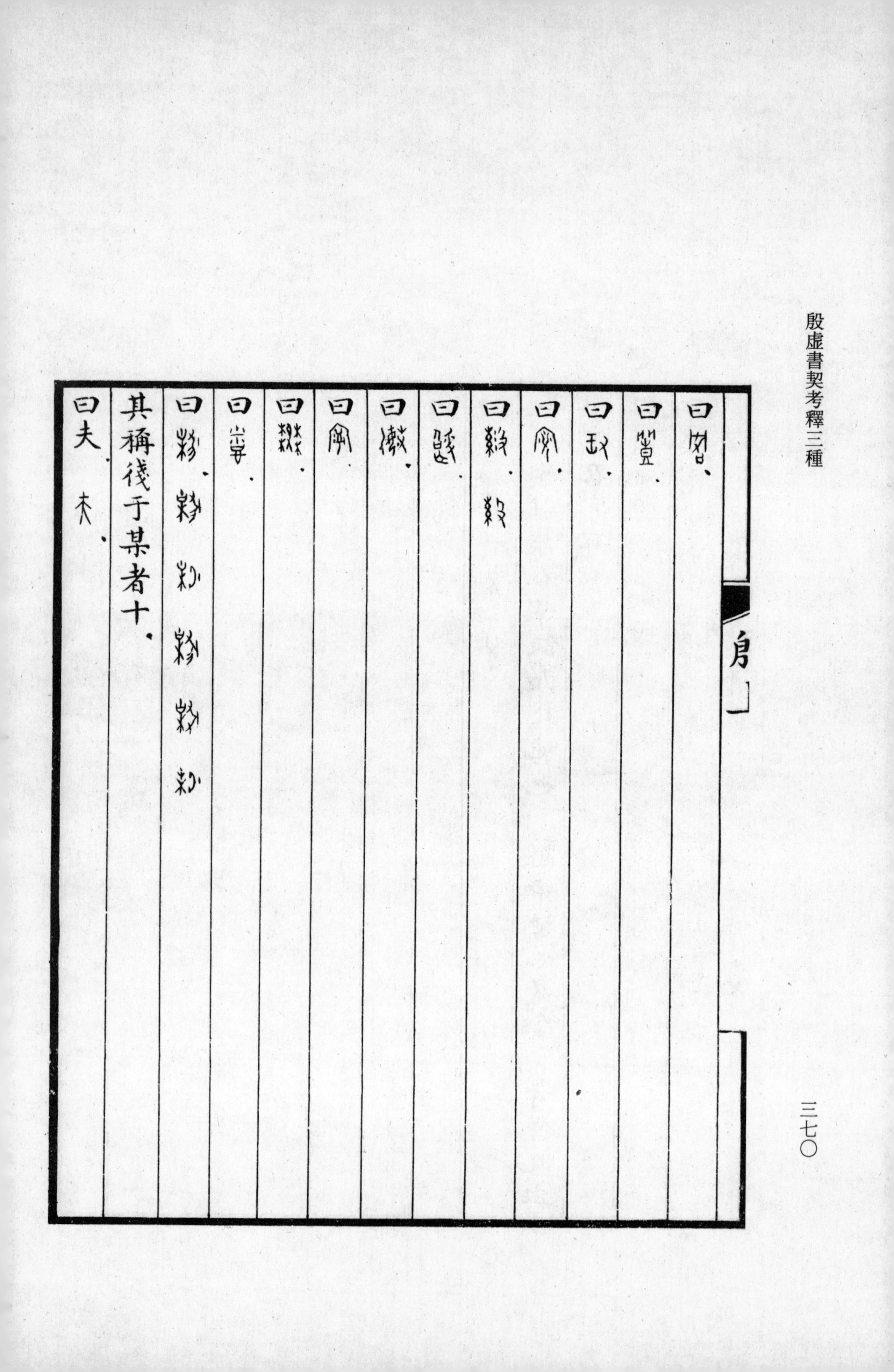

曰[illegible]、

曰[illegible]、

曰[illegible]、

曰[illegible]、

曰[illegible]、[illegible]

曰[illegible]、

曰[illegible]、

曰[illegible]、

曰[illegible]、

曰[illegible]、

曰[illegible]、[illegible][illegible][illegible][illegible]

其稱伐于某者十、

曰夫、大、

曰射。射。
曰向。向、向
曰宮。宮、
曰雝。雝 雝 雝 雝
曰淮。淮 淮 淮 淮 淮
此疑與雝為一字省口耳
曰召。召 召 召 召 召 召 召 召
此地名亦見己酉方彝博古圖卷十字作召、
曰陎、陎
曰鼎、
曰㞢、㞢
其稱至于者四、
曰盂、盂 盂 盂

曰龏、[illegible]

曰[illegible]、

曰[illegible][illegible]、

其稱往于者五。

曰甘、甘、

曰休、休、休

曰乙、

曰[illegible]、

曰[illegible]、[illegible]

其稱出于者二。

曰叀、[illegible][illegible]

曰[illegible]、[illegible][illegible]

此字亦見古金文，吳中丞大澂以為穗敦穗尊者，其文作[illegible]、

[illegible]敦文、尊文與此殆一字，吳釋穗未安。

其稱步于者二十有一。

曰𦎫、

曰陴、

曰杞、

曰庲、

曰𡪺、

曰謝、

曰良、

曰鳥、

曰牢、

曰[illegible]、

曰[illegible]、

此與帚疑一字、

曰彭、彭

此字亦見乙爵

曰[illegible]、[illegible]

曰[illegible]、

曰[illegible]、

曰[illegible]、

曰[illegible]、

曰[illegible]、

曰[illegible]、

曰[illegible]、

曰[illegible]、

其稱入于者二、

曰商、

曰筧、

其稱田于者四十有八、

曰高、

曰斿、

曰衣、

曰麥、

曰大、

曰天、

曰羊、

曰羔、

曰雞、

曰盂、

𠂤一

曰奚、

曰殸、

曰鬖、

曰戲、

曰發、

曰妻、

曰書、

曰浂、

曰溷、

曰公、

曰盖、

曰廛、

曰傅、

曰璔、

曰率、

曰鼡、

曰雈、

即蒦字

曰虘、

曰盉、

曰萬、

曰家、

疑即浴字去皿加宀

曰先矦、

曰勺麓、

曰屮、

貞

曰[illegible]、

曰[illegible]、[illegible][illegible]

曰[illegible]、[illegible]

曰[illegible]、

曰[illegible]、

曰[illegible]、

曰[illegible]、[illegible][illegible][illegible]

曰[illegible]、

曰[illegible]、

曰[illegible]、

曰[illegible]、

曰[illegible]、

曰[illegible][illegible]、

曰□。

其稱狩于者一。

曰乂、□。

其稱毆于者一。

曰槖、□

其稱舟于者二

曰滴、□

曰□。

其稱在某次者十有六。

曰齊、□□

曰霍、□□

曰受、□

曰虎、□

曰燓、

曰剿、

曰滲、

曰[illegible]、

曰[illegible]、

曰[illegible]、

曰[illegible]、

曰[illegible]、

曰八、

曰[illegible]、

曰[illegible]、

曰[illegible]、

其稱于某者、凡稱于某者、皆于上有缺字、不能知其爲伐于往于等也、其地名上有缺字者亦附此後、六、

曰栗、

曰湨、

曰[illegible]、

曰[illegible]、

曰[illegible]、

曰[illegible]、

其稱從某者一、

曰𢦏、

其稱伐者八、

曰冀、

曰棘、

曰[illegible]、

曰[illegible]、

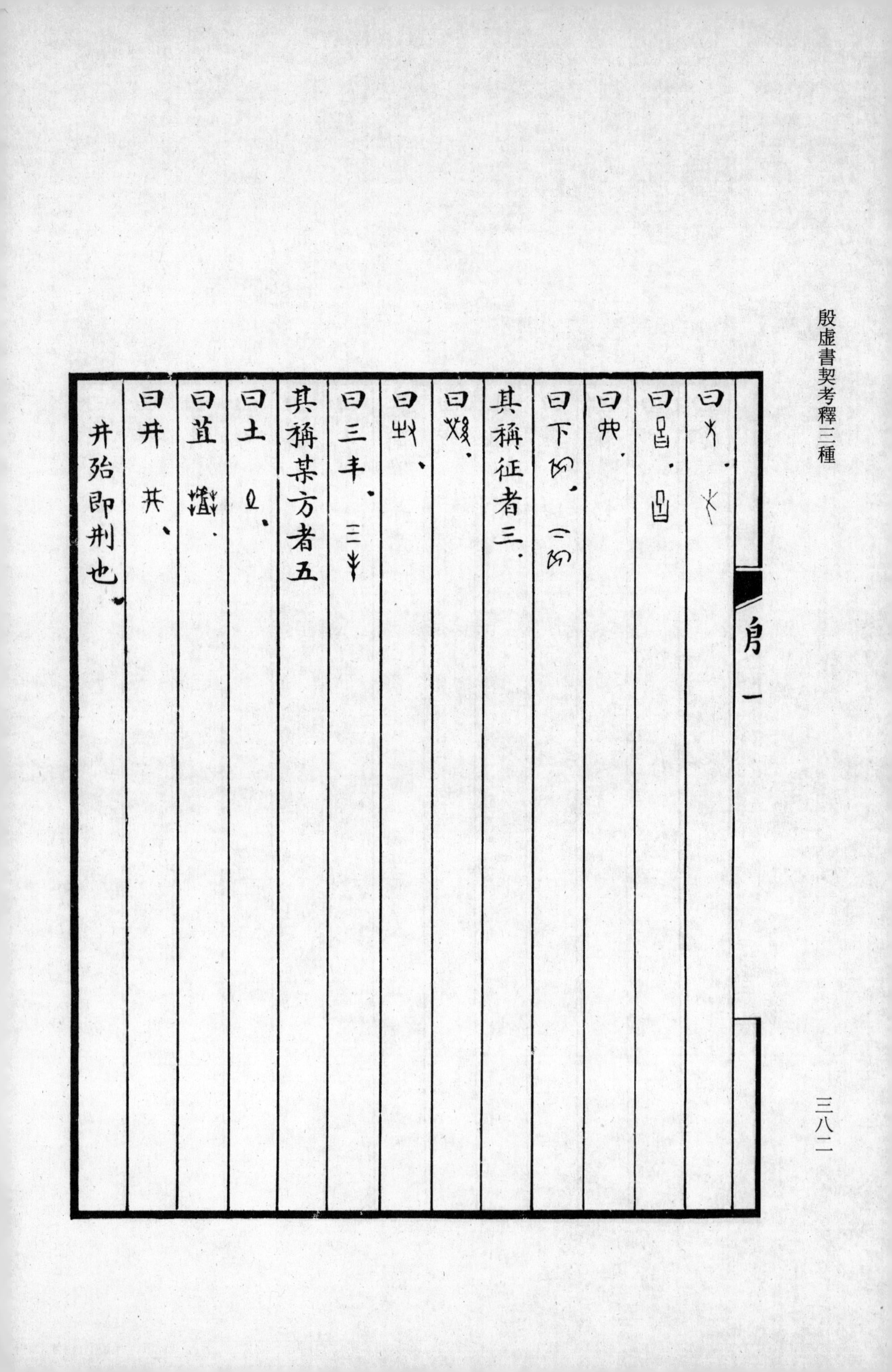

曰[illegible]、[illegible]

曰吕、吕

曰央、

曰下𢀛、二𢀛

其稱征者三、

曰[illegible]、

曰[illegible]、

曰三丰、三[illegible]

其稱某方者五

曰土、[illegible]、

曰苴、[illegible]、

曰井、井、

井殆即刑也。

曰洗。𣶃

曰二丰。二丰

凡是者多不能定為後世何地。雖周季列國地名亦頗有與上諸地同者。然文不足徵。未敢臆斷矣。

殷虚書契考釋卷上

肙一

男福頤恭校

殷虛書契考釋卷中

上虞　羅　振玉

文字弟五

卜辭中文字有形聲義胥可知者有僅得知其形與義者有形聲義胥不可知而與古彝器款識同者今述其形聲義胥可知者為文五百六十

曰一　一

曰二　二

曰三　三

古金文一二三字均與此同說文解字一二三之古文作弌弍弎乃晚周文字錢先生大昕汗簡跋云作字必先簡而後繁有一二三然後有从弋之弌弍弎而叔重注古文於弌弍弎之下以是知許所言古文者古文之别字非弌古於一也

曰三、 三

說文解字、四之古文作𠔾、籀文作亖、金文中四字皆作亖、無作𠔾者、𠔾亦晚周文字、錢先生所謂古文之別字矣、凡許書所載古文與卜辭及古金文不合者、皆晚周別字也、

曰五、 㐅

說文解字五古文作㐅、

曰六、 介 介 ∧ 𠆢 ∩

六字作∧、傳世尖足小布幕後紀數有之、前人不能定其為六為八、今卜辭有自一至八順列諸數者、得確定為六字、

曰七、 十

古文七字皆作十、無同篆文作ㄘ者、古金文中七字至罕見、惟尖足小布幕紀數字七皆作十、與卜辭正合、直至漢器銘識尚爾、汾陰鼎有十十枚之文、宋人誤釋為二十、阮相國元

釋大官銅壺銘亦同此誤。卜辭中凡十字皆作｜。（尖足小布亦然）七字皆作十，判然明白。漢人十字作十。（古金文多作｜）七字作十。以橫畫之長短別之。吳中丞大澂說文古籀補載古刀幣中ㄘ↓ㄘ等字，謂是七字，則又誤以九爲七矣。

曰八。八 八

曰九。[archaic forms]

曰十。｜

卜辭中十字至多，不遑備舉。其紀月者則十月作[archaic form]又作[archaic form]十一月作[archaic form]又作[archaic form]十二月作[archaic form]又作[archaic form]十三月（有閏之年則卜辭有十三月）作[archaic form]又作[archaic form]其紀物數者則十一作｜一。十五作[archaic form]又作[archaic form]十六作｜∧。

曰廿。[archaic forms]

曰卅。[archaic form]

卷中

曰卌、[glyph] [glyph]

說文解字有廿丗、而無卌、博古圖卷十七載敔敢有[glyph]之文、[glyph]即訊卌矣。宋人誤釋作僕白。召鼎卌秭之卌、亦作[glyph]、與卜辭同。凡數在二十三十四十以上者、卜辭皆用廿丗卌字、如二十人作[glyph]、二十五作[glyph]、四十一作[glyph]、四十八作[glyph]。

曰百、[glyph] [glyph]

卜辭中記數、一百作百、其二百以上則加畫於百上而合書之、二百作[glyph]、三百作[glyph]、五百作[glyph]、六百作[glyph]、與古金文同。

曰千 [glyph] [glyph] [glyph]

卜辭中凡數在千以上者、則加數於千字之中間、二千作[glyph]、三千作[glyph]、又作[glyph]、五千作[glyph]、博古圖卷二十二載齊侯鎛戜從四千作[glyph]、原釋三千、余意是四千也。盂鼎宣城李氏藏者萬三千八十一人、三千亦作[glyph]、與卜辭同。

曰萬 [glyph] [glyph]

說文解字、萬蟲也从厹象形、不言何蟲、而卜辭及古金文中[glyph][glyph]等形、均象蝎、不从厹、金文中或作[glyph]、石鼓文始作[glyph]、失初狀矣、段先生玉裁云从厹蓋其蟲四足像獸依後來字形為說、失之彌遠、

曰甲、十

古金文均作十、說文解字甲古文作[glyph]、

曰乙、乚 乚

曰丙、[glyph] [glyph]

曰丁、口 ○

曰戊、[glyph] [glyph] [glyph]

曰己、己 [glyph] 巳

曰庚、[glyph] [glyph] [glyph] [glyph] [glyph] [glyph] [glyph] [glyph] [glyph]

三

曰辛。[illegible] [illegible]

曰壬。工

曰癸。[illegible] [illegible]

曰子。[illegible] [illegible] [illegible] [illegible] [illegible] [illegible] [illegible] [illegible] [illegible]

說文解字子古文作[illegible]、籀文作[illegible]卜辭中子丑之子皆作[illegible]、或變作[illegible]以下諸形從無作子者。[illegible]與許書所載籀文[illegible]字頗近、但無兩臂及几耳。召伯虎敦作有臂而無几、與卜辭亦略同、惟[illegible][illegible]等形則亦不見於古金文、蓋字之省略急就者。秦省篆書繁縟而為隸書、予謂古人書體已有繁簡二者、試觀書契卷三第四五諸葉可知其概矣。

曰丑。[illegible] [illegible] [illegible] [illegible] [illegible]

曰寅、[illegible] [illegible] [illegible] [illegible] [illegible] [illegible] [illegible] [illegible] [illegible] [illegible]

說文寅古文作[illegible]卜辭中寅字屢變、與古金文亦全異、去許書所謂古文者逾遠矣。

曰卯。

曰辰。

說文解字辰古文作□。

曰巳。

卜辭中凡十二枝之巳皆作子。與古金文同。宋以來說古器中乙子癸子諸文者。異說甚多。殆無一當。今得干支諸表。乃決是疑。然觀卜辭中非無巳字。又汜妃祀改諸字並從巳。而所書甲子則皆作子。惟母巳作巳。僅一見。此疑終不能明也。

曰午。

曰未。

曰申。

說文申古文作□。籀文作□。吳中丞大澂因篆文作申。遂謂子𠙵且乙角之𠙵，盂𠙵鼎之𠙵，均即中字。今案𠙵象兩手持杵形，雖不能知其為何字，其義與舂字所从之𦥑同。𠙵字亦然，均非中字也。附正之於此。

曰酉、酉 酉 酉 酉 酉 酉

說文解字，酉古文作丣。

曰戌、戌 戌 戌 戌 戌

卜辭中戌字象戉形，與戉殆是一字。古金文戌字亦多作戉，仍未失戉形。說文解字作戌，云从戊含一。於是與戉乃離為二矣。

曰亥、亥 亥 亥 亥 亥 亥

說文解字亥，古文作𠀅，與晚周古金文略同。

曰天、天 天

說文解字，天從一大。卜辭中有从二者，二即上字。大象人形

人所戴爲天天在人上也、許書从一、猶帝示諸字从二、亦从一矣、

曰日、

說文日古文作⊙、案日體正圓卜辭中諸形或爲多角形、或正方者、非日象如此、由刀筆能爲方不能爲圓故也、

曰月、

作☽者亦見子璋鐘、

曰望、

說文解字、望、月滿與日相望以朝君也、从月从臣从𡈼、古文望省作𡈼、此與許書合、

曰雨、

說文解字雨古文作𠷊、

曰霖、

曰靁、[字形][字形][字形]

曰雪、[字形][字形]

說文解字雪从雨彗聲、卜辭从二又、雪為凝雨、得以手取之、

曰電、[字形][字形][字形]

說文解字電古文作䨏、此从[字形]象電形、⺌象雨點、雨與電相將也、卜辭中又有作[字形]者、疑亦電字、

曰晨、[字形]

曰夙、[字形][字形][字形]

說文解字夙古文作𠈖㐨二形、卜辭从夕丮、與許書之夙正同、篆文之丮、卜辭及古金文皆作[字形]、象執事形、

曰晝、[字形][字形]

象日光輝四射之狀、後世篆文將此字所从之[字形]、引長之而作[字形]、上又增聿、形義全晦、於是許君遂以隸畫部而為與夜

為界之説矣、

曰昃、

从日在人側、象日昃之形、即説文解字之昃、徐鉉云今俗別作昃非是、今以卜辭證之、作昃者正是昃之古文矣、

曰朝、

此朝暮之朝字、日已出茻中、而月猶未沒、是朝也、古金文娋从𠦝、後世篆文从倝舟聲、形失而義晦矣、古金文作𦩍𦩎、从𠦝娋从巛、象百川之接於海、乃潮汐之專字、引申為朝廟字、

曰莫、

从日在林中、从林、與許書从茻同、卜辭从茻从林多不別、如囿字作圃亦作圍矣、

曰明、

說文解字、朙古文作□、證以卜辭、則朙明皆古文、

曰旬、□ □ □ □ □ □ □ □ □ □ □ □ □ □ □ □

王氏國維曰、使夷敦云金十□、䢅敖敦蓋云金十□、說文解字鈞之古文作□、是□□即□字、□即旬矣、卜辭又有□之二日語、亦可證、予編搜卜辭、凡云貞旬亡囚者、皆以癸日卜、殷人蓋以自甲至癸為一旬、而於上旬之末、卜下旬之吉凶、云亡囚者、猶易言旬無咎矣、日自甲自癸而一編、故旬之誼引申為偏、爾雅釋詁、宣、旬、偏也、說文訓裹之勹、實即此字、後世不識、乃讀包、殊不知勹乃旬之初字、軍字从車从勹、亦會意兼形聲也、博古圖聘鐘鈞作□、即說文匀字、

曰歲、□

从步戌聲、說文解字作戌聲、卜辭中又有□字、亦作□、以歲

字例之、當為歲月之月本字、作月者、日月之本字、然卜辭中凡某月已借用日月之月、而罕用本字之肎矣、

曰京、

曰邑、

說文解字、邑、从囗从卪、案凡許書所謂卪字考之卜辭及古金文、皆作人象人跽形、邑為人所居、故从囗从人、猶畐為倉廩所在、故从囗从㐭、

曰邦、

王氏國維曰、說文解字、邦古文作𡊨乃𡊨之譌、𡊨从田丰聲、與邦之从邑丰聲、籀文封之从土丰聲同、

曰啚、

此即都鄙之本字、說文解字以為啚嗇字、而以鄙為都鄙字、考古金文都鄙字亦不从邑、从邑者後來所增也、雖白彝圖

字作啚、與此同卜辭啚字或省口觀倉廩所在亦可知為啚矣、

曰行、卝 行 行 衜 行

卝象四達之衢、人所行也石鼓文或增人作衜、其義甚明由卝而變為行形已稍失、許書作行、則形義全不可見、於是許君乃釋行為人之步趨、謂其字从彳从亍、失彌甚矣古从行之字或省其右作彳或省其左作亍許君誤認為二字者、蓋由字形傳寫失其初狀使然矣、父辛觶亦作卝、與卜辭合、訓宮中道之𡩜字正从此、許君謂从囗象宮垣道上之形、不知囗但象宮垣、而象道路者乃在囗內之卝字也、作衜與石鼓文同、作彳則省行之半、義已明矣、

曰田、田

曰圃、[illegible] [illegible]

說文解字囿籀文作圞石鼓文囿字亦作圞與卜辭同或从𦽔與𣛧同意

曰囿、𤰔 𤰔

御尊蓋有圞字吳中丞釋囿此作𤰔象田中有蔬乃囿之最初字後又加囗形已複矣

曰𤰃 [古文]

說文解字𤲬从田象耕屈之形或省作𤰃此與許書或體同知許書之或體中每有古文矣

曰疆、畕

說文解字畕比田也畺界也从畕三其界畫也或从彊土作疆案此从弓从畕吳中丞曰儀禮鄉射禮侯道五十弓疏云六尺為步弓之古制六尺與步相應此古者以弓紀步之證古金文亦均从弓知許書从彊土之或作非也又此从畕象

二田相比，界畫之義已明，知畕與畺為一字矣。

曰土。

古金文土作，此作者，契刻不能作粗筆，故為匡廓也。

曰埜。

說文解字野从里予聲，古文作壄，从里省从林，則許書之古文亦當作埜，不从予聲，許於古文下並不言予聲也，今增予者，殆後人傳寫之失，許書字本不誤，而為後人寫失者多矣。玉篇埜（林部）、壄（土部）並注古文野，殆埜為顧氏原文所見許書尚不誤，壄則宋重脩時所增也。

曰蔖。

从茻虘聲，虘即且，殆即孟子驅蛇龍而放之菹之菹。

曰林。

曰森。

曰麓。[甲骨字形]

說文解字麓古文从彔作禁。此从录。乃古文彔字。古金文皆如此。卜辭禁字又或从二林。

曰𠂤。[甲骨字形]

說文解字𠂤。古文作[字形]。

曰谷。谷谷谷

曰水。[甲骨字形]

曰川。[甲骨字形]

象有畔岸而水在中。疑是川字。

曰衍。[甲骨字形]

說文。衍。水朝宗于海也。从行从水。此从川。示百川之歸海。義彌顯矣。或省行作彳。或又省巛作巜。或變巛作巛。古金文朝字从此。枯衍敢蓋有[字形]字。與卜辭略同。

曰派、

此當是水之流別之𠂢字。从彳象川之中流有旁歧。十象幹流出旁枝。⺡則水之象也或省⺡。知𠂢派本一字許君分為二非也。又此字之形狀為𠂢字殆無可疑。而文頗難解疑假用為他字矣。𠂢字亦見大保敨。

曰益、

象皿水益出之狀。⺡象水形或从凵者所謂盂圓則水圓。巜則象涌益者也。又卜辭中有𥁐字象注水皿中之狀。疑是注字未敢確定附記於此。

曰泉、

說文泉水原也象水流出成川形。此从⺡、象从石罅涓涓流出之狀。古金字原字从泉散盤與此略同。新莽錢文曰大泉五十泉字作泉尚略存古文遺意。

曰巛、巛 巛 巛 巛 巛 巛 巛 巛 巛 巛 巛 巛

象水壅之形，川壅則為巛也。其作巛巛等狀者，象橫流氾濫也。

曰州、州

說文解字州古文作州，與此同。散氏盤亦作州。今許書作州者，傳寫譌也。州為水中可居者，故此字旁象川流，中央象土地。

曰汜、汜、

曰澫、澫 澫 澫 澫

从水从萬。石鼓文澫有小魚，殆即許書之砅字。砅或作濿，考勉勵之勵，粗糲之糲，蛙蠣之蠣，許書皆从萬，作勱糲蠇。以此例之，知澫即濿矣。說文勱注讀與厲同，段先生曰厲亦萬聲，漢時如此讀，亦其證也。澫為淺

水。故有小魚。許訓履石渡水亦謂淺水矣。

曰潢。

从〻即水省。卜辭从水之字多省作〻。說文解字彳行也。从彳从水省从攴。是許君時。〻為水省之義尚未失矣。

曰濼。

此即許書从水樂聲之濼。虘鐘作。與此畧同。而借用為喜樂字。

曰[illegible]。

許書無濤字。新坿有之。此从水𠃬聲。今字从壽者。猶𤰲今字作疇也。

曰汭。

从水北北亦聲。其从〻者水省也。此當是水北曰汭之汭。今从內聲者。殆後起字也。

曰洹、

齊侯壺洹字作𣻶此从㠯與許書同但省下一耳殷代水名存於卜辭中今可確知其地者僅此而已、

曰滴

許書無滴字集韻有之云音商水名此云王其□舟于滴則滴之為水名信矣但不知為今何水耳列子力命篇亦有滴字今人於文字不見許書者概斥為俗作徵之古文豈其然乎、

曰商

說文解字商从㕯章省聲古文作𢀈亦作𠷎籀文作𧶜卜辭與篆文同惟篆文上从辛此从丫耳乙亥鼎作𠷎丁未角作𠷎均與此同卜辭或又省口、

曰亳、

說文解字亳从高省乇聲。乙亳鼎作□，父乙方鼎作□，吳中丞謂是从止。案宅字卜辭亦作□，晉邦盦作□，仍从乇，乇聲殆不誤，非从止也。从□者殆亳之異體。

曰雝 □ □ □

从巛（即水字）从口从隹，古辟雝字如此。辟雍有環流，故从巛；或从巜，乃巛省也。口象圜土形，外為環流，中斯為圜土矣。或从回，與口誼同（雝卣、敔尊亦均从回）。古辟雍有囿，鳥之所止，故从隹。說文訓為雝渠，非初誼矣。伯雝父鼎作□，與此同。他金文或增口作吕，後又譌吕為邑，初形益不復可見矣。

曰陴 □ □

說文陴，籀文作□，與此同。史頌敦作□，借為俾。其所从之□亦卑字，乃从□（即甲）从□（即𠬞），吳中丞以為變从□，非也。

曰宮 □ □ □

从吕从吕、象有數室之狀、从吕象此室達於彼室之狀、皆象形也。說文解字謂从躳省聲、誤以象形為形聲矣。謂躳从宮省則可耳。

曰室。□。

曰宅。□　□

晉邦盦作□與此略同。說文解字宅古文作□□二形。

曰家。□　□

說文解字家古文作□。或从豕、或从亥、亥亦豕也。古金文亦多作宀下豕形。父庚卣及家爵

曰寢。□　□

說文解字寢籀文作□、於帚下增又。師遽方尊、商方卣均作□、與卜辭同。

曰冓。□　□　□

卜辭借為遘遇字、

曰門、

象兩扉形、次象加鍵、三則上有楣也、

曰向、

口象北出牖、或从日、乃由口而譌、口日形近、古文往往不別、古人作書不如後世之嚴矣、

曰宀、

象形、上下及兩旁有揩柱、中空可貯物、

曰貯、

象內貝於宀中形、或貝在宀下、與許書作貯貝在宀旁意同、又宀貯古為一字、說文于宀訓辨積物、貯訓積、初亦非有二誼矣、

曰牢、

牢為獸闌，不限牛，故其字或从羊，或變作，或變作，遂與今隸同矣。其从者，亦見禹子卣。

曰圂。

从豕在囗中，乃豕笠也。或一豕，或二豕者，笠中固不限豕數也。其从者，上有庇覆，今人養豕，或僅圍以短垣，囗象之；或有庇覆，象之，一其闌所以防豕逸出者。

曰𠂤朿。

从𠂤朿聲。師所止也。後世假次字為之。此其初字矣。兮田盤毋敢不即𠂤朿，謂不敢不至師次，其字正與此同。亦見魯文旁尊及師䢅父鼎。前人釋師，非也。博古圖南宮仲鼎王在寒𠂤朿，又誤釋師。

曰方。

作者，與彔伯戎敦同。

曰上。二

卜辭中上字下横畫上仰者，以示別於一二之二也。

曰下。□ 二 □ 三

段先生注說文解字，改正古文之丄丅二字為二二。段君未嘗肆力於古金文，而冥與古合，其精思至可驚矣。又卜辭中上下及下上二字連文者，皆合書之，古金文亦然。

曰東。□ □

知□即東者，其文曰，其自□來雨，又有曰其自南來雨，以是知之矣。

曰西。□ □ □ □ □ □

說文解字西，古文作□，籀文作□，且子鼎亦作□。卜辭中有□□與許書籀文及古金文畧同，而卜辭上下斷缺，不能知果為西否。其作□□等形，王國維謂即西字，驗之諸文，其說甚確。

畧同

許君謂日在西方而鳥棲象鳥在巢上形今諸文正象鳥巢狀巢字篆文作巢从臼乃由傳寫之譌亦正是巢形也日既西落鳥已入巢故不復如篆文於巢上更作鳥形矣

曰南

說文解字南古文作與此不合古金文中有作求古精舍金石圖父戊爵西清續鑑卷二周青鼎原誤釋青南姬鬲諸形與此畧同

曰北

曰中

說文解字中古文作籀文作古金文及卜辭皆作或作斿或在左或在右斿蓋因風而左右偃也無作者斿不能同時既偃於左又偃於右矣又卜辭凡中正字皆作从口从卜伯仲字作中無斿形史字所从之中作中三形判

然不淆混，惟中丁之中曾見作𠁩者，乃偶用假字也。

曰左、𠂇

曰右、又

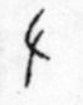

曰帝、帝 帝 帝 帝 帝 帝 帝 帝 帝 帝

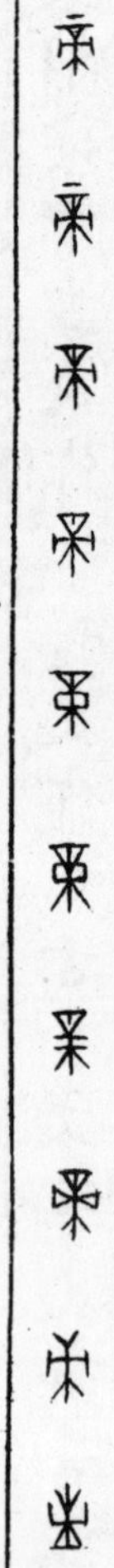

說文解字帝，古文作𠫝，注古文諸丄字皆从一，篆文皆从二，二古文上字，辛示辰龍童音章皆从古文上，今觀卜辭，或从一，或从二，殆無定形，古金文亦多从二，不如許說也，又卜辭中帝字亦用為禘祭之禘，說詳禮制篇。

曰祖、且 且 且 且

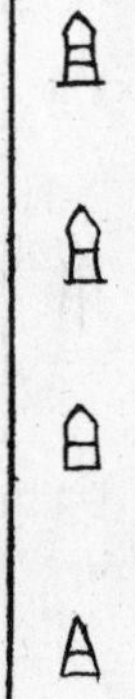

說文解字，祖从示且聲，此與古金文均不從示，惟齊子仲姜鎛始作祖，

曰宗、宗 宗 宗 宗 宗

曰示、示 示 示 丅 工 工

說文解字示古文作𥘅、卜辭諸示字亦或从一或从二、宗字所从之示亦然、其省小作丨或丨下增一、則古金文亦未之見矣、

曰鬼、[字形] [字形] [字形]

說文解字鬼古文从示作䰟、與此合、惟許書謂鬼字从厶、卜辭及古金文皆無之、

曰巫、[字形] [字形]

說文解字巫古文作[字形]、此从[字形]象巫在神幄中、而兩手奉玉以事神、許君謂从[字形]象兩褎舞形、[字形]與舞形初不類矣、

曰祝、[字形] [字形] [字形]

丅

弟一字與大祝禽鼎同、弟二字从丅者、殆从[字形]从川、象灌酒於神前、非示有朩形也、弟三字从[字形]、象手下拜形、

曰祭、[字形] [字形] [字形] [字形] [字形] [字形] [字形] [字形] [字形] [字形]

此字變形至夥、然皆象持酒肉於示前之形、ㄥ象肉、ㄡ持之、點形不一、皆象酒也、或省示、或並省又、篆文从手持肉而無酒、古金文亦然、

曰祀、

曰烝、

說文解字烝、火氣上行也、段先生曰、此烝之本誼、今卜辭从禾从米在豆中、廾以進之、盂鼎與此同、而省禾、春秋繁露四祭冬曰烝、烝者以十月進初稻也、與卜辭从禾之旨正符、此為烝之初誼、引申之而為進、許君訓火氣上行、亦引伸之誼、段君以為本誼、殆失之矣、

曰尞、

說文解字尞、柴祭天也、从昚、昚古文慎字、祭天所以慎也、今

此字實从木在火上木旁諸點象火燄上騰之狀、卜辭又有大史寮、卿事寮、寮字一作□一作□、毛公鼎大史寮、卿事寮、寮字作□均从□从火、許君云从昚者非也、漢韓勑碑陰遼作遼、史晨後碑作遼並从木、衡方魯峻兩碑寮字亦然、是隸書尚存古文遺意矣、卜辭或又省火作□（作□者多不勝舉姑舉其一凡字數見或數十見者亦但舉其一不悉注）或更省作□、古金文中𩏂伯取敢有□字、與卜辭同、

曰貍、□□□□□

周禮大宗伯以貍沈祭山林川澤、此字象掘地及泉實牛於中、當為貍之本字、貍為借字、或又从犬、卜辭云貞□三犬寮五犬五豕卯四牛、貍牛曰□、貍犬曰□、實一字也、

曰沈、□□□□□□□

此象沈牛於水中、殆即貍沈之沈字、此為本字、周禮作沈、乃

借字也、又據禮經柴燎所以事天、貍沈以禮山川、而徵之卜辭、一則曰𡲬于妣乙一牢貍二牢、二則曰貞𡲬于[字形]三小牢卯二牛沈十牛、三則曰乙巳卜[字形]貞𡲬于妣乙五牛沈十牛十月、是𡲬與貍沈在商代通用於人鬼、既有宗廟之事、又索之于陰陽、商之祀禮可謂繁重矣、

曰彤 彡 彡 彡 ≡ ≡

書彤日之彤、不見許書、段先生謂即肜字、公羊宣八年傳注、肜者肜肜不絕、是肜之義為不絕、卜辭有彡日、或作彡彡、諸形、正象相續不絕、殆為肜日之本字、彭字蓋从此得聲、故卜辭中彭字或从彡、其明證也、卜辭中又有彡月、其誼則今不可知矣、觥尊亦有彡日、博古圖卷六載父丁彝亦有彡日隹王六祀語、

曰鄉、[字形] [字形] [字形] [字形] [字形] [字形]

此字从[古文]，即人相嚮之嚮，詳唐風樓金石跋尾。从[古文]，或从[古文]从[古文]，皆象饗食時賓主相嚮之狀，即饗字也。古公卿之卿，鄉黨之鄉，饗食之饗，皆為一字，後世析而為三，許君遂以鄉入[古文]部，卿入卯部，許君訓卯為事之制，亦誤，未知其為向背字也。饗入食部，而初形初誼不可見矣。

曰亯，[古文]

說文解字亯，獻也，从高省，曰象進孰物形，篆文作亯，古金文作[古文]亯敦、[古文]豐兮敦、[古文]周窓鼎、[古文]師寰敦、[古文]曆鼎諸形，與此同。吳中丞云象宗廟之形是也。

曰福，[古文][古文][古文][古文][古文][古文][古文]

从兩手奉尊於示前，或省廾，或並省示，即後世之福字，在商則為祭名。祭象持肉，福象奉尊。周禮膳夫凡祭祀之致福者注，福謂諸臣祭祀進其餘肉歸胙於王。晉語必速祠而歸福注，福胙肉也。今以字形觀之，福為奉尊之祭，致福乃致福酒，歸胙則致祭肉故福字从酉胙字从肉矣胙亦作祚詩既醉釋文胙本一作祚許君謂福畐聲非也古金文中父辛爵福作畐弭仲簠福字亦从畐均象尊形

曰祿

說文解字祿从示彔聲古文皆不从示彔敢作录頌敢作录卜辭中禁字从录此又變作录與古金文略同

曰卜

象卜之兆卜兆皆先有直坼而後出歧理歧理多斜出或向上或向下故其文或作卜或作卜曶鼎卜作卜說文卜古文作卜並與此不異也

曰貞

說文貞卜問也从卜貝以為贄一曰鼎省聲京房所說又鼎注古文以貞為鼎籀文以鼎為貞今卜辭中凡某日卜某事

皆曰貞、其字多作𡆥、與𠙵字相似而不同、或作鼎、則正與許君以鼎為貞之說合、知確為貞字矣、古經注貞皆訓正、惟許書有卜問之訓、古誼古說賴許書而僅存者此其一也、又古金文中貞鼎二字多不別、無鼎鼎字作貞、舊輔甗貞字作鼎、合卜辭觀之、並可為許書之證、段先生改小徐本古文以貞為鼎籀文以鼎為貞、兩貞字作貝、是為千慮之一失矣、

曰占、 占

說文解字、占視兆問也、从卜从口、又卟卜以問疑也、从口卜二者疑一字、卜辭中又屢見𠕒字、於占外加冂、不知與占為一字否、

曰爻、 ㄨㄨ

卜辭中學戊亦作爻戊、殆古音同相假借、

曰敎、 敎 敎 𡥈 𡥈

从手持木於示前，古者卜用燋，大其木以荊，此字似有卜問之誼，許書有𣪠字，注：楚人謂卜問吉凶曰𣪠，从又持祟，祟非可持之物，殆木之譌，叙即許書之𣪠，然此字卜辭中皆為祭名，豈卜祭謂之叙與。

曰朕。

說文解字：朕，我也，闕。予意朕當以訓兆為初誼，故象兩手奉火形，而从舟，火所以作龜致兆，舟所以承龜，訓我者殆後起之誼矣。

曰吉。

說文解字：吉从士口。卜辭中吉字異狀最多，惟第一字與許書合，作𠮷者，與空首幣文合。又卜辭多以大吉弘吉二字合為一字書之，大吉二字合書者作[illegible]，弘吉二字合書者作[illegible]，偶有分二字書之作[illegible]者，編中僅一見耳。

曰祐、

王氏國維曰說文解字差籀文从二作𢀩此作以差例之乃左右之右字其說甚確又曰王受又即許書之祐彼為後起字矣卜辭中左右之右福祐之祐有亾之有皆同字又為又之異體也、

曰人、

亦人字象跽形命令等字从之許書之卪令隸作卩乃由而譌、

曰王、

說文解字王古文作𤣩金文作王（盂鼎）王（格仲尊）𤣩者（沔鐘）與說文所載古文同卜辭从从即（刀筆僅能成其匡郭耳）並與山同吳中丞釋為古火字是也卜辭或徑作王氏國維謂亦王字其說甚確蓋王字本象地中有火故省其上畫義已明白且據

編中所載諸文觀之無不諧也。又皇字从王。古金文或从王或从土。土非土地字。卽王也。又卜辭中或作△作⊥。則亦但存火亦得示盛大之義矣。

曰公。□

説文解字公从八厶。八猶背也。此與古金文均从八从口。

曰尹。□□

説文解字尹从又丿。握事者也。古文作□。今卜辭與許書之篆文同。古金文亦作□从又从丨。許書云从丿殆傳寫譌矣。

曰卿。□□

卜辭及古金文公卿字與鄉食字同。説見前鄉字注。

曰史。□。

説文解字史記事者也。从又持中。中正也。吳中丞曰象手執簡形。古文中作□無作中者。案吳説是也。江先生永周禮疑義舉要曰。凡官府簿書謂之中。故諸官言治中。受中。小司寇斷庶民獄訟之中、皆謂簿書、猶今之案卷也、此中之本誼、故掌文書者謂之史、其字从又从中、其言視吳尤詳密、可正許君中正之說之失、

曰官、

說文解字官从宀从𠂤、𠂤猶衆也、此與師同、其言至明晰、古師字作𠂤、而許君於部首之𠂤、乃云小𠂤、得之於此而失之於彼、何也、

曰司、

說文、司、臣司事於外者、从反后、其文與此正同、然古金文司字皆作𤔲、疑此乃祠祀之祠字、

曰寮、

爾雅釋詁、寮、官也、釋文字又作僚、左氏傳（文七年）穀梁傳（莊十六年）國語魯語注、並云同官曰寮、儀禮士冠禮注、同官為僚、是寮

古通僚。說文有僚無寮。於僚訓好貌。而卜辭及毛公鼎番生敦皆有寮字。今人每以文字不見許書者為俗書。是不然矣。卜辭又省宀作尞。漢祝睦碑尞屬欽熙。魏元丕碑酬咨羣尞。是漢魏間尚假尞為寮也。

曰臣、

卜辭中小臣二字多合為一字書之。作　　與古金文同。

曰畯、

說文解字。畯由官也。从田夋聲。古金文皆从允。盂鼎頌敦及追敦並同。與卜辭合。

曰𠂤

即古文師字。金文與此同。許君訓小𠂤。非。詳前官字注。

曰旅

說文解字。旅古文作　从止。古金文皆从　从　。亦有从止者。曾伯霧簠旅字作[illegible]與許書畧近。其卜辭从[illegible]从[illegible]許書从止者。皆㫃之變形。卜辭又作[illegible]象人執㫃。古者有事以㫃致民。故作執㫃形。亦得知旅誼矣。伯晨鼎旅作[illegible]。亦从㫃从从一人。而借用為盧字。許書从[illegible]。即巛之譌。

曰賓。[illegible]

說文解字。賓古文作[illegible]。古金文皆从[illegible]从貝。虘鐘作[illegible]。省貝。與卜辭同。惟古金文中未見从止作者。卜辭中賓字變形至多。或省[illegible]或省[illegible]。

曰嬪。[illegible]

說文解字。嬪服也。从女賓聲。卜辭云。貞嬪歸好。與堯典嬪于虞。大雅曰嬪于京。誼同。又云王嬪[illegible]。則又借嬪為賓矣。

曰客。[illegible]

說文解字客从各。各即格之古文古金文多與許書同此从各即各。旁增人者象客至而有迓之者。客自外來。故各从夊。象足跡由外而內从口者自名也。或省口。

曰⿰女客、□□□□□

⿰女客从女客。猶嬪从女賓。此字不見於許書。蓋古有專字、而今無矣。或省宀或省口。

曰倗、□

貝五為朋。故友倗字从之。後世友朋字皆假朋貝字為之、廢專字而不用。幸許君尚存之於說文解字中。存古之功可謂偉矣。古金文中友倗字多與卜辭合。望敦作□。彝鼎作□。

曰友、□□□

說文解字。友古文作習。从羽乃从□□傳寫之譌。从□。文為曰之譌也。師遽方尊友作□。卜辭有作□者。亦友字。卜辭中又

亦作[illegible]斯[illegible]亦作[illegible]矣其从二與[illegible]同意

曰父

[illegible]

說文解字父矩也从又舉杖許釋丨為杖然古金文皆从[illegible]疑象持炬形

曰叜

[illegible]

說文解字叜从又从灾闕籀文作[illegible]从[illegible]或作[illegible]从人此从又持炬火在宀下父與叜何以皆从又持炬古誼今不可知矣

曰母

[illegible]

卜辭中母字亦通作女諸婦方尊作[illegible]與此同

曰妣

[illegible]

說文解字妣籀文作[illegible]卜辭多作匕與古金文同多不从女惟義妣鬲召中鬲从女作[illegible]與許書籀文合吳中丞說古妣字與父相比右為匕

左為亻予衆考妣之匕引申而為匕箸字匕必有偶猶父之與母相匕矣

曰夫□□

曰妻□□

說文解字妻古文作□

曰妃□

說文解字妃从戊己之己又有改字注女字也古金文中作妃作改者己均从皆為女姓即己姓許君以為女字固非金文家或釋作妃匹之妃則更誤矣此从□作殆妃匹之本字與

曰娥□

从女从□□古文我知即娥字矣

曰婐□□□

从女从□□殆為果字象果實在樹之形許君云象果形在

木上、世固無此碩果矣、卜辭或省女作[illegible]、與孟子二女果同、說文、婐婐妮也、一曰女侍曰婐、孟子二女果趙注果侍也、今卜辭曰貞帚（即歸之段字）婐之子曰貞帚果曰貞[illegible]帚婐于母□、與許君一說及孟子趙注合、與許君弟一說異、然可知孟子之果與許君之婐固為一字矣、

曰姘、[illegible] [illegible]

說文解字、姘靜也、从女井聲、今卜辭中數見姘字、其文皆曰帚姘、殆與歸婐意相若矣、

曰兒、[illegible] [illegible]

曰女、[illegible] [illegible]

曰兄、[illegible] [illegible] [illegible] [illegible]

曰妹、[illegible] [illegible]

妹从女此从母者、古文母與女通用、卜辭中此字為地名、殆

即酒誥之妹邦矣又借為昧爽字

曰姪

曰妾

說文解字妾从辛从女此从▽乃辛省

曰奴

說文解字奴古文从人作此从又與許書篆文合

曰奚

說文解字奚大腹也予意罪隸為奚之本誼故从手持索以拘罪人其从女者與从大同周官有女奚猶奴之從女矣

曰俘

說文解字俘軍所獲也从人孚聲此从行省不从人古金文作孚貞敔孚師寰敔省彳吳中丞謂孚乃从爪从ナ中一象貝作兩手攫貝之形疑小篆从子非是今證以卜辭正是从子古

金文从𠂇者，亦子字。吳說失之。

曰僕。𦘹

說文解字，菐瀆菐也。从丵廾，亦聲。又僕給事者。古文从臣作䑑。案古金文無从臣之䑑，有僕（史僕壺）僕（靜敦）僕（旂鼎）諸形。卜辭僕字从𡿧，即古金文之甶。从𠀬，即古金文之𠂇。从𠃌，即廾。𠂇則象人形而後有尾。許君所謂古人或飾系尾，西南夷亦然者是也（說文解字尾字注）。僕為俘奴之執賤役瀆菐之事者，故為手奉糞棄之物以象之。菐僕古為一字。許書从丵，乃从𦥑𡴀之譌也。

曰侸。壴 𡔷 𡔷 𡔷

說文解字，侸，立也。从人豆聲，讀若樹。案以讀若樹觀之，則當从壴聲。此作𡔷者，从人从壴。古从木之字或省从屮，如焚亦从屮作𡿧，杞亦从屮作𡴀，蓺亦从屮。故壴亦作𡔷，知𡔷即樹

卷中

也、故或省人、此為後世僕豎之豎字、卜辭又或从女、殆與从人之皾同、

曰元、

曰自、

說文解字、自鼻也、象鼻形、古文作𦣹、又自注此亦自字也、省許既以自白為一字、而分為二部者、以各部皆有所隸之字故也、卜辭中自字作　或作　、可為許書之證、但白部諸字以古文考之、多非从白、魯字者字均从曰、或从甘、智字等亦然、許君生炎漢之季、所見古文舍壁中書而外、固不能如今日之博、自不能無疏失矣、

曰叉、

說文解字、叉手足甲也、从又、象叉形、古金文亦作　　、均與此合、惟字既从又、不能兼為足甲、許書舉手並及足、失之矣、

曰夾、

曰赤、

从大火與許書同、

曰白、

說文解字白、从入合二、古文作、古金文與此同、亦作、盂鼎

但多借為伯仲字、

曰文、

曰酒、

从酉从彡、象酒由尊中挹出之狀、即許書之酒字也、卜辭所載諸酒字為祭名、考古者酒熟而薦祖廟、然後天子與羣臣飲之於朝、說文解字酎注三重醇酒也、从酉肘省聲、明堂月令曰孟秋天子飲酎、又案左氏傳見于嘗酎、襄二十二年、意商之酒祭即後世之嘗酎、酒殆酎之本字、說文解字酉與酒訓畧

同本為一字、故古金文酒字皆作酉、惟戊寅父丁鼎有酒字作⿰酉彡、亦祭名、與卜辭正同、段先生曰、凡从酒之字當别為酒部、解曰从酒省、是未知酒酉之本為一字矣、

曰旨

說文解字旨古文作、此从匕从口、所謂嘗其旨否矣、

曰羞

从又持羊、進獻之象、或从、亦羊字側視狀也、說文解字云从丑、丑亦聲、誤又為丑、又誤會意為形聲矣、古金文與卜辭同、

曰膏

說文解字膏从肉高聲、此从高省聲、

曰羹

說文解字鬻五味盉鬻也、从鬲从羔、此从匕从肉有湆汁在

皿中，當即鬻字，从皿與从鬲同，鬻字篆文从鬲，叔夜鼎从皿，其例矣，許書之鬻疑是後起之字。

曰䰞。

說文解字䰞鬻也，从鬲羊聲，此从皿與鬲同，說見上，殆即許書䰞字，从凵者亦皿字，卜辭中从皿之字或从凵。

曰鬻。

說文解字，鬻鬻也，从弜鬲侃聲，叔氏寶林鐘侃作㑥，从𠂆象勹，勹象粥。

曰𦎫。

說文解字，𦎫孰也，从亯羊，讀若純，一曰鬻也，段先生曰，純孰字當作此，純醇行而𦎫廢矣，今卜辭文曰，甲辰卜王貞于戊申𦎫，又曰壬辰卜大弗𦎫見，厥誼殆與亯同，許君亯注獻也，从高省，曰象孰物形，夫許於亯注既曰象孰物形，又於𦎫注曰孰也、二義自相近、且是字从亯羊會合二字觀之、無從得純熟之誼、疑古與亯是一字矣、卜辭又有作[glyph]者、乃地名、不知與𦎫是一字否、

曰牛、[glyph]

說文解字、告牛觸人角著橫木所以告人也、卜辭中牛字或从二或从乚、乃象箸橫木之形、其文曰十牛曰叀牛、知亦為牛字矣、

曰䍧、[glyph]

說文無䍧字、角部觲用角低昂便也、从牛羊角、詩曰觲觲角弓、土部垟赤剛土也、从土觲省聲、案觲觲角弓、今毛詩作騂騂、赤剛土之垟、周禮草人亦作騂、故書作挈、形與䍧近、殆䍧字之譌、知䍧者即騂之本字矣、許君不知騂有本字作䍧、乃於觲注曰、从牛羊角、於垟注曰、从觲省、皆由未見䍧字之故、注經家謂周尚

赤，故用騂剛。然卜辭中用羊者不止一二見，知周亦因殷禮耳。又西清續鑑載大中敔及鎛鐘並有字，與卜辭正同。

曰犅，

說文解字：犅，特牛也，从牛岡聲。此从剛省聲，静敔亦有字，與卜辭正同。大中敔羊犅字又作，卜辭又有作者。

曰⿰牛戠，

說文解字無此字。卜辭中又有二文，此从戓，與殆一字，故知此字从牛从戠。考說文解字：埴，黏土也，从土直聲。禹貢厥土赤埴墳，釋文埴，鄭作戠，是古戠與直通。禮記王制大夫以犆牛，周禮小胥釋文特本作犆，由此推之，知⿰牛戠即犆，犆即特矣。然由卜辭觀之，⿰牛戠當為牛色，與前羊字同例，後人以特釋犆，或非初誼矣。

曰牡，

說文解字牡畜父也从牛土聲此或从羊或从犬或从鹿牡既為畜父則从牛从羊从犬从鹿得任所施牡或从鹿作麌麈猶牝或从鹿作麀矣又牡字从丄丨即古文十乃推一合十之士非从土地之土古者士與女對稱故畜之牡亦从士

曰牝

說文解字牝畜母也从牛匕聲卜辭中有牝牡二字合書作者似卜兼用牝牡或仍是牝字疑不能明也母畜對牡而稱牝殆猶母對父而稱匕羊豕犬亦有牝故或从羊或从豕或从犬或从馬詩麀鹿之麀乃牝之从鹿者與羊牝豝牝馲諸字同乃諸字皆廢而麀僅存後人不識為牝之異體而別搆音讀蓋失之矣

曰羊

□ □ □ □ □ □ □

羊字變體最多。然皆爲象形。其作□者。象牽之以索也。索在後不在前者。羊行每居人先也。作□者。側視形。作□者亦象帶索從側視之之狀也。

曰羔。 □ □ □ □

从羊从火。殆即羔字。卜辭又有作□者。殆亦羔字。

曰犬。 □ □ □ □ □ □ □ □ □

曰尨。 □

象犬腹下脩毛垂狀。當爲尨字。今篆彡在背上。犬非剛鬣。若在背則彡狀不可見矣。

曰豕。 □ □ □ □ □ □ □ □

豕與犬之形。象其或左或右。卜辭中凡象形字。弟肖其形。使人一見可別。不拘拘於筆畫閒也。有从彡者。象剛鬣。或腹下加丨未知何義。

曰豚。

說文解字。豚从彖省从又持肉。此从豕肉會意字也。許書又載篆文从豕肉與此正合。古金文有从又者。許書作豚亦有所本矣。

曰彘。

从豕身著矢。乃彘字也。彘殆野豕。非射不可得。亦猶雉之不可生得與。其貫丨者亦矢形。許君謂彘从彑矢聲从二匕。是誤以象形為形聲矣。

曰豢。

說文解字。豢以穀圈養豕也。从豕𢍏聲。此从𦥑从廾以穀飼豕。故从𦥑廾。豕腹有子。象孕豕也。樂記注以穀食犬豕曰豢。月令注養犬豕曰豢。故卜辭或从犬作𤠏。此字殆即豢字。初从从豕从女，乃會意字，許云从豕弄聲，則形聲字矣。

曰馬。

說文解字馬，古文作𢒠，籀文畧同，象馬頭髦尾之形，卜辭諸字形雖屢變，然一見可知為馬字矣。

曰駁。

說文解字駁，馬色不純，从馬爻聲，此殆即許書之駁。

曰騽。

說文解字騽，馬豪骭也，卜辭有从𦐇，𦐇古文友字，疑許譌𦐇為習矣。

曰䮑。

从馬利聲，殆是許書之驪字，廣韻鵹同鸝，漢書西域傳西與犁靬條支接，注，犁讀與驪同，古利麗同音，故䮑字後亦从麗

作與、

曰鹿、

或立或寢或左或右或回顧或側視皆象鹿形。

曰麑。

象鹿子隨母形。殆即許書之麑字。說文解字訓麑為狻麑。而別有麛字。訓鹿子。然麑之為字明明从鹿會合鹿兒之誼。正是鹿子矣。卜辭从有角無角別鹿母子。故卜辭中之字似鹿無角。緣是亦得知為麑字矣。

曰麋、

說文解字麋从鹿困省聲。籒文从困不省。今卜辭从不从鹿。然則麋殆似鹿而無角者與。

曰麐。

說文解字、麐牝麒也、从鹿吝聲、此字从[illegible]似鹿、而角異、从吝省聲、殆即麐字、鹿為歧角、麐角未聞似鹿、故此字角無歧、許从鹿殆失之矣、

曰虎、[illegible] [illegible] [illegible] [illegible] [illegible] [illegible]

說文解字虎古文作[illegible][illegible]二形、此象巨口脩尾、身有文理、亦有作圓斑如豹狀者、而由其文辭觀之、仍為虎字也、

曰虤、[illegible]

說文解字、虤、虎怒也、从二虎、段君曰、此與狀兩犬相齧也同意、案段說是也、此从二虎顛倒怒而將相鬥之狀、篆文作兩虎並立、則失怒而相鬥之狀矣、唐李勣碑贙字尚从此、知唐人尚存其初形也、

曰兕、[illegible] [illegible]

說文解字、兕如野牛而青象形、古文作[illegible]从儿、此殆即許書

之兕字。

曰象。

說文解字象長鼻牙南越大獸三年一乳象耳牙四足之形。今觀篆文但見長鼻及足尾不見耳牙之狀。卜辭亦但象長鼻蓋象之尤異於他畜者其鼻矣。又象為南越大獸。此後世事古代則黃河南北亦有之。為字从手牽象說見下則象為尋常服御之物。今殷墟遺物有鏤象牙禮器。又有象齒甚多。非伸出口外之二長牙乃口中之齒卜用之骨有絕大者。殆亦象骨。又卜辭卜田獵有獲象之語。知古者中原有象至殷世尚盛也。王氏國維曰。呂氏春秋古樂篇商人服象為虐於東夷周公乃以師逐之至於江南。此殷代有象之確證矣。

曰熊。

古金文熊字有虢叔鐘斁狄鐘宗周鐘諸形。與卜辭同。

曰狼、[illegible] [illegible] [illegible]

季良父盉良作[illegible]卜辭作[illegible]殆與[illegible]同从犬从良即狼字或有从亡者殆[illegible]之媘許君謂良从亡聲故知亦狼字

曰兔、[illegible] [illegible]

長耳而厥尾象兔形

曰角、[illegible] [illegible] [illegible] [illegible]

說文解字角獸角也象形角與刀魚相似石鼓文作[illegible]此作[illegible]皆象角形∧象角上橫理橫理本直文作曲形者角為圜體觀其環形則直者似曲矣許君云與刀魚相似蓋未知∧象角之橫理也

曰血、[illegible] [illegible]

說文解字血祭所薦牲血也从皿一象血形此从○者血在皿中側視之則為一俯視之則成○矣

卷中

曰臭、[oracle forms]

曰羴、[oracle forms]

从四羊者、與羴同誼、

曰犾、[oracle form]

曰豩、[oracle form]

說文解字、豩二豕也、闕、此从三豕、疑即豩字、

曰隹、[oracle forms]

卜辭中語詞之惟、唯、諾之唯、與短尾之隹、同為一字、古金文亦然、然卜辭中已有从口之唯、亦僅一見耳、又卜辭中隹（許訓短尾鳥者）與鳥不分、故隹字多作鳥形、許書隹部諸字亦多云籀文从鳥、蓋隹鳥古本一字、筆畫有繁簡耳、許以隹為短尾鳥之總名、鳥為長尾禽之總名、然鳥尾長者莫如雉與雞、而並

从隹尾之短者莫如鶴鷺鳧鴻，而均从鳥，可知强分之之未為得矣。

曰鳳 [glyph] [glyph] [glyph] [glyph] [glyph] [glyph] [glyph] [glyph] [glyph] [glyph]

說文解字：鳳，古文作[glyph][glyph]二形，卜辭从[glyph]與[glyph]畧同，从月即凡（字古金文作月與此小異）與篆文同，惟从丵或省作䇂，與許書篆古二文不合耳。龍字从䇂，鳳字所從亦與龍同，此於古必有說，今無由知之矣。王氏國維曰：卜辭中屢云其遘大鳳，即其遘大風。周禮大宗伯風師作飌師，从雚，而卜辭作鳳，二字甚相似，予案此說是也。考卜辭中諸鳳字誼均為風，古金文不見風字。周禮之飌，乃卜辭中鳳字之傳譌，蓋譌䇂為吅，譌凡為風耳。據此知古者假鳳為風矣。

曰雞 [glyph] [glyph] [glyph] [glyph] [glyph]

卜辭中諸雞字皆象雞形，高冠脩尾，一見可別於他禽，或增

奚聲、然其他半仍是雞形、非鳥字也、說文解字雞从隹、籀文从鳥、均失之矣、

曰雉、

說文解字、雉古文作𨾔、从弟、今以卜辭考之、古文乃从矢、蓋象以繩繫矢而射、所謂矰繳者也、雉不可生得、必射而後可致之、所謂二生一死者是也、許言从弟、殆失之、

曰雇、

說文解字雇、籀文从鳥作鳸、卜辭地名中有鳸字、从鳥戶聲與籀文合、

曰舊、

說文解字舊、鴟舊舊留也、从萑臼聲、或作鵂、此从凵、古文臼字多如此作、

曰雚

說文解字雚小爵也从萑吅聲卜辭或省吅借為觀字此字之形與許書訓鴟屬之雈字相似然由其文辭觀之則否矣

曰䧿

說文解字䧿鳥肥大䧿䧿也或从鳥作鳿與此同疑此字與鴻雁之鴻古為一字惜卜辭之䧿為地名末由徵吾說矣

曰燕

象燕籋口布翄枝尾之狀篆書作[glyph]形稍失矣卜辭借為燕享字

曰龍

說文解字龍从肉飛之形童省聲卜辭或从䇂即許君所謂童省从[glyph]象龍形[glyph]其首即許君誤以為从肉者[glyph]其身矣或省䇂但為首角全身之形或又增足

知

曰龜、

說文解字、龜、古文作[glyph]、卜辭諸龜字皆象昂首被甲短尾之形、或僅見其前足者、後足隱甲中也、其增水者、殆亦龜字、

曰魚、

說文解字魚象形、魚尾與燕尾相似、謂从火也、卜辭魚與燕尾皆作[glyph]形、不从火、然石鼓文魚字下已作火形、如許君盖有所受之矣、卜辭中諸魚字、皆假為捕魚之漁、

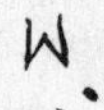

曰虫、

說文解字、虫一名蝮、博三寸、首大如擘指、象其臥形、卜辭諸字皆象博首而夗身之狀、案許言蝮狀本爾雅釋魚、疑有誤字、郭注言今蝮蛇細頸大頭、正虫字所象也、

曰蚰、

曰它、

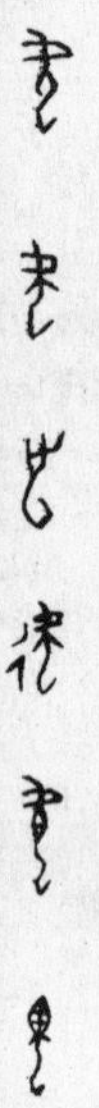

說文解字、它虫也、上古艸居患它、故相問無它乎、或从虫作蛇、卜辭中从止(即足也)下它、或增从彳、其文皆曰亡⿱止它、或曰不⿱止它、殆即它字、上古相問以無它、故卜辭中凡貞祭於先祖尚用不它亾它之遺言、殆相沿以為無事故之通稱矣、(卜辭中亦單稱它、則當是有故不可以祭矣、)又案它與虫殆為一字、後人誤析為二、又并二字而為蛇、尤重複無理、許君於虫部外別立它部、不免沿其誤矣、

曰禾、

上象穗與葉、下象莖與根、許君云从木从𠂹省、誤以象形為會意矣、

曰黍、

說文解字引孔子曰、黍可為酒、禾入水也、仲叡父盤亦作

此或省水。黍為散穗。與稻不同。故作□□之狀以象之。

曰來 □ □ □ □ □ □ □ □

說文解字。來。周所受瑞麥來麰。天所來也。故為行來之來。卜辭中諸來字。皆象形。其穗或垂或否者。麥之莖強。與禾不同。或省作□作□。而皆假借為往來字。

曰麥。 □ □ □

說文解字。麥从來从夂。案此與來為一字。許君分為二字。誤也。來象麥形。此从夂降字从之即古降字殆象自天降下。示天降之義。來牟之瑞。在后稷之世。故殷代已有此字矣。

曰米 □。

象米粒瑣碎縱橫之狀。古金文从米之字皆如此作。許書作□形稍失矣。

曰康。 □ □ □

説文解字穅穀皮也或省作康此字與許書或體畧同穀皮非米从∷象其碎屑之形故或作∷或作⁝或作‥無定形康侯鼎作𢊁伊敦作𢊁同此今隸作康尚得古文遺意矣

曰嗇

説文解字嗇愛濇也从來从㐭來者㐭而藏之故田夫謂之嗇夫古文作𠷎从田又穡注穀可收曰穡从禾嗇聲案嗇穡乃一字卜辭从田與許書嗇之古文合从二禾與許書穡字从禾形合穡訓收斂从秝从田禾在田可斂也師寰敦穡作𤔲亦从秝左氏襄九年傳其庶人力于農穡注種曰農收曰穡田夫曰嗇夫誼主乎收斂又穡字禮記皆作嗇此穡嗇一字之明證矣其本義為斂穀引申而為愛濇初非有二字

曰𠦪

曰耑

説文解字耑、物初生之題也、上象生形、下象根也、卜辭耑字增八、象水形、水可養植物者也、上从ㄓ象植物初茁漸生歧葉之狀、形似止字而稍異、許君止字注云象艸木出有址、乃因形似致譌矣、

曰不、

象花不形、花不為不之本誼、許君訓為鳥飛不下來、失其旨矣、

曰木、

曰杞、

説文解字、杞、枸杞也、从木己聲、文从木、旁己、杞伯𣪘作　从己在木下、與此同、

曰桑、

象桑形、許書作𣜩从叒、殆由　而譌、漢人印章桑姓皆篆作

桒今隸桑或作枽。尚存古文遺意。

曰果。

象果生於木之形。卜辭中婐字采字从此。說詳前婐字後采字注。

曰栗。

說文解字㮚古文作䙴。从西。石鼓文作　。與此畧同。案許書卤之籒文作𠧪。栗之籒文亦从𠧪。栗之古文从𠧪者。殆亦从𠧪之譌矣。

曰芻。

从又持斷草是芻也。散盤有𢻮字。與此同。古陶文騶字从芻。漢騶四朱小方錢騶字亦从芻。均尚存古文遺意矣。

曰彝。

說文解字。彝宗廟常器也。从糸。糸綦也。廾持米器中實也。彑聲。古文作[古文]二形。卜辭中彝字象兩手持雞與古金文同。其誼則不可知矣。

曰尊。[卜辭字形]

說文解字。尊酒器也。从酋廾以奉之。或从寸作尊。卜辭象兩手奉尊形。或从𨸏與古金文同。又古金文或从酉或从酋。从酋者是許君所本矣。

曰壺。[卜辭字形]

上有蓋。旁有耳。壺之象也。古金文中而姬壺壺字作[古金文]其蓋形與此畧同。

曰爵。[卜辭字形]

說文解字。爵禮器也。象爵之形。中有鬯酒。又持之也。所以飲器象爵者。取其鳴節節足足也。古文作[古文]象形。許君言象爵形者。謂所从之[字形]。今觀卜辭諸爵字象爵之首有冠毛有目有咮，因冠毛以為柱，因目以為耳，因咮以為足，厥形惟肖。許書所从之𩰫，殆由𠁁轉寫之訛，其从鬯與又，則後人所益也。許君謂飲器象爵者，取其鳴節節足足也。今證以卜辭，其字確象爵（雀）形，知許君所云為古先遺說，不見於諸經注，幸尚存於說文解字中，許君網羅放佚之功誠巨矣。

曰斝。𣁋 𣁋 𣁋

說文解字：斝从吅从斗冂，象形，與爵同意。案斝从吅不見與爵同之狀，从冂亦不能象斝形。今卜辭斝字从𣁋，上象柱，下象足，似爵而腹加碩，甚得斝狀。知許書从門作者，乃由𣁋而譌。卜辭从又，象手持之，許書所从之斗，殆又由此轉譌者也。又古彝文（金文家稱雙矢彝）有𣁋字，與此正同，但省又耳。其形亦象二柱三足一耳，而無流與尾，與傳世古斝形狀脗合，可為卜辭斝字之證。又古散字作𢽳，與𣁋字形頗相似，故後人誤認斝為散，韓詩說諸飲器有散無斝，今傳世古飲器有斝無散，大於角者，惟斝而已，故諸經中散字疑皆斝字之譌。予嘗以此說質之吾友王君國維，王君然之，並謂寶雞所出銅禁備列諸飲器，有爵一、觚一、觶二、角一、斝一，與少牢饋食禮之實二爵、二觚、四觶、一角、一散，數雖不同，而器則相若，則散斝信為一物。又詩邶風碩人赫如渥赭，公言錫爵，傳言祭有畀煇胞翟閽者，惠下之道，見惠不過一散，疏言散謂之爵，爵總名也。予謂此爵字本當作斝，斝與赭為韻也。傳云見惠不過一散，則經本當作錫斝，轉譌為散，後人因散字不得其韻，又改為爵。其實散本斝字，斝赭同部，不煩改爵也。其說至精確，著之以為吾說左證。

曰斝。

[glyph]作[glyph]者與古金文同。其變形至多。以文例得知之。

曰卣。[glyph] [glyph] [glyph] [glyph]

古金文作[glyph]作[glyph]。卜辭又省[glyph]。其文曰鬯六卣。故知為卣矣。

曰𣪘。[glyph] [glyph] [glyph] [glyph]

古金文有作[glyph]己侯𣪘[glyph]杞伯𣪘者。與此畧同。从[glyph]持[glyph]。殆象勺形。所以出納於𣪘中者。非从攴也。

曰鼎。[glyph] [glyph]

象兩耳腹足之形。與古金文同。

曰鬻。[glyph] [glyph] [glyph] [glyph] [glyph] [glyph]

此字不見許書。古金文有之。有[glyph]史頌𣪘[glyph]王作鬻[glyph]日辛角諸形。从匕肉於鼎。[glyph]殆所以薦肉者也。此或加[glyph]象有湆汁。或省匕。或省[glyph]與肉。或省肉與匕。然皆為一字也。

卷中

曰甗、□ □ □

上形如鼎、下形如鬲、是甗也、古金文加犬於旁、已失其形、許書从瓦、益為晚出、

曰鑊、□ □ □

說文解字、鑊、鑴也、从金、蒦聲、段君注、少牢饋食禮有羊鑊、有豕鑊、所以煮也、此从鬲、隻聲、殆即許書之鑊、或加氵、象水形、所以煮也、隻即獲字、或省隻作隹、

曰俎 □ □ □ □ □ □ □ □

說文解字、俎、禮俎也、从半肉在且上、半肉謂仌也、然在且旁、不在且上、卜辭作□、則正象置肉於且上之形、古金文亦有俎字作□貉子卣□□女彝、前人皆釋為宜、誤矣、

曰豊、□ □ □

說文解字、豊、行禮之器也、从豆、象形、卜辭从𡴀、與許書同、或

从𡴃或从玨，案卜辭玉字作王亦作丰，詳下玉注象三玉連貫之作丰者，殆亦二玉連貫之形，卜辭殆从玨也，古者行禮以玉帛，故从玨，

曰𢍜、[古文] [古文] [古文] [古文]

說文解字𢍜，禮器也，从廾持肉于豆上，讀若鐙同，此殆即爾雅瓦豆謂之登之登字，卜辭从兩手奉豆形，不从肉，由其文觀之，乃用為烝祀字，

曰皿、[古文] [古文] [古文]

說文解字皿，飯食之用器也，象形，與豆同意，卜辭中皿字或作[古文]，若豆之有骹，故許云與豆同意，

曰槃、[古文] [古文] [古文] [古文]

說文解字，槃，承槃也，从木般聲，古文作鎜，籀文作般，古金文作般，此作[古文]，象形，旁有耳以便手持，或省耳，古者槃與舟相

類、故般庚之般从月或徑作月、殆與月字同、後世从舟與从月同意也、又以古金文例之、般庚之般亦般盂字矣、

曰盂、

說文解字、盂、飯器也、从皿亏聲、古金文从于盂鼎與此同、卜辭或从亐凵亐亦于字、凵即皿省、

曰匚、

說文解字匚受物之器也、象形、籀文作匚、

曰簠、

鄦子簠簠字作𠥲、从匚从古此从木个即古之省、

曰巾、

曰冪、

象巾覆尊上、乃禮注覆尊巾之冪之本字、後世用冪、則借字也、今則借字行而本字廢矣、

曰樂

从絲附木上琴瑟之象也或增白以象調弦之器猶今彈琵琶阮咸者之有撥矣虘鐘作𣛭借濼為樂亦从𦆻許君謂象鼓鞞木虡者誤也

曰鼓、

說文解字鼓籀文作𡔷从古聲卜辭與古金文畧同皆不从古其增𠂉者殆亦鼓字

曰彭、

說文解字彭鼓聲也彡聲徐鉉曰當从形省乃得聲段先生刪聲字卜辭从彡或作彡乃从彡曰之彡、

曰殸、

說文解字磬从石象縣虡之形籀文省作殸古文作硜卜辭諸字从屮象虡飾𠂆象磬又持卜所以擊之形意已具其从

石者，乃後人所加，重複甚矣。

曰聿。聿

說文解字：聿，所以書也，从聿一聲。此象手持筆形，乃象形，非形聲也。書父辛卣从聿，與卜辭同。

曰中。中

此象簡冊形，史、事等字从之，非中正字。詳前史字注。

曰冊。冊 冊 冊 冊 冊 冊

說文解字：冊，象其札一長一短，中有二編之形，古文从竹作笧。卜辭中諸字與古金文同，或增廾象奉冊形。

曰玉。王 丰

說文解字：玉，象三玉之連，丨其貫也。古文作𤣩。卜辭亦作丰，丨或露其兩端也。知丰即玉者，卜辭地名有瑨字，从王或从丰。又玨字从王亦从丰作玨，又豐字从玨亦从丰丰，其證矣。至古金文皆作王。無作𤣩者。

曰寶。

貝與玉在宀內。寶之誼已明。古金文及篆文增缶。此媘。

曰珍。

从勹貝。乃珍字也。篆文从玉。此从貝者。古从玉之字或从貝。如許書玩亦作貦。是其例也。勹貝為珍。乃會意。篆文从玉今聲。則變會意為形聲矣。

曰貝。

象貝形。作者與盂鼎同。作者與貝父己爵同。

曰朋。

此朋貝字與古金文同。

曰爰。

說文解字。瑗。大孔璧。人君上除陛以相引。段注未聞。桂氏曰。

大孔壁者、孔大能容手。又曰：漢書五行志宮門銅鍰，亦取孔大能容手以便開閉。而於人君上除陛以瑗相引之說，亦無徵證。蓋古義之僅存於許書中者也。瑗為大孔璧，可容兩人手。人君上除陛，防傾跌失容，故君持瑗，臣亦執瑗在前以牽引之。必以瑗者，臣賤，不敢以手親君也。於文从乂，象臣手在前；乂，象君手在後；丨者，象瑗之形。瑗形圓，今作丨者，正視之為○，側視之則成丨矣。瑗以引君上除陛，故許君於爰援均訓引。荀子性惡篇注訓援為牽引，禮記中庸注訓援為牽持之，並與許書瑗注義同。知古瑗援爰為一字，後人加玉加手以示別，其於初形初義反晦矣。古罰鍰之鍰，古亦作爰。寽尚幣作[glyph]作[glyph]，毛公鼎作[glyph]，變丨為一為ㄑ形，又失矣。吳縣潘氏滂喜齋藏一卣，其文曰[glyph]，與卜辭正同，蓋亦瑗字。

曰暖、[glyph]、[glyph] [glyph] [glyph]

說文解字鍰注、鋝也、从金爰聲、又出鋝字注十一銖二十五分銖之十三也、从金寽聲、周禮曰、重三鋝、北方以二十兩為三鋝、鄭注考工記曰、許叔重說文解字云、鋝鍰也、是許書鍰鋝二字互注、今卜辭有鍰字、殆即从金之鍰、鍰為重量之名、誼亦為罰金、古者貨貝而寶龜、至周而有錢、至秦廢貝行泉、故从貝从金一也、又篆文从寽之字古文皆作寽、知鍰鋝本一字、後世誤析為二矣、

曰糸、[glyph]

說文解字、糸古文作[glyph]、此與許書篆文合、[glyph]象束餘之緒、或在上端、或在下端、無定形、

曰絲、[glyph]

象束絲形、兩端則束餘之緒也、

曰𢇁、[glyph] [glyph]

說文解字、絲織以絲毋杼、丱古文卯字、此从一或从三、正象杼形、許君作丱謂是卯字者誤也、

曰帛、

曰㡀、

說文解字、敝、帗也、一曰敗衣、从攴从㡀、㡀亦聲、此从㡀省、

曰衣、

說文解字、衣象覆二人之形、案衣無覆二人之理、段先生謂覆二人、則貴賤皆覆、其言亦紆回不可通、此蓋象襟衽左右掩覆之形、古金文正與此同、又有衣中著人者、亦衣字、

曰裘、

說文解字、裘古文省衣作求、又卣作[illegible]、此省、又作[illegible]、象裘形、當為裘之初字、許君裘字注、古者衣裘、故以毛為表、段先生曰古者衣裘、謂未有麻絲、衣羽皮也、衣皮時毛在外、故裘之

制毛在外今觀卜辭與叉卣裘字毛正在外可為許說左證卜辭中又有作者王君國維謂亦裘字其說甚確蓋為已製為裘時之形則尚為獸皮而未製時之形字形詘屈曲象其柔委之狀番生敨及石鼓文作齊子仲姜鎛作並與此同既為獸皮而未製衣是含求得之誼故引申而為求匄之求卜辭中又有作亦求字

曰戎

說文解字戎兵也从戈从甲卜辭與古金文从戈从十十古文甲字今隸戎字尚从古文甲亦古文多存於今隸之一證矣

曰介

象人著介形介聯革為之或从⠆者象聯革形

曰弓

弓父庚卣作與同。

曰弨

說文解字。弨弓彊也。卜辭兩見此字。其文皆曰弨。改疑弨乃弼之古文。許君云弓彊。殆後起之誼矣。

曰彈

說文解字。彈行丸也。从弓單聲。或从弓持丸作𢎶。段先生從佩觿集韻改𢎶為。改注文作或說彈从弓持丸。今卜辭字形正為弓持丸。與許書或說同。許君兼存衆說之功。亦鉅矣。

曰射

說文解字。䠶从矢从身。篆文作射。从寸。寸。法度也。亦手也。卜辭中諸字皆為張弓注矢形。或左向或右向。許書从身。乃由弓形而譌。又誤橫矢為立矢。其从寸則从又之譌也。古金文及石鼓文並與此同。

曰叔。□ □ □

古金文伯叔及淑善字作□中敦□敦□卯敦□井人鐘等形與卜辭諸文畧同吳中丞曰象人執弓矢形男子生桑弧蓬矢六以射天地四方故叔為男子之美稱予案吳説非也此字从□象弓形↑象矢乙象隿射之繳其本誼全為隿射之隿或即隿之本字而借為伯叔與存以俟考。

曰第。□

此疑是第字象雙矢帶繳之形雉兔之雉卜辭从□或从□。亦象矢帶繳彼从一矢此从二矢疑是一字廣雅釋器矰第箭也周官司弓矢矰矢第矢用諸弋射字又作茀第弟殆皆由□之譌變至矢之形或順或逆繳之形或左或右文字中所不拘實無殊異知□必有作□者於是隸變而成第其矢

形下向者去其上半則成茀矣、

曰弘、說文解字弘弓聲也从弓厶聲厶古文肱字卜辭从弓从丿與毛公鼎同、

曰矢、象鏑幹括之形說文解字云从入乃誤以鏑形爲入字矣、

曰族、从㫃从矢軍旅之下矢所集也、

曰矦、說文解字矦从人从厂象張布矢在其下古文作厌與此同古金文亦均从厂、

曰臬、說文解字臬射準的从木从自卜辭有此字但不知與許書

同誼否。

曰医、[illegible] [illegible]

說文解字、医、盛弓弩矢器也。从匚矢、矢上聲。春秋國語曰、兵不解医。段君據廣韻改注文盛為藏、謂此器可隱藏兵器也。案齊語兵不解医、作解翳。韋注翳所以蔽兵也。翳為医假借字。蓋医乃蔽矢之器、猶禦兵之盾然。匚象其形。韋注誼較明白。段君以為隱藏兵器者、尚未當也。

曰箙、[illegible] [illegible] [illegible] [illegible] [illegible]

說文解字、箙、弩矢箙也。从竹服聲。周禮司弓矢鄭注、箙盛矢器也。詩小雅象弭魚服、箋服矢服也。是古盛矢之器、其字作箙、作服。卜辭諸字盛矢在器中、形或一矢或二矢。古金文畧同。作[illegible]（丙申角）[illegible]（番生敦）[illegible]（毛公鼎）[illegible]（爵）[illegible]（父癸甗）[illegible]（子父己爵）諸形。且有中盛三矢作[illegible]者。（博古圖卷十父辛卣）番生敦文曰簟弼魚[illegible]、毛公鼎文亦同是𤰈與𤰈確即毛詩及許書之服箙其字本象箙形中或盛一矢二矢三矢後乃由从一矢之𤰈𤰈變而為𤰈𤰈於初形已漸失而與葡字形頗相近古者犕與服相通假易服牛乘馬說文解字犕注引作犕牛乘馬左傳王使伯服如鄭請滑史記鄭世家作伯犕後漢書皇甫嵩傳注犕古服字此犕服相通假之證矣箙之初字全為象形字乃由𤰈轉寫而為𤰈由𤰈又轉譌而為葡為犕又由犕而通假作服又加竹而為箙於是初形全晦而象形乃變為形聲字矣

曰櫜 [illegible]

北征葡有䕩字吳中丞釋為周禮櫜人之櫜此从𣏟與从茻同

曰㫃 [illegible] [illegible]

說文解字㫃旌旗之游㫃蹇之皃从屮曲而垂下㫃相出入

也。㫃古文㫃字象旌旗之游及㫃之形。其義頗難通。又所載古文與篆文無異。段先生正之曰。从屮曲而垂下㫃相出入也十一字當作从屮曲而下垂者游从入游相出入也。語意略顯。然謂㫃从入尚未得。蓋㫃字全為象形。卜辭作[illegible]與古金文同。[illegible]象杠與首之飾。乁象游形。段君以為从入非也。蓋篆形既失。初意乃全不可知矣。卜辭又有[illegible]字象四游之形。疑亦㫃字。

曰游。[illegible]

說文解字。游旌旗之流也。从㫃汓聲。古文作[illegible]。案石鼓文作[illegible]與此同。从子執旗。全為象形。从水者後來所加。於是變象形為形聲矣。

曰戈。[illegible]

說文解字。戈平頭戟也。从弋一横之象形。案戈全為象形。一

卷中

象柲、一象戈、非从弋也、古金文或作戈形、已失矣、許君於象形諸字多云从某者、因字形失而誤會也、

曰戉、

說文解字、戉、斧也、从戈乚聲、案戉字象形、非形聲、古金文或作　戉尊與此同、

曰𣏟、

說文解字、𣏟、兩刃臿也、从木丫象形、宋魏曰𣏟也、或作釫、與卜辭所載不知同誼否、

曰舟、

象舟形、

曰車、

說文解字、車、籒文作𨏥、毛公鼎作𨊻、象側視形、篆文車字亦然、許書从戔、乃由丼而譌、卜辭諸車字皆象從前後視形、或有箱或

有輹或僅作兩輪亦得知為車矣

曰輿 □

說文解字輿車輿也从車舁聲案考工記輿人為車此象衆手造車之形軾較軫軹轛皆輿事而獨象輪者車之所以載者在輪且可象它皆不可象舉輪則造車之事可概見矣

曰爿 □ □

許書無爿字而牀狀牆戕等字皆从之今卜辭有爿字是許君偶遺之耳

曰席 □

說文解字席从巾庶省古文作□从石省案从石省之說難通古但象形作□耳卜辭作□與□同象席形詳後謝字注

曰甘 □ □ □ □ □ □

說文解字箕从竹甘象形下其丌也古文作甘□□三形籀文

作𠀠𠀠二形。卜辭作囟作囟。（許書之𠀠乃由囟而譌。）與許書古文合。此字象甾形。而假為語詞。（卜辭中諸其字亦然。）其字初但作囟。後增丌於是改象形為會意。後又加竹作箕。則更繁複矣。許君錄後起之箕字。而附甾與諸形於箕下者。以當時通用之字為主也。

曰糞。[glyph] [glyph] [glyph] [glyph]

說文解字。𡙁。棄除也。从廾推𠀠棄釆也。官溥說。似米非米者矢字。今卜辭之𡙁即糞字。从米象糞薉形。即官溥所謂似米非米者。从甾即許書所从之𠀠。（𠀠象田網。非箕屬。說詳下畢字注。）廾以推棄之。埽糞薉於甾中。而推棄之。糞之誼瞭然矣。其省廾从土从甾者。从小且旁加帚者。殆亦糞字。

曰棄。[glyph]

說文解字。棄。从廾推𠀠棄之。从𠫓。𠫓。逆子也。古文作弃。籀文作[glyph]。此从子在甾中。（許書从𠀠即甾也。）廾棄之。殆即棄字。

曰帚。

說文解字，帚从又持巾埽門內。卜辭帚字从象帚形，其柄末所以卓立者，與金文戈字之同意。其从冖者，象置帚之架。埽畢而置帚於架上，倒卓之也。許君所謂从又乃之譌。从巾乃之譌，謂冖為門內乃架形之譌，亦因形失而致誤也。凡卜辭中帚字皆假為歸。

曰埽。

象人持帚埽除之形，當為埽之本字。說文作埽，从帚土，殆為後起字。變象形為會意矣。

曰彗。

說文解字：彗，埽竹也。从又持甡。或从竹作篲，古文作𥩛。此从兩手持二帚，象埽除之形，殆即許書彗字。許言古文作𥩛，从羽，殆从兩帚之譌。與卜辭中又有从又持一帚者，殆亦彗字。

又以字形觀之、下埽謂之埽、上埽謂之彗、許訓彗為埽竹、殆非初誼矣、

曰專、

說文解字、專六寸簿也、从寸叀聲、一曰專紡專、此字从叀从又、凡篆文从寸之字古文皆从又、疑即許書之專字、其誼則不可知矣、

曰畢、

說文解字、畢田网也、从華象畢形微也、或曰甶聲、卜辭諸字正象网形、下有柄、或增又持之、即許書所謂象畢形之華也、但篆文改交錯之網為平直相當、於初形已失、後人又加田、於是象形遂為會意、漢畫象刻石凡捕兔之畢尚與字形同、是田網之制漢時尚然也、又許書隸畢字於華部、于畢注云从華象畢形、而於華注乃曰箕屬、所以推棄之器也、象形、

一若畢既象田網之畢又象推棄之箕者許君又謂糞棄二字皆从華今證之卜辭則糞字作[illegible]乃从甘不从華糞除以箕古今所同不聞別用它器其在古文華即畢字糞棄固無用畢之理也此亦因形失而致歧者

曰网　[illegible]

說文解字网从冂下象网交文或从亡作罔或从糸作網古文作[illegible]籀文作[illegible]此作[illegible]象張网形

曰羅　[illegible]　[illegible]　[illegible]　[illegible]　[illegible]

說文解字羅以絲罟鳥也从网从維卜辭从隹在畢中與网同篆書增維於誼轉晦又古羅離為一字離从隹从离聲古金文禽作[illegible]王代侯鼎下从[illegible]知[illegible]即[illegible]而移[illegible]中之隹於旁又於[illegible]上加[illegible]許君遂以為离聲方言離謂之羅始以羅離為二字後人遂以為黃倉庚之名及別離字而離之本誼

晦矣、

曰罞、

王氏國維謂即爾雅釋器麋罟謂之罞之罞注冒其頭也此正作麋頭在网下、

曰羉、

象豕在罟下王氏國維謂即爾雅釋器彘罟謂之羉之羉、

曰罝、

象兔在罟下、王氏國維謂即爾雅釋器兔罟謂之罝之罝、

曰率、

說文解字率捕鳥畢也象絲网上下其竿柄也段君曰象絲网、謂𢆶案盂鼎率作𢆶師寰敦達从𢆶均與卜辭同但象絲网形卜辭或从𢆶象絲网之緒餘、

曰阱、

說文解字、阱陷也、从𨸏井井亦聲、或从穴作穽古文汬、禮記中庸釋文、書費誓傳漢書食貨志下注後漢書趙壹傳注並云穿地以陷獸也、卜辭象獸在井上正是阱字或从坎中有水與井同意、又卜辭諸字均从鹿屬知阱所以陷鹿屬者矣、

曰火、

象火形、古金文从火之字皆如此作、

曰光、

說文解字光从火在人上光明意也、古文作二形、

曰苣、

說文解字苣束葦燒也、此从丮執火或从屮象爇木形、與賁同意、殆苣之本字、或从木省作屮、

曰㶳、

說文解字㶳火餘也、从火聿聲、徐鉉曰聿非聲疑从𦘒省此

从又持丨以撥餘火象形非形聲也、

曰焚、

説文解字、樊燒田也、从火楙、楙亦聲、段先生改篆文樊為焚、改注从楙楙亦聲為从火林、謂玉篇廣韻有焚無樊、焚符分切、至集韻類篇乃合焚樊為一字、而集韻廿二元、固單出樊字、符袁切、竊謂楙聲在十四部、焚聲在十三部、份古文作彬、解曰焚省聲、是許書當有焚字、況經傳焚字不可枚舉、而未見有樊、知火部之樊、即焚之譌、元應書引説文焚燒田也、字从火燒林意也、凡四見、然則唐初本有焚無樊、不獨篇韻可證也云云、今證之卜辭、亦从林不从楙、可為段說左證、或又从草、於燒田之誼更明、

曰烄、

説文解字、烄交木然也、玉篇交木然之以尞柴天也、此字从

交下火當即許書之烄字。

曰赫。□ □ □ □ □ □ □ □ □

說文解字，赫从二赤，此从大从屾（即二火字）者，省二大為一，誼已明也。石鼓文奔作𡙸，从三夭，盂鼎作𡘤，省三夭為一。卜辭中彗字或从二又持二帚，或从一又持一帚，是其例矣。此字即召公名之奭。爾雅釋訓奭奭釋文本作赫赫。說文奭从皕从大，盛也。詩出車傳赫赫盛貌，常武傳兩云赫赫然盛也，節南山傳赫赫顯盛也。赫从二火，故言盛。从皕則無從得盛意，知从皕者，乃从屾之譌。奭乃爽之譌字。卜辭从屾，或變作□□、□□等，皆為火之變形。許書又變从百，愈變而愈失其初矣。

卜辭中凡王賓之以妣配食者，則二名間必間以爽字。戊辰彝遘于戊匕戚乙□（作□，亦从火之變形），爽字雖在二名之下，義亦相同。卜辭又云有爽，猶言有妃也。是爽有妃之誼。許書奭字注召公名、又引史篇召公名醜、二說不同、疑召公或名奭而字醜、古人名字誼多相應、醜訓比、卜辭對父言稱匕、（即妣字、言與父相比也）意奭亦有妃誼、此古誼之僅存者、雖不能盡曉、然可得其概矣、又方言焃赫也、（赫舊本作[illegible]、即赫之別構、戴氏改赫是也、）廣雅釋器焃赤也、焃即奭寫法畧異爾、是漢魏閒尚有奭、但已不能知為即赫字矣、

曰炎、

卜辭中从火之字作、古金文亦然、然亦有从火者、故知即炎矣、

曰幽、

說文解字幽隱也、从山中𢆶、𢆶亦聲、古金文幽字皆从火从𢆶、與此同、隱不可見者得火而顯、

曰[illegible]、

說文解字𤎩大孰也从又持辛辛者物孰味也此字从又持炬从三火象炎炎之形殆即許書之𤎩字許从辛殆炬形之譌此字又疑為許書訓火華之𤇾字附此俟考

曰毓 [illegible]

后 [illegible]

王氏國維曰此字變體甚多从女从𠫓倒子形即說文之㐬字或从母从𠫓象產子之形其从∴∴者則象產子時之有水液也从人與从母从女之意同以字形言此字即說文育字之或體毓字毓从每即母字从㐬即倒子與此正同其作[illegible]者从肉从子即育之初字而[illegible]字所从之𦥔即說文訓女陰之也字其意當亦為育字也故產子為此字之本誼又[illegible]諸形皆象倒子在人後故引申為先後之後又引申為繼體君之后說文后繼體君也象人之形施令以告四方故厂之从一口

是后字本象人形、𠂆當即𠤎之譌變、𠫓則倒子形之譌變也。后字之誼本从毓誼引申、其後產子之字專用毓育二形、繼體君之字專用居形、遂成二字、又譌居為后、而先後之後又別用一字、說文遂分入三部、其實毓后後三字本一字、卜辭後祖乙作[illegible]后祖乙、即武乙之異稱、又曰乙卯卜貞王賓[illegible]后祖乙父丁旺亡尤、后祖乙與父丁連文、考殷諸帝中父名乙子名丁者、般庚以後、卜辭皆般庚遷般後物惟小乙武丁及武乙文丁、而小乙卜辭稱小祖乙、則后祖乙必武乙矣、殷諸帝名中名乙者六、除帝乙未見卜辭外、皆有祖乙之稱、而各加字以別之、是故高祖乙者、謂之太乙也、中宗祖乙者、謂河亶甲子祖乙也、小祖乙者謂小乙也、武祖乙后祖乙者謂武乙也、武乙在諸名乙者之後、乃稱后祖乙、則用為先後之後者也、卜辭此字又用為繼體君之后、屢云自上甲至于多熱衣、又云丁丑之于五后案書般庚云古我前后又云女曷不念我古后之聞又云予念我先神后之勞爾先又云高后丕乃崇降罪疾又云先后丕降與女罪疾詩商頌云商之先后是商人稱其先人為后是多后者猶書言多子多士多方也五后者猶書云三后成功詩云三后在天也二者皆毓育二字引申之誼故備論之

曰大 大 大 大

曰立 立 立

曰竝 竝 竝

曰从 从 从

卜辭中从與比二字甚不易判以文理觀之此當為从字

曰并 并

說文解字并相从也从从幵聲一曰从持二為幷徵之卜辭

正从二與許書後說同

曰伊、□□□

曰休、□□□

曰偁、□□

說文解字偁揚也从人爯聲此从爯省知者卜辭中爯亦省作冉矣又此字疑與爯為一字舉父乙爵偁字作□亦省爪

曰傳、□

師田父尊亦作□與此同

曰匄、□□

說文解字匄气也逯安說亾人為匄古金文亦作□（師奎父鼎及師遽方尊等）□（追敦）與卜辭同與逯安說亦合

曰夙、□□

說文解字夙从夕从丮古文作□此从□象人跽形生人拜

於朽骨之旁、从之誼昭然矣、

曰歺、

說文解字、歺列骨之殘也、从半冎、古文作𣦵、此與篆文同、

曰允、

說文解字、允信也、从儿㠯聲、卜辭允字象人回顧形、殆言行相顧之意與、

曰令、

說文解字、令發號令也、从亼卪、案古文令从亼人、集衆人而命令之、故古令與命為一字一誼、許書訓卪為瑞信、不知古文卪字象人跽形、即人字也、凡許書从卪之字解皆誤、

曰兇、

曰弱、

說文解字、弱二卪也、巽从此、闕、案易雜卦傳巽伏也、又為順

漢書王莽傳下集注為讓書堯典馬注為恭論語子罕集解故从二人跽而相从之狀疑即古文巽字也。

曰卯、□

說文解字卯事之制也、从卪ㄗ卜辭□字从二人相向鄉字从此、亦从□知□即□矣此為嚮背之嚮字、卯象二人相嚮猶北象二人相背、許君謂為事之制者非也。

曰抑、□

說文解字、抑按也从反印俗从手又印注執政所持信也、从爪下卜辭□字从爪从人、跽形象以手抑人而使之跽、其誼如許書之抑、其字形則如許書之印、抑訓按許書及禮記內則注淮南精神訓注並同訓屈史記劉敬叔孫通傳集解訓枉國語晉語注訓止楚辭招魂注與字形正合、引申之則訓安方言十三及廣雅釋詁一訓治、廣雅釋詁三訓慎密、詩賓之初筵傳及凡謙抑之稱、予意許書印抑二字古為一字、後世之印信古者謂之璽節、初無印之名、而卜辭及古金文則已有此字、曾伯霥簠云、克狄淮夷印燮繁邑、抑亦訓安、訓治、印燮猶言安和矣、印之本訓既為按抑、後世執政以印施治、乃假按印之印字為之、反印為抑、殆出晚季、所以别於印信字也、古文每多反書、而卜辭及金文印字皆正書、無一反書如許書者、則印與抑之非有二字二誼明矣、

曰旡、

説文解字、飲食气屰不得息曰旡、从反欠、古文作□、案石鼓文既字从□、與卜辭同、許書之古文□、乃由□傳寫之譌、卜辭又有□字、不知為旡字之反書、抑是許書之欠字矣、

曰即、

曰既、

即象人就食、既象人食既、許君訓既為小食、誼與形為不協

矣

曰矣、□

許書無此字、殆即疑字、象人仰首旁顧形、疑之象也、伯疑父𣪘疑字作□、正从此字、許君云疑从子止上矢聲、語殊難解、

曰矢、□□□□

說文解字矢傾頭也、此象傾頭形、

曰夭、□

夭屈之夭、許書作□、與古文傾頭之矢形頗相混、此作□、石鼓文从走諸字皆作□、與此正同、古金文亦然、無作□者、

曰㬝、□□

曰宿、□□

說文解字、宿止也、从宀㑂聲、㑂古文夙、又𠈇注古文作㑂㑂、案古金文及卜辭𠈇字皆从夕从丮、疑㑂㑂為古文宿字、非

夙也、卜辭从人在囹旁或人在𠂤上皆示止意古之自外入者、至席而止也、豐姞敦作𡪀與此同但卜辭𡧊宀耳姑改隸宿下以俟考、

曰辟、[甲骨文字形]

說文解字辟法也从卪从辛節制其辠也从口用法者也案古文辟从辛人辟法也人有辛則加以法也古金文作𡰪增○乃璧之本字从○辟聲而借為訓法之辟許書从口又由○而譌也、

曰若、[甲骨文字形]

說文解字若擇菜也从艸右右手也又諾譍也从言若聲案卜辭諸若字象人舉手而跽足乃象諾時巽順之狀古諾與若為一字故若字訓為順古金文若字與此略同擇菜之誼非其朔矣、

曰見、□ □ □ □ □

曰相、□ □ □

說文解字相省視也、从目从木、易曰地可觀者莫可觀於木。此从目从木與許書同或从屮乃木之省猶他从林之字或从艸矣古金文亦多省木作屮與此同

曰堇、□

說文解字堇黏土也、从土从黃省古文作□□、□臨鼎作□下从火、毛公鼎作□頌鼎作□吳中丞云从□□皆火之省、毛公鼎𦰩字亦从□許云从火誤也、頌鼎□為覲見字、卜辭誼同、

曰眔、□ □ □ □

說文解字、眔目相及也从目从尾省、古金文作□。静敦及諆田鼎卜辭从□□□□等形、殆非从尾省也古文尾字从木。

曰斁、

說文解字、斁、解也、从攴睪聲、詩云、服之無斁、斁、猒也、毛公鼎肆皇天亡斁、斁字作𢼛、吳中丞釋斁、與此同、

曰旻、

說文解字、旻、舉目使人也、从攴从目、卜辭旻从乂、即攴字、

曰瞚、

曰劓、

說文解字、劓、刑鼻也、从刀臬聲、或从鼻作劓、此作𠝹、與說文或作合、自即鼻之初字也、

曰告、

曰名、

从夕从口、

曰商、

說文解字商，从外以知内也，从𠫓章省聲，古文作[illegible][illegible]，籀文作[illegible]，卜辭商字與篆文同，或省口。

曰咸，[illegible] [illegible] [illegible]

說文解字咸，皆也，悉也，从口从戌，戌悉也，卜辭與古金文盂鼎及貉子卣皆从戌。

曰唐，[illegible]、

說文解字唐，古文作啺。

曰商，[illegible] [illegible]

曰启，[illegible] [illegible]

启或从又，象有自名以詔門者，往以又启之也。

曰問，[illegible]

曰合，[illegible]

曰同，[illegible]

曰如、

曰品、

曰𠱫、

曰曰、

說文解字、曰、詞也、从口乙聲、亦象口出气也、卜辭从一不作乙、散盤亦作曰、晚周禮器乃有象口出气形者、

曰𣍘、

說文解字、𣍘、告也、从曰从冊、冊亦聲、卜辭此字从口、口之意與曰同、

曰言、

曰謝、

說文解字、謝、辭也、从言䠶聲、卜辭諸謝字从言从兩手持席、或省言、或省兩手、知為手持席者、許書席古文作𠧩、从古文

作□□、又云宿字从此、豐姞敦宿字作□、許書席之古文从□、古金文宿从□、皆象席形、此作□作□作□、文有繁簡形則同也、知兩手持席為謝者、祭義七十杖於朝、君問則席、注為之布席堂上而與之言、正義布席令坐也、此从兩手持席者、蓋臣於君前不敢當坐禮、故持席以謝也、此古禮之僅存於祭義中者、今由卜辭觀之、知賜席之禮亦古矣、篆文从躬聲、乃後起之字也、

曰㯻　□

說文解字、㯻二東曹从此、闕、案卜辭㯻為國名、又有𣈅、㯻與𣈅殆一字也、

曰𣈅　□、

說文解字、𣈅獄之兩𣈅也、在廷東从㯻治事者、从曰此从口與从曰同意、

曰競。[illegible]

說文解字、競从誩从二人、此从誩省、

曰戠。[illegible]

說文解字、戠闕、从戈从音、此从言、古金文識幟諸字皆如此、作趩尊錫趩戠衣、文作[illegible]、格伯敦作[illegible]、吳中丞以為識字、一从音與許書同、一从言與卜辭同、古从言从音殆通用不別、

曰嫠。[illegible]

說文解字無嫠字、而有欬、注屰气也、又謦注欬也、通俗文利喉謂之謦欬、此二字亦見莊子徐無鬼篇知嫠即謦欬之初字矣、

曰有。[illegible]

古金文有字亦多作又、與卜辭同、

曰及。[illegible]

說文解字及从又从人、古文作乁、弓、𢓊、三形、石鼓文作[illegible]、與

卜辭同。象人前行而又及之。

曰反。反

説文解字。反古文作反。此作反與古金文及許書篆文合。

曰𠬝。𠬝。

説文解字。𠬝治也。从又从卩。卩事之節也。此象以又按跽人。與卬从𠂎从卩同意。盂鼎服字作𦨶。趩尊作𦨶。並从𠬝。與此同

曰⿰虘又。⿰虘又 ⿰虘又

此字與許書及古金文並同。

曰對。對

説文解字。對从丵从口从寸。或从士作對。漢文帝以為責對而為多言非誠對。故去其口以从士也。案古金文無从口作者。亦非从士。又許書从寸。古金文及卜辭均从又。

曰秉、

秉仲鼎作[古文]與此畧同象手持禾形。

曰得。

說文解字得行有所得也从彳㝵古文省彳作㝵許書又有㝵字注取也从見从寸複出當刪此从又持貝得之意也或增彳許書古文从見殆从貝之譌。

曰事。

說文解字事从史之省聲古文作[古文]卜辭事字从又持簡書執事之象也與史同字同意。

曰敘。

說文解字敘次弟也从攴余聲此从又篆文从攴之字若敏敢等古文多从又。

曰敏、

殷中

說文解字、敏疾也、从攴每聲、叔緐父敢、从又、杞伯鼎聃敢均省又與卜辭同、

曰為、□□□

說文解字為母猴也、其為禽好爪、爪母猴象也、下腹為母猴形、王育曰、爪象形也、古文作□象兩母猴相對形、案為字古金文及石鼓文並作□、从爪从象、絕不見母猴之狀、卜辭作手牽象形、知金文及石鼓从□者、乃□之變形、非訓覆手之爪字也、意古者役象以助勞其事、或尚在服牛乘馬以前、微此文幾不能知之矣、

曰妥、□

古綏字作妥、古金文與卜辭並同、說文解字有綏無妥、而今隸反有之、雖古今殊釋、然可見古文之存於今隸者為不少也、

曰爯、

說文解字、爯并舉也、从爪冓省、與卜辭同、卜辭又或省爪。

曰采、

象取果於木之形、故从爫果、或省果从木、取果爲采、引申而爲樵采、及凡采擇字。

曰系、

說文解字、系繫也、从糸丿聲、籀文作䌛、卜辭作手持絲形、與許書籀文合。

曰敎、

曰效、

曰斆、

說文解字、斆覺悟也、从敎从冂、冂尚矇也、臼聲、篆文省作學、案卜辭諸文均不从攴、且省子、或又省作爻。

曰改、

□ □ □

說文解字、改更也、从攴已、又改改殺大剛卯以逐鬼鬽也、从攴已聲、古金文（改盨 改簋）及卜辭有从巳之改、無从已之改、疑許書之改、即改字、初非有二形也、

曰⿰𠩺攵、

□ □

說文解字、⿱𠩺又反引也、从又𠩺聲、卜辭作⿰𠩺攵、从⿰𠩺攵、師⿱𠩺又敦作⿰𠩺攵、與卜辭略同、所从之⿰未攵、均不从未、又或省厂、

曰般、

□ □ □ □ □

說文解字、般辟也、象舟之旋、从舟从殳、殳以旋也、古文从支作𣪨、此从攴、許云从支、乃攴之譌、兮田盤亦作敗、从攴、此或又省攴、

曰畏、

□

說文解字、畏惡也、从甶虎省、鬼頭而虎爪、可畏也、古文作□

古金文作▢▢▢盂鼎从甲、及手形、或省手形从卜、當是攴省此則从鬼手持卜鬼而持攴可畏孰甚、古金文或作▢、既从卜又加攴、初形已失矣、

曰廾、▢

曰龔、▢▢▢▢

曰來、▢

說文解字有拲無桊拲注兩手同械也从手从共共亦聲、或从木作桊此作▢象兩手絜木形、當是許書之桊字、孟子拱把之桐梓、拱字當如此作、訓兩手同械者、殆引申之義矣、

曰與、▢▢▢

說文解字與黨與也从舁从与、古文作▢卜辭諸字从般象二人相授受形、知與受為與之初誼矣、知月為般者、以般从月或作▢、知之、知與字从般者、以受字知之也、或省从兩手

奉般形、兩手奉般者、將有所與也、般亦舟也、所以盛物、鄭司農謂舟若承槃、是般與舟殆一物矣。

曰受、[glyph] [glyph] [glyph] [glyph] [glyph] [glyph] [glyph] [glyph]

說文解字、受、相付也、从𠬪、舟省聲、古金文皆从舟、不省、與此同、象授受之形、與與同意、[glyph]或作[glyph]、或作[glyph]、皆手形、非訓覆手之爪、

曰異、[glyph] [glyph]

說文解字、異、分也、从廾、从畀、畀、予也、古金文皆作[glyph]、象人舉手自翼蔽形、皆借為翼字、此从甲、甲與古金文亦異、

曰鬥、[glyph] [glyph] [glyph]

說文解字、鬥、兩士相對、兵杖在後、象鬥之形、卜辭諸字皆象二人相搏、無兵杖也、許君殆誤以人形之[glyph]為兵杖、與自字形觀之、徒手相搏、謂之鬥矣。

曰丮。

象兩手執事形，古金文與此同，篆文作誤。

曰丞。

象人臽阱中有拼之者，臽者在下，拼者在上，故从𠬞象拼之者之手也。此即許書之丞字，而誼則為拼救之拼。許君訓丞為翊，云从廾从卩从山，山高奉丞之義，蓋誤以𠬞為廾，誤凵為山，誤㔾為卩，故初誼全不可知，遂別以後出之拼代丞，而以承字之訓訓丞矣。

曰樹。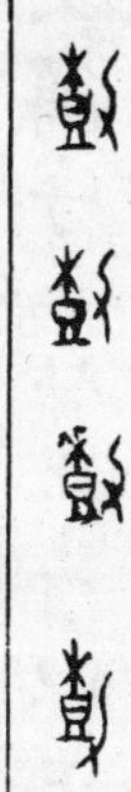

說文解字：樹，生植之總名，从木尌聲，籀文作。案樹與尌當是一字，樹之本誼為樹立，蓋植木為樹，引申之，則凡樹他物使植立皆謂之樹。石鼓文鼔字从又，以手植之也。此从力，樹物使植立必用力，與又同意。許書凡含樹立之誼者，若尌若

卷中

侸、若豎其字皆為樹之後起字、古文从木之字或省从屮、於是查乃變而為壴、既譌查為壴、遂於壴旁增木、而又譌又為寸、於是樹之本誼不可知矣。

曰正、[字形] [字形] [字形] [字形]

說文解字、正从止一以止、古文从二作[字形]、又从一足作[字形]、此从口、古金文作●、此但作匡郭者、猶丁之作口、就刀筆之便也、許君云从一足、殆由[字形]而譌、正月字、征伐字同、又作[字形]从屮、知[字形]即正者、卜辭曰貞我弗獲正[字形]口、又曰昔甲辰方正于[字形]、又曰告曰土方正我東啚、以其文觀之、皆為正矣。

曰之、[字形] [字形]

說文解字、之出也、象艸過屮、枝莖漸益大、有所之也、一者地也、案卜辭从止从一、人所之也、爾雅釋詁、之往也、當為之之初誼。

曰往、

說文解字、㞷、艸木妄生也。从之在土上。又往之也。从彳㞷聲。古文作䢔。卜辭从止从土、知㞷為往來之本字。許訓㞷為艸木妄生、而別以徃為往來字、非也。

曰出、

說文解字、出、進也。象草木益滋上出達也。毛公鼎作𡳿、與此同。吳中丞曰、出字从止、止、足也。丿象納屨形。古禮入則解屨、出則納屨。

曰処、

說文解字、処、止也。从夂、夂得几而止也。此从止在几前、與許正合。或增宀、象几在宀內。或从丙、與几同。

曰企、

說文解字、企、舉踵也。古文作𧿳、从足。卜辭與篆文同。

卷中

曰先、

曰各、

說文解字、各異辭也、从口夂、夂者有行而止之、不相聽也、案各从夂、象足形自外至、从口自名也、此為來格之本字、

曰歷、

說文解字、歷過也、从止厤聲、此从止从秝、足行所至皆禾也、以象經歷之意、或从林、足所經皆木、亦得示歷意矣、

曰復、

說文解字、復往來也、从彳复聲、智鼎作得、此从亞、殆复之省、从夂象足形自外至、示往而復來、

曰歸、

說文解字、歸女嫁也、从止从婦省自聲、籀文作㱕、此省止、與諆田鼎歸夆敦同、或又省自、

曰衛。

說文解字。韋相背也。从舛口。韋。獸皮之韋可以束往戾相韋背。故借為皮韋。古文作。又衛宿衛也。从韋帀从行。行列衛也。卜辭韋衛一字。从口。从。象衆足守衛口內之形。獸皮可束枉戾。故由守衛之誼而引申為皮韋之韋。或从行从止从方。古金文作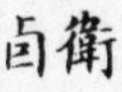衛父卣此省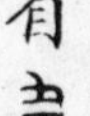為。又或增為而省方。

曰步。

說文解字。步行也。从止少相背。案步象前進時左右足一前一後形。或增彳。古金文涉字从此从水省。乃涉字。然卷五卜辭有曰甲午王涉歸。王無徒涉之理。殆借涉為步乃借涉為步。或又增行。字也

曰衛。

从行从武。此步武之本字。後世經典借武字為之。而專字亾矣。

曰陟、

說文解字、陟登也、从𨸏从步、古文作、案从𨸏示山陵形、从止象二足由下而上、此字之意但示二足上行、不復別左右足、散盤作與此同、

曰降、

說文解字、降下也、从𨸏夅聲、又夅从夂㐄相承、不敢並也、案从𨸏示山陵形、象兩足由上而下、此字之意亦但示二足下行、故左右足亦或別或否、虢叔鐘亦作、

曰徙、

說文解字、徙从辵止聲、或从彳作征、古文作、此與篆文同、

曰旋、

旋、許書从㫃从疋、此从足、增彳者殆亦旋字、

曰登、

說文解字登上車也。籀文从𠂹作䔲。與此合。散盤亦作䔲。此字从癶廾聲。廾即瓦豆謂之登之登。

曰陵。

說文解字陵大𨸏也。从𨸏夌聲。案陵訓椉。廣雅釋詁四訓上。漢書司馬相如傳集注訓升。文選西京賦薛注故此字象人梯而升高一足在地一足已階而升。

曰辵。

此殆即許書之辵。古文从彳者亦从行。

曰逢。

說文解字逢遇也。从辵夆聲。此从彳。古文从辵者。或从彳。許書所載篆文亦然。如退或从彳作徂是矣。

曰遘。

說文解字遘遇也。从辵冓聲。此與許書同。或省辵。

曰逆

說文解字逆迎也从辵屰聲案从屰者（說見下）象人自外入而辵以迎之或省彳或省止

曰屰

說文解字屰不順也从干下凵屰之也案屰為倒人形示人自外入之狀與逆同字同意故卜辭逆字亦如此作

曰避

从彳从䢃䢃即辟字（說見上辟字注）人有罪思避法也說文解字載遲之籀文从犀作遟殆誤認避為遲矣

曰追

說文解字追从辵𠂤聲此省彳𠂤即師字𠂤行以追之也

曰遣

說文解字遣縱也从辵䇂聲古金文遣皆从辵从𦥑（宰鼎及遣小子

敔城虢遺生敔或省𢀜作[glyph]、大保敔與此同、或又省口、

曰𧻚、[glyph] [glyph] [glyph]

說文解字、𧻚𧻚田易居也、从走亘聲、此从止从亘、殆即許書之𧻚矣、此當為盤桓之本字、後世作桓者借字也、

曰𢓜、[glyph] [glyph] [glyph] [glyph] [glyph] [glyph]

說文解字、𢓜迹也、从彳戔聲、案𢓜與踐同、踐訓行、儀禮士相見禮注訓往、呂氏春秋古樂篇注此从辵从戈、或省止、與許書之𢓜同、但戈戔殊耳、又許書𢓜衛並訓迹、乃一字、踐雖訓履、然與𢓜亦一字、是一字而析為三矣、

曰徬、[glyph]

說文解字、徬附行也、从彳旁聲、案後世彷徨之彷、殆从旁省、與徬同、此从行方聲、與彷同、

曰前、[glyph] [glyph] [glyph]

說文解字𦨕不行而進謂之𦨕从止在舟上此从𦨕从行或省从彳誼益顯矣

曰延

說文解字延安步延延也从廴从止師遽敦及盂鼎作𢓊與卜辭同

曰浴

注水於般而人在其中浴之象也許書作浴从水谷聲變象形為形聲矣

曰沬

說文解字沬洗面也从水未聲古文作湏此象人散髮就皿洒面之狀魯伯愈父匜作𩑛亦象人就皿水擢髮形許書作沬乃後起之字今隸作頮从廾與卜辭从𠬞同意尚存古文遺意矣吳中丞曰許書頁部有𩑛字注昧前也讀若昧疑亦

沬之古文。許云沐濯髮也。疑古沬沐為一字。

曰澡。

說文解字。澡洗手也。从水喿聲。此从⺀象水。从ㄡ象手。ㄡ在水中。是澡也。許書所載亦後起之字。卜辭或增从凵。

曰盥。

說文解字盥澡手也。从臼水臨皿。此象仰掌就皿以受沃。是盥也。

曰洗。

說文解字洗洒足也。从水先聲。此从止即足形从⺀即水形。置足於水中。是洗也。或增凵象盤形。是洒足之盤也。中有水。置足於中。由字形觀之。古者沐盥以皿。洗足以盤。

曰洒。

曰濯。

說文解字，濯，澣也，从水翟聲，此从⋮象水，羽象帚，所用以澣者，置羽水中，是濯也，許書作濯，亦後起字。

曰濩，

說文解字，濩，雨流霤下貌，从水蒦聲，卜辭中為樂名，即大濩也，或从水从隻聲，或省又，隻省聲。

曰武，

曰伐，

伐从人持戈，或从戉，與丁未角畢仲敦同，或从大，或从又，或又象人倒持戉，知人持戉亦為伐者，其文曰，乎伐𢀛，曰貞乎伐𢀛方，以是知之矣。

曰戕，

曰戔，

説文解字戔賊也从二戈周書曰戔戔巧言案卜辭从二戈相向當為戰爭之戰乃戰之初字兵刃相接戰之意昭然可見訓賊者乃由戰誼引申之贖武無厭斯為戔矣

曰單 □ □ □

作□與伯昊生鐘同卜辭中獸字从此獸即狩之本字征戰之戰从單蓋與獸同意

曰㓨 □

曰𢦔 □ □ □ □

説文解字𢦔傷也从戈才聲此从□从□乃古文在字博古圖所載穆公鼎有□字鼎文假為哉字从□與此同卜辭多云亾𢦔猶言無害矣

曰克 □

説文解字克肩也象屋下刻木之形古文作□□古金文作

卷中

克、（大保敦）克、（克鼎）與此畧同、象人戴胄形、古金文胄作胄（盂鼎及康彝）
作胄、（伯晨鼎）克本訓勝、許訓肩、殆引申之誼矣、
曰獸、[illegible]
說文解字、獸守備者、从嘼从犬、又狩犬田也、从犬守聲、案古
獸狩實一字、左氏襄四年傳、獸臣司原注、獸臣虞人、周禮獸
人之職、所掌皆王田之事、詩車攻搏獸于敖、後漢書安帝紀
注引作薄狩于敖、漢張遷碑帝游上林、問禽狩所有、石門頌
惡蟲蔽狩、皆獸狩通用、其文先、獸鼎作戰、員鼎作戰、此从丫
从丫並與从單同、古者以田狩習戰陳、故字从戰省、以犬助
田狩、故字从犬、禽與獸初誼皆訓田獵、此獸狩一字之證、引
申之而二足而羽為禽、四足而毛為獸、許君訓獸為守備者
非初誼矣、
曰驅、[illegible] [illegible]

說文解字驅馬馳也从馬區聲古文作敺案石鼓文作𣪍與許書古文合師寰𣪘作𣪍𣪍與此畧同

曰御

說文解字御使馬也从彳从卸古文作馭从又从馬此从彳从 與午字同形殆象馬策人持策於道中是御也或易人以 而增止或又易彳以人或省人殆同一字也作 者亦見盂鼎或又从又馬與許書古文同或又从象

曰逃

此於文从彳从 象二人相背而行殆即通逃之逃

曰逐

說文解字逐追也从辵从豚省此或从豕或从犬或从兔从止象獸走壙而人追之故不限何獸許云从豚省失之矣

曰獲

說文解字獲、獵所獲也、从犬蒦聲、此从隹从又、象捕鳥在手之形、與許書訓鳥一枚之隻字同形、得鳥曰隻、失鳥曰奪、奪从大从隻、謂鳥已隻而飛去、隻象鳥初持在手形、大象鳥逸後飛至空際之形、非大小之大字、許君云从又从奞、失之矣、

玆因釋隻字而附及之、

曰牧、

說文解字、牧養牛人也、从攴从牛、此或从牛或从羊、牧人以養牲為職、不限以牛羊也、諸文或从手執鞭、或更增止以象行牧、或从帚與水以象滌牛、

曰漁、

說文解字、𩼞捕魚也、从𩺰从水、篆文从魚作漁、此从魚从水

者與許書篆文同或从水中四魚其文曰王漁知亦為漁字矣或又作魰从又持絲从魚象漁釣形石鼓文漁字作𩺰周禮漁人作䱷人均从又則魰為漁無疑許君以魰為御之古文殆不然矣其作魯者文曰在甾漁故知亦為漁字或又作手持網或省水徑作魚

曰農 [glyph] [glyph] [glyph]

說文解字農耕田也从晨囟聲籀文从林作𦦵此从林从辰或加又象執事於田間不从囟諆田鼎作[glyph]予所藏史農觶作[glyph]並从田散盤作[glyph]亦从又與卜辭同从田與諆田鼎史農觶同知許書从囟者乃从田之譌矣

曰食 [glyph] [glyph]

說文解字食从皀亼聲此从[glyph]以卜辭中鄉字从[glyph]例之知為食字矣

曰徹。

說文解字，徹通也，古文作徹，此从鬲从又，象手象鬲之形，蓋食畢而徹去之，許書之徹从攴，殆从又之譌矣，卒食之徹，乃本義，訓通者，借義也。

曰飤、

說文解字，飤設飪也，从丮从食才聲，讀若載，飤載同音叚借，漢鄭季宣碑亦借飤為載，此从食从𢦏聲，殆即飤字。

曰余、

說文解字，余語之舒也，从八舍省聲，盂鼎作余，與此同、

曰我、

說文解字，我从戈从手，手或說古垂字，一曰古殺字，古文作𢦐，盂鼎作我，與此同，知許書古文作𢦐者，乃由我傳寫之譌矣、

曰義、□

曰猷、□ □ □ □

說文解字有猶無猷、當為一字、石鼓文毛公鼎均有猷、石鼓作𤢕、毛公鼎作𤢕、此从犬从酋、酋象酒盈尊、殆即許書之酋字、卜辭中亦有酋字作□（藏龜之餘）與猷字所从同、古金文猷字則从酋、與許書同矣、

曰德、□ □

說文解字德升也、从彳㥁聲、此从彳从直（吳中丞曰直古相字是也）曆鼎與此同、德得也、故卜辭中皆借為得失字、視而有所得也、故从直、

曰智、□

說文解字、𥏼从白从亏从知、古文作𣉻、此省曰、

曰龢、□

說文解字、龢調也、从龠禾聲、讀與和同、此从龠省、

曰安、

曰宣、

卜辭中洹與桓从亘、故知此為宣矣、

曰寍、

說文解字、寍願詞也、从丂寍聲、此从寍省心、从丂寍、母父丁鼎亦省心、與此同、卜辭此字皆訓安、

曰甹、

說文解字、甹定息也、从血甹省聲、此从皿、不从血、卜辭寍訓安、與許君訓甹為定息誼同、是許君以此為安寍字、而以寍為願詞、令卜辭曰、今月鬼甹、是甹與寍字誼同、當為一字、其訓願詞者、殆由安誼引申之也、

曰成、

說文解字、成、就也、从戊丁聲、古文作㦿、从午、案戊古金文皆从戊从丨、師田父尊、史頌敦等皆然、與此同、

曰喜、

說文解字、喜、樂也、从壴从口、古文作歖、此與篆文合、

曰利、

說文解字、利、从刀从和省、古文作㓯、此或與許書古文合、或與篆文合、又或从秉與从禾同意、許君云从和省、殆不然矣、

曰好、

石鼓文作[古文]、與此第二文合、

曰魯、

齊子仲姜鎛保盧兄弟、盧吳中丞釋魯、與此同、兮田盤亦有盧字、

曰齊、

曰奠、

从酉从丌並省、象尊有薦、乃奠字也、从酋之字古金文多从酉、如尊从酉、鄭作奠之類、从丌之字古金文或省从一、如其字作□从一（虢叔鐘、邵遣敦）之類、

曰麗、

曰高、

曰亞、

說文解字亞、醜也、象人局背之形、賈侍中說以為次弟也、此作亞與古金文同、與許訓象人局背之形不合、許因訓醜、乃為局背之說、然醜古亦訓比、訓類、與賈侍中次弟之說固無殊、爾雅兩壻相謂曰亞、正謂相類次矣、

曰仲、中

此伯仲之仲、古伯仲但作白中、然與中正之中非一字、（說見前中）

字注後人加人以示別許書列之人部者非初形矣。

曰季、

曰因、

曰用、

說文解字用从卜从中、衛宏說、古文作用案此字雖不能由形以知誼、然衛宏从卜从中之說則決不然矣、

曰錫、

古金文錫字與此同、

曰多、

曰小、

曰少、

褱盤沙字作□从小與此同、

曰匕、

曰分、

曰盡、

从又持木从皿象滌器形食盡器斯滌矣故有終盡之意說文解字云从皿𦘔聲殆不然矣。

曰賡、

說文解字續古文作賡从庚貝案爾雅釋詁賡續也詩大東西有長庚傳庚續也庚訓更亦訓續猶亂亦訓治矣庚賡同義賡與續殆非一字也、

曰囏、

說文解字艱土難治也从堇艮聲籀文从喜作囏此从喜省或又省喜又古金文囏字从𦰩𦰩从黃从火此又省火或借用墓、

曰疾、

象矢著人肌下。毛公鼎愍天疾畏之疾字作[glyph]，博古圖載齊侯鎛亦有[glyph]字，與此正同。知此亦疾字也。說文解字：疾，病也，从疒矢聲。籀文作[glyph]，古文作𤵸。此从段注本，他本古文與篆文無異。段據集韻類篇改。案疾古訓急，詩召旻箋、左氏襄十一年傳注。訓速，國語周語及齊語注、史記樂書正義、荀子臣道篇注。最速者莫如矢，故从人旁矢。矢著人斯為疾患，故引申而訓患，淮南說山訓注及管子小問注。訓苦。荀子大略篇注。其去大著疒殆為後起之字，於初形已失矣。

曰噩。[glyph] [glyph] [glyph] [glyph] [glyph] [glyph]

許書無噩字，而有咢，注：譁訟也。从吅屰聲。集韻咢或从噩，以是例之，知噩即許書之咢矣。噩字見於周官，以卜辭諸文考之，知从王者乃由[glyph]傳寫而譌。傳世古器有噩侯鼎、噩侯敢，鼎文噩字作[glyph]，敦文作[glyph]。沈氏樹鏞釋作噩，前人釋器非也。又古金文中喪字从噩从亾，量侯敢喪作[glyph]，从[glyph]；齊侯壺作[glyph]，作[glyph]，从[glyph]，均與卜辭同文、考鼎作罷从㗊、則與噩侯鼎文合、喪為可驚咢之事、故从噩亾、據此知卜辭諸字與噩侯兩器之文確為噩字、噩侯史記殷本紀作鄂侯、漢書韋賢傳咢咢黃髮、文選諷諫詩作諤諤黃髮、緌民校尉熊君碑臨朝謇鄂、諤又作鄂、是咢諤鄂古通用、爾雅釋天之作噩、史記歷書作作鄂、集解引徐廣曰噩一作鄂知史記之鄂侯、即金文之噩侯、卜辭中噩為地名、殆即噩侯國、許書之咢、蓋後起之字、此其初字矣、

曰疐、

說文解字、疐礙不行也、从叀引而止之也、古金文有疐字、疐卣前人釋疐、與卜辭文正同、

曰陮、

說文解字、陮陮隗高也、从𠂤隹聲、

曰辛

此即許書部首之辛、卜辭中諸字从此者不少，特不可盡識。其見許書者，則口部之啇一字耳。予案許書辛辛兩部之字，義多不別。許君於辛字注辠也，以童妾二字隸之辛，注从辛辠也。而以辠𤯓等五字隸之辛。兩部首字形相似，但爭一畫。考古金文及卜辭辛字皆作𢆉，金文中偶有作辛者，什一二而已。古文辛與辛之別，但以直畫之曲否別之。若許書辛部之辭之辭，金文皆从𢆉部首之辟，卜辭从𢆉𢆉，金文从𢆉辛。其文皆與𢆉同。又古文言童妾龍鳳諸字，則金文於言童妾三字从辛、卜辭中則妾从𢆉，言从𢆉，龍鳳从𢆉，意均為𢆉之或體，蓋因字勢而絀申之耳。凡許書辛辛二部所隸之字，及部首之辟、口部之啇，皆應隸𢆉部。庚辛之辛字形與𢆉之或體𢆉字雖同，然卜辭與古金文從無一曲其末畫者，其初義既不可知，則字形亦無由可說，次於庚部之後，但立為一部可矣。又疑啇即言字之或體。意不能決。姑此俟考。

曰弊。𢿥 𢿥

其文曰乙丑貞翌𢿥卯王其𢿥畢。又曰貞□卯王其𢿥畢。又曰乙丑貞翌丁卯其狩𢿥弗畢。以義考之。殆為周禮獸人弊田之弊矣。

曰弗、丯 丯 丯

曰至、𡉀

曰入、∧

曰在、十 十 十 十 十

說文解字在存也。从土才聲。古金文作十。與此同、

曰絲、88 88 88

說文解字。丝微也。从二幺。古金文用為訓此之兹。與卜辭同。

曰今、A A A A

説文解字，今是時也，从亼从ㄱ，ㄱ古文及。古金文作（召伯虎敦）、（盂鼎），與此同。

曰箬、

曰昱、

説文解字：昱，明日也，从日立聲。段先生曰：昱字古多假借翌字為之。釋言曰：翌，明也。是也。凡經傳子史翌日字皆昱日之假借。翌與昱同立聲，故相假借。其作翼者誤也。卜辭諸昱字變狀至多，初不能定為何字。王君國維因盂鼎粤若昱乙酉之昱作，謂卜辭中癸酉卜貞昱日乙亥之昱日亦是昱日。予偏推之他辭，無不相合，知王君之説信也。諸字或从立，或从日，或省立與日。石鼓文弟九鼓曰：隹丙申下，亦有字，與卜辭略同，知亦當為昱矣。卜辭凡稱次日或再次日為昱數

日以後為來數日以前為昔

曰初、[illegible] [illegible]

曰旁、[illegible]

說文解字旁溥也从二闕方聲古文作[illegible][illegible]籀文作雱古金文作[illegible]旁肇鼎[illegible]旁尊並从冂从方此从冂即冂省。

曰粤、[illegible] [illegible] [illegible]

說文解字粤亏也審慎之詞者从亏从寀古金文皆从于从雨作雩盂鼎作雩靜敢作雩毛公鼎吳中丞曰从雨从丂省卜辭中或从雨省从丂或从雨从于與古金文同、

曰于、于 乇 丂 丂

說文解字亏於也象气之舒亏从丂从一一者其气平也古金文皆作于盂鼎散盤等或作丂己亥鼎丮鼎丂且子鼎與此同。

曰乎、[illegible] [illegible]

說文解字兮語之餘也从丂象聲上揚越之形也古金文作
乎頌鼎頌敦師遽敦與此同

曰㠯卜卜日㠯

曰乃了了

說文解字乃古文作𠄎籒文作𠄎

曰霍䨥䨥䨥

說文解字靃飛聲也雨而雙飛者其聲靃然叔男父匜作靃

从雔與此同

曰集

說文解字雧羣鳥在木上从雥从木或省作集毛公鼎作集

从隹在木上與此同

曰𩁹

說文解字𩁹鳥羣也从雥淵聲卜辭从鳥在淵上

卷中

曰鳴、

說文解字、鳴鳥聲也、从鳥从口、此从雞从口、雞司時者也、應時而鳴、引申而為凡鳥之鳴、許書从鳥非初誼矣、石鼓文已从鳥作鳴、

曰⿱虤曰、

說文解字、⿱虤曰兩虎爭聲、从虤从曰、此从口與曰同意、

此均形聲誼之俱可知者也、合此五百餘文觀之、其與許書篆文合者十三四、且有合於許書之或體者焉、有合於今隸者焉、顧與許書所出之古籀則不合者十八九、其僅合者又與籀文合者多、而與古文合者寡、以是知大篆者蓋因商周文字之舊、小篆者、又因大篆之舊、非大篆刱於史籀、小篆刱於相斯也、史籀弟述古文為史篇而已、史篇者小學諸書之祖、有因而無創者也、相斯同文字者、亦弟罷不與秦文合者而已、至秦數百年

所承用商周二代之文字未聞有所廢置也斯說也金壇段氏嘉定錢氏固嘗言其略矣

錢先生汗簡跋云說文九千餘字古文居其大半其引據經典皆用古文說閒有標出古文籀文者乃古籀之别體非古文祇此數字也又云後人妄指說文爲秦篆别求所謂古文而古文亾矣云云段先生說詳見所注說文解字叙篇中兩先生所言雖不能無得失然其精思卓識不可及也矣

今得卜辭乃益徵信至許書所出之古文僅據壁中書所出之籀文乃據史籀篇一爲晚周文字一則亾佚過半之書其不能悉合於商周閒文字之舊固其宜矣至於篆文本出古籀故與卜辭合者頗多然商周文字至許君時已千餘年固不能無後世詭更之失而許書之傳至今又二千年又不無傳寫校改之譌故今之學者但據許書以求古文之真何異執人之雲仍以

求其高曾之謦欬與然今日得以考求古文之真固非由許書以上溯古金文由古金文以上窺卜辭不可得而幾也由是言之則雖謂古文之真因許書而獲存焉可矣

殷虚書契考釋卷中

男福頤恭校

殷虛書契考釋卷下

上虞　羅　振玉

卜辭第六

文字既明、卜辭乃可得而讀、顧商人文辭頗簡、方寸之文、或紀數事、又字多假借、有能得其讀、不能得其誼者、今依貞卜事類分為九目、曰祭、曰告、曰𦎫、曰出入、曰田獵、曰征伐、曰年、曰風雨、曰雜卜、弟錄文之完具可讀者、其斷缺不可屬讀者不復入焉、

其卜祭者五百三十有八、

卜祭

曰壬戌卜貞王賓示壬翌日亡尤、卷一第一葉

王賓說見下禮制篇、考卜辭之例、凡卜祭日皆以所祭之祖生日為卜日、如示壬以壬日、示癸以癸日、大乙以乙日、或有先後數日者、然非常例矣、

曰庚辰卜貞王賓示壬奭妣庚翌日亡□、

凡祭妣者，卜辭之例皆以妣之生日為卜日，如妣庚則以庚日，而不從示壬之壬日也。

曰丙寅卜貞王賓大乙奭妣丙翌日亡尤 三一

曰乙丑卜貞王賓大乙翌日亡尤

曰壬寅卜貞王賓示壬翌日亡尤 九一

曰壬午卜貞王賓示壬翌日亡尤

曰辛巳卜貞王賓祖丁翌亡尤 十[illegible]

曰庚申卜貞翌辛酉又于祖辛奭 十二

卜辭言有奭，而不記妣名，且辛之配曰妣庚，故以庚日卜。

曰庚申卜貞王賓般庚翌日亡尤 十五

曰庚子卜貞王賓小乙奭妣庚翌□□□

曰□卯卜貞王賓武丁奭妣辛翌日亡尤 卌七

以常例推之，卯上所缺乃辛字

曰癸亥卜貞王賓武丁奭妣癸翌日亾尤

曰丁卯卜貞王賓康祖丁翌日亾尤

曰丁卯卜貞王賓祖己翌日亾尤卷一

此視常例先二日卜者、

曰己卯卜貞王賓祖己翌日亾尤卷一

右言翌日者十有五，翌日者卜之明日祭也、

曰丁亥卜貞王賓匚彡日亾尤

曰丁卯卜貞王賓匚彡日亾尤卷一

曰壬寅卜貞王賓示壬彡日亾尤卷一

曰癸酉卜□貞王賓示癸彡亾尤在十月卷一

曰癸酉卜貞王賓示癸彡□□尤卷一

曰丙申卜貞王賓大丁彡亾□卷一

此以先一日卜者

曰甲申卜貞王賓大甲彡日亾□五一

曰辛丑卜貞王賓大甲奭妣辛彡日亾尤五一

曰辛丑卜貞王賓大甲奭妣辛彡尤

曰癸卯王卜貞旬亾畎在四月王𠧞曰吉甲辰彡大甲吉

曰癸丑王卜貞旬亾畎在四月王𠧞曰大吉甲寅彡小甲

曰癸亥卜貞王旬亾畎在五月甲子彡日小甲七一

以上三則並以先一日卜、

曰癸丑卜貞王賓中丁奭妣癸彡日亾尤八一

曰癸酉卜貞王賓中丁奭妣癸彡日亾尤八一

曰丁亥卜貞王賓中丁彡日亾尤八一

曰壬寅卜貞王賓卜壬彡□□□九一

曰丁亥卜貞王賓卜壬彡日亾尤九一

此以先五日卜者

曰丁巳卜貞王賓且乙爽妣己彡日亾尤

此以先二日卜者

曰己未卜貞王賓且乙爽妣己彡日亾尤

曰庚子卜貞王賓且辛爽妣庚彡日□尤

曰己丑卜貞王賓四且丁爽妣己彡日亾尤

曰己巳卜貞王賓四且丁爽妣己彡日亾尤

且丁名上加四字者，殆湯即位以後以丁名者且丁為弟四人也。其次一太丁、二沃丁、三仲丁、四且丁。

曰丁未卜貞王賓南庚彡亾尤一十三

此以先三日卜者。

曰庚寅卜貞王賓南庚彡□亾尤一十四

曰甲辰卜貞王賓羊甲彡日亾尤一四二

曰癸亥卜貞王旬亾畎在五月甲子彡日羊甲一四二

曰己丑卜貞王賓般庚彤亡□一·十六

曰甲戌卜卿貞翌乙亥彤于小乙亡宅在一月

以上三則，並以先一日卜者。

曰□□卜貞王□般庚彤□□尤

曰庚戌卜貞王賓小乙奭妣庚彤亡尤一·十七

曰丁未卜貞王賓武丁彤日亡□一·十八

曰□□卜貞王□且甲奭□□彤日亡□

且甲之配曰妣戊，則卜日為戊，□奭下所缺乃妣戊二字。

曰戊寅卜貞王賓且甲奭妣戊彤日亡尤

曰丁未卜貞王賓康且丁彤日亡尤一·廿三

曰甲子卜貞王賓虫甲彤日亡□

右言彤日者三十有五，祭之明日又祭為彤。

曰乙酉卜貞王賓卜丙彤月亡尤一·五

曰己卯卜貞王賓大庚彡月亡尤一六

曰□□卜貞王賓南庚彡月□尤

曰己巳卜貞王賓且庚彡月亡尤一十九

曰□卯卜貞王□羌甲彡月□尤

右言彡月者五。皆以先一日卜者。彡月之誼未詳。

曰壬申卜貞王賓示壬翌日亡尤一八

曰□戌卜貞王賓示癸奭妣□翌日亡尤一二

卜辭中缺二字。考示癸之配曰妣甲。下所缺乃甲字。則卜日亦當為甲戌矣。

曰□□□□□賓示癸□妣甲翌日□□

曰癸亥卜貞王賓示癸翌日亡尤

曰壬子卜貞□□大乙翌□□尤

曰丙辰卜貞王賓卜丙翌日亡尤一五

曰壬子卜行貞王賓大甲奭妣壬𦒍□亡尤𢦏

曰□□卜□貞王賓大甲奭妣辛𦒍亡尤在八月

曰壬寅卜行貞王賓大庚奭妣壬𦒍日亡尤

曰戊午卜□貞王賓大戊𦒍亡□七

曰戊辰卜貞王賓大戊𦒍日亡尤七

曰壬寅卜貞王賓大戊奭妣壬𦒍日亡尤

曰庚午卜貞王賓且乙奭妣庚𦒍日亡尤

曰己巳卜行貞王賓且乙奭妣己𦒍□□□

曰己酉卜賓四且丁□妣己𦒍日

曰己亥卜貞王賓四且丁奭妣己𦒍日□□

曰癸酉卜貞王賓且丁奭妣癸𦒍日亡尤

曰□未卜貞□賓且丁□妣癸𦒍亡尤

未上缺一字依例求之乃癸字也。

曰□卯卜□貞王賓且丁奭妣己昔□亡尤

卯上缺一字，依例求之，乃己字也。

曰庚辰卜貞王賓南庚昔□□亡尤 一 十四

曰庚申卜貞王賓般庚昔日亡尤 一 十六

曰庚寅卜貞王賓般庚昔日亡尤 一 十六

曰庚子□貞翌日己其□小辛昔□□ 一 十六

此以先一日卜者。

曰乙卯卜貞王賓小乙昔日亡尤 一 十五

曰庚午卜貞王賓小乙奭妣庚昔日亡尤

曰□□卜癸丑王□□亡尤在八月王旬□□吉甲子昔且甲

曰乙未卜貞王賓武乙昔日亡尤 一 廿一

曰甲申卜貞王賓戔昔日亡尤 一 十六

右言昔日者二十有八，昔日亦祭名，誼雖不可知，而屢見於

殷一　五

古金文戊辰彝文曰在十月隹王廿祀、㫺日己酉、方彝博古圖卷八曰、在九月隹王十祀㫺日兄癸卣博古圖卷九曰在九月隹王九祀㫺日、並與卜辭同兄癸彝之在九月博古圖誤釋十九月凡古金文中前人所釋有稱十么月者、大率在么月之誤也附識於此、

曰辛亥卜喜貞翌壬子示壬卯□□十一月

曰□□卜行貞王賓且乙奭妣庚卯□□物衆兄庚卯二牢亾尤

曰且辛卯二牢

曰丁丑卜旅貞王賓父丁卯三牢亾尤在□□

曰丙戌卜行貞王賓父丁月卯叙亾尤

此以先一日卜者。

曰癸酉卜行貞王父丁卯三牛衆兄己一牛兄庚亾尤

此以先四日卜者、又貞王下原奪賓字

曰乙未卜行貞王賓妣庚[illegible]牢亾尤 四八

此以先五日卜者、

曰□酉卜大貞母辛[illegible]牛 四七五

酉上缺辛字、

曰己丑卜行貞王賓兄己[illegible]叔亾尤 四一

曰癸亥□貞[illegible]兄庚[illegible]眔兄己[illegible]

此以先七日卜者、

曰貞[illegible]兄己[illegible]眔兄庚其牛

庚己疑二人名、

曰壬申卜卿貞兄壬[illegible][illegible]

曰乙巳卜賓貞翌日丁未酒[illegible][illegible]于丁尊之朋 四五

此以先二日卜者、

曰丙寅貞有[illegible][illegible]于伊尹二牢、

曰貞王嬪㞢亾它 廿七

曰庚申卜行貞王賓㞢亾尤 六九

曰丙午卜貞王賓戠亾尤 五卅五

右言㞢者十有七、㞢亦祭名、誼不可知矣、

曰乙丑卜中貞王賓匚祭不□□

曰甲午鼓上甲遘示癸祭亾囚 二、

祭亦羣祀之一、非若後世為祀之總名也、其稱遘示癸今不能

知其誼、然戊辰彝亦曰遘于妣戊武乙奭矣、

曰丁未卜貞王賓大丁祭亾尤 四、

曰丙子卜貞王賓外丙祭亾尤 五、

曰甲辰卜貞王賓小甲祭□□ 六、

曰丙午卜行貞翌日丁未祭于中丁亾它

此以先一日卜者、

曰乙巳祭于且乙

曰癸未卜𣲘貞王旬亾𡆥在正月甲申祭且甲𢆶甲一十九

此祭且甲𢆶甲乃二人同祀、此以先一日卜、

曰甲申卜貞王賓且甲祭亾尤卌一

曰□亥卜貞王賓且康丁祭亾尤卌一

亥上缺丁字、

右言祭者十、

曰庚申卜貞王賓示壬奭妣庚壴亾□

曰甲子卜貞王賓示癸奭妣甲壴亾尤

曰丙申卜貞王賓大乙奭妣丙壴亾尤

曰戊戌卜貞王賓大丁奭妣戊壴□□

曰丁亥卜貞王賓大丁奭壴亾尤四一

曰癸卯卜貞王賓中丁奭妣癸壴亾尤

曰己酉卜貞王賓且乙奭妣己叀□尤

曰辛酉卜貞王賓且丁奭妣辛叀亾尤

曰□己卜貞王賓武丁□妣辛叀亾□

已上缺辛字

曰癸未卜貞王賓武丁奭妣癸叀亾□

曰癸丑卜貞王賓武丁奭妣癸叀亾尤十七一

曰辛亥卜貞王賓武丁奭妣辛叀亾尤十七一

曰庚午卜貞王賓且庚叀亾尤九一

曰戊午卜貞王賓且甲奭妣戊叀亾尤卅三一

曰癸巳王卜貞旬亾𡆥在正月王𠧞曰大吉甲午叀各甲㞢羊

甲四二一

此亦二人同祀以先一日卜者。

曰己巳卜貞王賓且己叀亾尤九一

曰辛酉卜貞王賓康爽妣辛𡧊亾尤 一卌七

右言𡧊者十有七，𡧊亦祭名，其誼未詳。

曰丁巳卜貞王賓大丁亾𡆥 一四

曰庚戌卜貞王賓南庚𢦔□尤 一廿四

曰癸亥王卜貞旬亾𡆥在□□甲子𠚤祭上甲 四十九

曰貞王□羊甲𢦔□尤

右言𢦔者四，𢦔亦祭名，誼不可知，以字形考之，為薦牲首之祭矣。

曰甲申卜貞王賓大甲𧙕亾□ 一五

曰貞王□羊甲𧙕□□

曰□□□貞王賓小辛𧙕亾尤 一十六

右言𧙕者三，𧙕亦祭名，誼不可知。

曰癸丑卜𣪊貞王亾𡆥在四月甲寅彡日戔甲曰劦祖乙𦀚 一四二

此以先二日卜而並祀二人者

曰乙未卜貞王賓二武丁歲亾尤

此亦以先二日卜又武丁名上冠以二字誼不可知

曰癸酉卜貞王賓且甲𥛚亾尤 一廿

曰貞王[illegible]唐𥛚

右言𥛚者四𥛚亦祭名以字形觀之乃薦雞之祭矣

曰丙辰卜貞王賓叙武乙彡亾尤鬳伐 一廿二

此以先九日卜者伐解見後

曰乙亥卜行貞王賓妣庚□二牢叙亾尤

此以先五日卜

曰庚辰卜貞王賓妣庚丁叙亾尤

曰庚辰卜大貞來丁亥其叙丁于大室[illegible]丁西鄉 一廿六

此以先七日卜

曰庚申卜貞王賓叙亾尤六·九

曰癸酉卜行貞王賓叙亾尤在十月

曰庚辰卜貞王賓叙亾尤

曰貞王賓叙亾尤四·廿　五·廿五　六·四二

右言叙者八，叙亦祭名，誼未詳。

曰貞翌丁未酒中丁錫日

曰己酉卜且丁丁巳酒三·廿三

曰戊午卜㞢貞今來辛酉乎酒妣乙一·廿二

曰乙丑卜出貞大事⼐酒先酒其之匚于丁卅牛十月四·卌四

曰丙子卜貞酒羔三小牢卯三牢七·廿六

曰丙寅貞于庚午酒于兇

曰丁卯貞于庚午酒𡕒于兇

曰丙寅貞㞢丁卯酒于兇

自丁

曰丙辰卜賓貞于之八月酒 一 四六

曰癸未卜貞王旬亾𡆥在月十又二甲申𠬞酒祭田

曰甲□□貞翌乙酒肜于居且亾它

曰乙亥卜賓貞翌乙亥酒𢆶錫日乙亥酒允錫日 四七

此以乙亥卜、又言翌乙亥、殆有誤、

曰貞于宗酒卅小宰九月

曰乙未卜貞翌日酒匚八月

曰貞酒匚于血室亾尤

曰貞翌丁未彡酒旺 四五

曰乙巳卜㱿貞來辛亥酒

曰于來己未酒

曰于辛酉酒

曰于丁酒

曰伊酒彡

右言酒者二十一酒亦祭名殆如後世之酎矣

曰甲辰卜貞王賓烝亾尤 廿四

曰癸卯卜貞王賓烝□□ 廿四

曰辛酉卜貞王賓烝亾尤 廿四

曰癸卯卜貞王賓二父烝亾尤 廿四

右言烝者四皆不言王賓之名意凡卜辭中不舉王賓之名者皆合祭也烝為時祭固非專祭一祖者矣

曰癸未王卜貞酒彡日自上甲至于多毓衣亾它自畎在四月隹王二祀

曰□□王卜貞今𡆥□□□其酒彡日□□至于多毓衣亾它在畎在□□又二王畎曰大吉隹王二祀

曰□亥卜貞王賓𠬝自上甲至于多毓衣亾尤

殷文一 十

曰癸丑卜貞王賓□自上甲至于多毓衣亾尤

曰辛巳卜貞王賓上甲𠬝至于多毓衣亾尤

曰癸卯王卜貞酒翌日自上甲至于多毓衣亾它自𡆥在九月

隹王五□

曰丁酉卜貞王賓□自上甲至于武乙衣亾尤

曰甲辰卜貞王賓𣎆祖乙祖丁祖甲康祖丁武乙衣亾尤

曰丁丑卜貞王賓自武丁至于武乙衣亾尤

曰甲辰卜貞翌日乙王其賓俎于𩫏衣不遘雨

曰貞酒彡衣

曰□寅卜貞□之彡𠭰自𡚤辛衣

曰貞不其衣

右言衣者十有三。衣祭名即殷祀，說見下禮制篇。

曰貞王賓𦎫亾尤 四二六

曰己未卜貞王賓品亾尤 五 廿五

曰辛酉卜貞王賓品亾尤 五 廿五

右言羮者一、言品者二、殆皆為祭名、

曰甲辰卜貞王賓示癸□妣甲□□ 一 廿一

曰庚子卜貞王賓大庚□□亾尤 一 六

曰庚申卜貞王賓南庚□□ 一 十三

曰乙卯卜貞王賓武乙□亾尤 一 廿二

曰乙丑卜貞王賓武乙□日亾尤 一 廿二

曰壬子卜旅貞王賓丵亾囚 五 十九

曰乙丑卜貞王賓丵亾囚 五 十九

曰癸酉卜貞王賓母癸嘵亾尤 一 廿一

右祭名缺佚者八、末三則之丵、丵、嘵三字不能定其為人名或祭名、姑附於此、

曰乙亥卜貞王賓大乙濩亡尤一三

濩謂祭用大濩之樂也。卜辭中祭用濩者不少，而文之完具者僅此。

曰甲辰貞來甲寅有伐甲羊五卯牛一

曰甲辰貞有伐于甲九羊卯牛

曰丁酉卜貞王賓文武丁伐三十人卯六牢鬯六卣亡尤一十八

曰丁丑卜貞王賓武丁伐十人卯三牢鬯□□一十六

曰庚辰卜貞王賓祖庚伐二□卯二牢鬯亡尤一十六

曰乙未卜貞王賓武乙彡伐亡尤二廿五

曰丙辰卜貞王賓武乙彡伐亡尤

曰丁巳卜賓御巳伐于父乙

曰缺來庚午酒㞢三羊于妣庚□伐廿鬯卅牢卅服三四

曰乙丑卜酒御于庚妣即妣庚二字倒書伐廿鬯卅一卅五

曰癸未卜御庚妣二字亦倒書伐廿鬯卅卅牢服三三□四八

曰甲寅卜貞三卜用□三羊冊伐廿鬯卅牢卅服二□于妣庚三十八二

曰己亥卜殸貞之伐于寅父亦之于薨一五三

曰癸巳貞有𠂤伐于伊其乂大乙肜

曰己酉卜有伐卅一

曰伐廿

曰貞九伐卯九牛

曰十牢五伐　五牢五伐

曰庚戌有伐

曰丁酉卜貞王賓伐卯亾尤

曰辛未卜貞王賓伐亾尤

曰丁卯卜貞王賓伐亾尤

右言伐者二十有二。殆以樂舞祭者也。禮記樂記夾振之而駟伐注、一擊一刺為一伐、湯以武功得天下故以伐旌武功、伐當是武舞伐三十人、伐十人、猶左氏言萬者二人矣、其稱卯幾牢者、卯誼不可知、卜辭中習見之、又有曰其卯于大乙六牢、書契後編卜辭中有字可識、而誼不可知如此類者不必知古訓之亡於周秦以後者多矣、

曰尞于王亥 〇四九

曰貞尞于王亥 一四九

曰甲辰卜㱿貞來辛亥尞于王亥卅牛

曰癸酉卜有尞于六旬五豕卯五羊

曰癸酉卜有尞于六旬六豕卯羊六

曰貞于昌尞 一四九

曰㱿上貞于昌尞

曰尞于昌 一四九

曰尞于兕 一 五

曰貞勿尞于兕 一 五

曰貞尞于兕

曰乙巳卜[illegible]貞[illegible]尞于兕

曰庚午尞于羔又从在雨

曰尞于羔亾从在雨

曰癸卯卜貞尞于羔三宰 一 五十

曰丁巳卜賓貞尞于羔 一 五

曰癸酉卜貞尞于羔三小宰卯三宰 七 廿六

曰癸未卜貞尞于[illegible]十小宰卯十牛季十二月用 四 七

曰辛酉卜王尞于[illegible] 六 七

曰貞尞于[illegible] 六 十八

曰甲寅卜尞于[illegible]□宰十月 六 十八

殳文一

十三

皀

曰乙亥卜賓賁于[illegible]六牛 廿七

曰辛卯卜賁于蚰 四五二

曰今日賁于蚰 四五五

曰壬辰卜翌甲午賁于蚰羊之豕 四五二

曰賁于蚰

曰丙寅卜□丁卯賁于丁卯冊世牢

曰貞翌丁未酒賁于丁十小牢卯十勿牛八月

曰癸酉卜貞賁于丁五小牢卯五牛

曰賁于乙妣一牢貍二牢

曰乙巳卜㱿貞賁于乙妣五牛沈十牛十月在門

曰丁巳卜其尞于乙妣牢沈[illegible]

曰戊□□貍于乙妣二牢三月

曰丁卯卜丙賁于乙妣十牛俎十牛

曰丙子卜𣪕貞乎𡴭酒妣乙尞二豕三羊卯五牛

曰貞于𠱠東尞 五一

曰尞于𠱠東 五一

曰癸亥卜㣎貞之于示壬尞

曰大甲尞三羊卯三牛

曰己未卜貞尞酒𢍝冊大甲

曰己未卜賓貞尞

曰貞尞

曰貞今癸巳𠂤尞

曰貞𠂤乎歸好往尞

曰己巳卜王于𠱠疑正月二字合文辟闢門尞 四十五

曰伐尞二牛

曰伐尞一牛

曰賁𩰪白豚

曰辛巳卜㞢貞貍三犬賁五大五豕卯四牛一月 七 三

曰貞賁五牛正 一 四八

曰貞賁三牢 二 十九

曰貞賁五牛

曰貞沈十牛

曰卯三牛沈三牛

曰壬辰卜翌甲午賁于□羊之豕 四 五二

右言賁與貍沈者五十有五、此殷代三者通用於人鬼之證、

曰𩰪十牢之五酒大甲 一 五

曰𩰪九牢酒大甲 一 五

曰大甲求三牛

曰大甲廿牢

曰丁亥卜𣪊貞昔日乙酉箙𢀛御𢎀大丁大甲且乙百鬯百羊

卯三百□

曰己卯卜翌庚辰之于大庚至於中丁一牢

曰之于大戊三牢 七一

曰天戊五牢 六四

曰甲戌卜出貞其之于大戊牢

曰乙巳卜賓貞三羊用于且乙 九十

曰貞牝鬯于且乙 九一

曰甲申卜貞翌乙酉之于且乙牢之一牛之南□ 十一

曰丙午卜賓貞之于且乙十白豕 七 廿九

曰貞之于且乙五牢

曰甲戌卜用大牛于且乙

曰固且乙五牢

曰□亥之于且乙三牛一月

曰貞之于且辛十牢十一一

曰癸酉卜之于且辛二牛今日用十一一

曰且辛二牛父己二牛廿三三

曰貞且辛于牢牡

曰御于且辛用羊　貞用羊

曰之于且辛一牢

曰之于且辛二牢

曰且辛一牛　且甲一牛　且丁一牛

曰丁丑卜貞御于且辛十牢

曰甲午卜貞康祖其牢華十一三

此以先三日卜、

曰庚申卜賓貞南庚玉牛𢦏

曰之于南庚㲋小牢

曰甲戌卜貞之小乙小牢七月

曰缺于小乙一牛

曰丙戌卜貞武丁丁其牢

曰丙辰卜貞珷丁其牢茲用

曰丙子卜貞珷丁其牢茲用

曰丙子卜貞珷□其牢□□

曰丙戌卜貞珷㲋𦍌

曰癸巳卜貞祖丁其牢茲用

曰甲申卜貞祖丁其牢茲用

曰丙子卜貞康祖丁其牢𦍌茲用十一

曰丙戌卜貞康祖丁其牢𦍌茲用十一二

曰丙申卜貞康祖丁其牢𦍌茲用十一二

殷

曰丙子卜貞康且丁其牢華 一 十二

曰丙戌卜貞康且丁其牢華 一 十二

曰丙辰卜貞康且丁其牢茲用 一 廿一

曰丙辰卜貞康且丁其牢 一 廿一

曰甲寅卜貞武乙丁其牢茲用

曰甲子卜貞武乙丁其牢茲用

曰甲戌卜貞武乙宗丁其牢

曰甲寅卜貞武乙宗丁其牢茲用

曰甲子卜貞武且乙必丁其牢茲用 一 十■

曰甲戌卜貞武且乙宗丁其牢茲用 一 十

曰甲辰卜武且乙必其牢 一 十八

曰甲寅卜貞武且乙必其牢 一 十六

曰丙戌卜貞文武丁其牢茲用

曰丙午卜貞文武丁彡其牢
曰戊戌卜旅貞且戊𣅀毚羊
曰癸卯卜以貞之于父甲犬
以上三十則並先一日卜、
曰貞之豕于父甲
曰父甲一牡父庚一牡父辛一牡
曰甲寅貞來丁巳尊鬲于父丁俎卅牛
曰癸亥卜旅其有□父丁牛
曰貞之于父庚犬
曰乙亥子卜來巳酒羊妣巳
曰甲申卜御歸𡧊妣巳二牡
曰妣巳御歸多一牛一羊
曰妣巳歸𡧊一牛御

曰貞其之于庚妣五宰十二月

曰于母己小宰用三

曰貞之于母庚二牛

曰母庚牡一

曰之于母庚一牛

曰丁丑卜□之兄丁羊[illegible]今日用五月

曰丙子卜衍貞乙用一牛

曰丙辰卜賓貞旬于丁十牛十羊□月

曰乙亥卜賓貞之牛于丁

曰貞翌□□于丁二牛

曰翌丁[illegible][illegible][illegible]于丁三一牛

丁下贅以三字殆以別于他名丁者、

曰缺之匚于丁卌七牛

曰貞之于庚卌小牢
曰貞之于王亥卌牛辛亥用
曰貞之于王亥三白牛
曰癸卯卜翌壬辰之甲一牛
曰甲十五羊八月
曰缺匚于甲九羊卯一牛
曰壬申卜貞甲犬一三月
曰癸卯卜貞彈燮百牛百用
曰己未俎于𦍒羊三卯十牛中
曰貞𢆶豕百九月
曰貞𢆶于王大牢
曰𢆶犬
曰貞之犬于多介父

曰貞彡之犬于多介父

曰甲寅卜㱿貞之于唐一牛其之曰□

曰丁卯卜余求于𦉪卄三牛允正

曰之于王矢□二犬

曰乙亥卜𡆥貞求于咸十牛

曰貞之犬于娥卯㲋

曰丙戌卜貞文武彖其牢

曰丙寅卜貞文武宗□□牢

曰丙午卜貞文武宗其牢兹用

曰丁卯卜𠚃貞王往相牛

曰貞王往相牛

曰貞彡往相牛

曰肜五甲寅卜𢀛肜七牢用

曰甲子卜旅貞翌乙丑告夓白牡

曰其宰牡

曰丁已卜以貞自牛爵

曰貞二宰二月

曰其一羊一牛

曰癸酉貞其三小宰

曰翌己酉𣏟三牛

曰貞翌辛未其之于血室三大宰九月

曰貞五宰

曰其五宰　其三宰

曰其三羊三牛

曰壬申卜㱿貞五羊卯五牛

曰□申卜㱿貞五羊卯五牛

曰貞𠂤牛十五

曰十羊廿牛

曰十五犬十五羊十五豚　卌犬卌羊卌豚　廿犬廿羊廿豚

十五犬十五羊十五豚

曰貞𠀠牛百

曰貞御㱿牛三百

右言牢㱿者百二十有三、

曰乙巳卜𡿨貞之于王亥

曰貞之王亥

曰壬戌卜㱿貞之于示壬

曰之于大甲

曰丁卯卜貞之于大甲三月

曰貞之于大甲

曰辛亥卜貞賓來甲三翌甲寅𩛥用于夫甲十三月

夫甲即大甲泰刻辭大夫作夫之知二字古通用

曰于大戊

曰之于且乙

曰貞翌丁卯之于且乙

曰貞之于且乙

曰貞且辛㝉我

曰貞且辛不我㝉

曰□午卜賓貞御于且辛卌十□

曰貞之之于且丁

曰貞之于且丁

曰貞翌丁亥之于且丁

曰貞于且丁御

曰□辰貞其求之于且丁母妣己

曰己亥卜賓貞御于南庚

此先一日卜、

曰貞之于南庚

曰貞南庚它

曰貞南庚不它

曰貞彡于南庚

曰甲午卜㱿貞之于羊甲

曰甲子貞羊甲它王三月

曰貞羊甲不它王□□

曰貞御于羊甲

曰之于父甲

曰貞隹父甲它

曰壬寅卜之父甲
此以先二日卜者、
曰庚子卜之父乙羊旬、
此先五日卜、
曰貞隹父乙宅
曰御歸好于父乙
曰丙寅卜貞其月于父丁
此先一日卜、
曰貞之于父庚
曰貞父庚弗宅
曰父辛不宅
曰貞月之于妣甲
曰妣甲不唯

曰貞之于妣乙

曰癸未貞其求卜于高妣丙

曰貞之于妣己

曰于妣己

曰貞之于高妣己

曰貞𢆶于高妣己御

曰庚子卜㱿貞王之匚于高妣己妣□母□

曰于妣庚

曰貞之于高妣庚

曰貞𢆶之于高妣己高妣庚

曰于妣壬

曰隹妣癸

曰于妣癸御歸

曰貞之妣癸
曰貞于母丙御歸
曰貞于母己御
曰貞御唐于母己
曰貞[illegible]于母庚御
曰之于母庚
曰丁丑□之兄甲
曰隹兄丁
曰貞于兄丁御
曰貞兄丁宄
曰貞之于兄丁
曰貞[illegible]之于兄丁
曰貞御叔于兄丁

殷下

曰庚寅卜貞于巳十月

曰貞彡之于王亙

曰貞之于王亙

曰貞之于王亙

曰貞之于甲

曰貞甲穌眔唐

曰庚申卜貞王賓熊亾尤

曰貞上巳受我又

曰貞上巳不我其受又

曰貞唐于下乙十一月在

曰以貞于蚰戉

曰之于爻戊

爻戊即學戊、

曰于盡戊
曰貞之于盡戊
曰貞之于多介
曰貞多介且戊
曰于多介且戊
曰貞不隹多介父
曰貞之唐
曰貞于唐乚宅十二月
曰癸酉卜出貞之于唐
曰丁卯卜旅貞其𧯛于小丁四月
曰貞之于季
曰貞事人于羔
曰貞𢆶事人于羔

殷下

曰貞之于羔

曰甲午卜㞢貞之于羔

曰貞寅尹不宄

曰貞寅尹宅戌

曰貞之于寅尹

曰癸丑卜賓貞之于寅尹二月

曰貞之于賁

曰壬午卜㱿貞于昌

曰□□卜以貞于之

曰貞之于[illegible]

曰貞之[illegible]

曰貞于徫

曰貞于蔑

曰貞之于[illegible]

曰貞之于[illegible]

曰貞[illegible]于[illegible]

曰貞于[illegible]

曰之于咸

曰庚辰卜命[illegible]于咸

曰癸酉卜之于咸六月

曰貞之于咸戊

右言貞、言之于、或但言之、言于者、百十有二、之者適也、之于

某猶特牲饋食禮筮辭云、適其皇祖某子矣、

曰甲申卜賓貞王[illegible]大示

曰貞御王自甲[illegible]大示十二月

曰□戊卜貞□[illegible]其酒于大示□于丁

殷

曰貞龟巳漁登于大示

曰辛巳卜大貞之自田元示三牛二示二牛十三月

曰己未貞龟元示又彳臣

曰乙酉貞乃元示

曰□□卜王貞于三示十月

曰求于九示

曰貞求于九示

曰己巳卜求于九示

曰乙未貞其求自甲十示又三牛小示羊

曰于十示求一牛

曰貞其示七月

曰大示、曰元示、曰二示、曰三示、曰九示、不知何神、又有上示

西示、並見卷七第三十二葉皆不見于周官、周官言大神示、蓋謂天地

不知與卜辭同異何如矣、

曰丁巳卜貞帝[illegible]

曰貞帝[illegible]三羊三豕三犬

曰貞尞于土三小宰卯一牛沈十牛

曰貞彡尞于土

曰貞方帝卯一牛之南□

曰貞方告于東西

曰貞□于東于西

曰貞于東

曰貞彡尞于東

曰己巳卜王尞于東

曰尞于西

曰貞尞于西

卜告

曰癸酉卜中貞三牛

曰貞㷭于東母三牛

曰貞之于東母西母

曰己未卜其剛羊十于西南

右卜神示之祭三十

此卜祭者也。

其卜告者三十有二。

曰貞告

曰貞于匚告𠧟方

曰貞于大丁告

曰貞于大甲告

曰貞于大甲告□方出

曰□□卜韋貞王□往𡚸从西告于大甲

曰貞告𢀛方于且乙

曰貞𢀛方[illegible]〻告于且乙

曰貞告沝于且丁

曰貞于羊甲告

曰巳巳卜[illegible]貞告方出于且甲大乙

曰己丑卜告于父丁其鄉宗

曰辛巳貞□日有戠其告于父丁

曰告于庚妣妣庚二字倒文

曰貞于妣庚告

曰己酉卜[illegible]貞告于母辛卷襄十月

曰乙丑卜王于庚告

曰告𢀛于寅尹

曰貞于唐告□方

卜辭一

曰丁亥卜大貞三告其壴于唐衣亾𡆥九月
曰辛亥卜出貞其鼓彡告于唐九牛一月
曰貞彡告于唐
曰貞于唐告
曰貞告𢀛方于甲
曰丁卯貞三來乙亥告自甲
曰乙丑卜王于受告
曰乙巳卜賓貞𠂤乎告𢀛方出允其
曰乙酉卜兄貞巻今月告于南室
曰己巳卜兄貞尊告血室其𢆶
曰□□卜賓貞翌庚子之告麥允之告麥
曰庚子卜賓翌辛丑之告麥
曰翌乙未亾其告麥

卜享

此卜告者也．

其卜享者六．

曰甲辰卜王貞于戊申𦎫 卌三

曰壬辰卜𠂤弗𦎫見 卌四

曰大出𦎫

曰𢀛其大𦎫耑 卌四三

曰癸亥卜王方其𦎫大邑 十八三

曰丁卯卜𣪘貞王𦎫缶于蜀

此卜享者也

卜出入

其卜出入者百七十有七

曰其大出吉 卌五

曰其亦出 卌四三

曰其大出

曰丙戌令□方其大出五月

曰丙子卜貞方其大出七月

曰丁巳卜令𣎆□其大出

曰戊寅令𣎆方其出

曰貞□方其大出

曰貞王出

曰貞王往出

曰甲午卜賓貞王往出

曰王于謝出

曰甲午卜賓貞王往出𡆥

曰貞于翌庚申出

曰癸卯卜出貞旬亡𡆥九月

曰其出雨

曰丁卯卜賓貞方不出
曰貞不允出
曰丙辰貞不出
曰癸未子卜貞我不吉出
曰貞方不大出
右卜出者二十有一
卜入
曰甲□卜賓貞王入九一
曰甲戌卜𣪘貞今六月王入于商一之
曰辛未卜𡆥貞王于之七月入于商一之
曰辛卯卜𣪘貞來辛丑王入于商一之
曰己丑卜𣪘貞來乙巳王入于商一之
曰庚寅卜𣪘貞來乙巳王入于商一之
曰貞來巳入商

卜步

曰貞令肬王入于商

曰貞王八月入于商

曰貞不至于商五月

曰辛卯卜𣪊貞來乙巳王彡入

曰壬辰卜㞢貞王于八月入

曰貞王入若

右卜入者十有三、

曰翌癸亥王步 六廿五

曰在翌甲子步 四卌一

曰貞于庚子步

曰貞于辛亥步

曰乙未卜𣪊貞今日步

曰貞今己酉月步

曰乙丑卜貞王步亾巛 二廿五

曰辛酉卜貞王步亾巛 三廿五

曰乙卯卜貞王步亾巛

曰己酉卜貞王步亾巛

曰辛巳卜貞王步亾巛

曰辛卯卜貞王步亾巛

曰庚辰卜貞王步亾巛

曰辛巳卜在叉王步亾巛

曰癸酉卜在帛貞王步于[illegible]亾巛

曰□亥卜在□貞王步□康亾巛

曰庚寅卜在[illegible]貞王步于杞亾巛

曰壬寅卜在[illegible]貞王步于[illegible]亾巛

曰乙卯卜在林貞王步亾巛

曰庚辰卜在圃□王步于[illegible]亾巛

曰辛巳卜在[illegible]貞王步于[illegible]亾巛

曰甲午卜在[illegible]貞王步于[illegible]亾巛

曰甲午卜在淡貞王步于[illegible]亾巛

曰癸亥王卜在鳳貞步于[illegible]亾巛

曰丙戌卜在峘貞今□王步于□亾巛

曰甲子王卜在亳貞今日步□鳿亾巛

曰壬辰卜在杞貞今日王步于[illegible]亾巛

曰乙卯王卜在鳿貞今日步于[illegible]亾巛

曰戊寅王卜在載貞今日步于[illegible]亾巛

曰丙辰卜在[illegible]貞今日王步[illegible]亾巛

曰甲午卜在[illegible]次貞今日王步于[illegible]亾巛

曰辛丑王卜在[illegible]次貞今日步于□亾巛

曰辛酉王卜在[illegible]貞今日步于□亾巛

曰己未王卜在[illegible]貞今日步于[illegible]亾巛

曰辛酉卜[illegible]貞今日王步于𦎫亾宅

曰己酉卜行王其步自[illegible]于來亾巛

曰□子卜王其步自□亾巛

曰庚辰卜行貞王其步自[illegible]于□亾巛

曰辛丑卜行貞王其步自[illegible]于雇亾巛

曰丙辰貞步于[illegible]

曰貞王步于[illegible]

曰戊□□貞翌□王步于灉

曰貞翌庚戌步于[illegible]

右言步者四十有三、此與下曰徙、曰往、曰在、曰歸、竝附于卜

出入之後、

卜𢦔

曰癸丑卜在🀆貞王旬亾𡆥在六月王𢦔于上𩰫

曰癸巳卜在反貞王旬亾𡆥在五月王𢦔于𩰫

曰甲午卜翌日乙王其𢦔于向亾𢦒 于宮亾𢦒 于盂亾𢦒

曰翌日辛王其𢦔于𦺇亾𢦒 于噩亾𢦒 于𣏟亾𢦒

曰庚寅卜在齊次王𢦔往來亾𡆥

曰癸酉卜在𣪊貞王𢦔往來亾𡆥

曰癸巳卜在𦣻貞王𢦔𣅀往來亾𡆥于師北

曰辛丑卜貞王𢦔于噩往來亾𡆥

曰丁未卜貞王𢦔于宮往來亾𡆥

曰丁酉王卜貞其𢦔于宮往來亾𡆥

曰丁酉卜貞𢦔于召往來亾𡆥

曰□丑卜貞王𢦔于召往來亾𡆥

曰戊戌卜貞王𢦔于召往來亾𡆥

曰丁丑卜貞王𢓜于召往來亾巛

曰壬申卜貞王𢓜于召往來亾巛

曰壬辰卜貞王𢓜于召往來亾巛

曰丁酉卜貞王𢓜于召往來亾巛

曰丁丑卜貞王𢓜于召往來亾巛

曰己酉卜貞王𢓜于召往來亾巛

曰辛亥卜貞王𢓜于召往來亾巛

曰乙巳卜貞王𢓜于召往來亾巛

曰壬寅卜貞王𢓜于召往來亾巛

曰乙巳卜貞王𢓜于召往來亾巛在九月

曰丙寅卜貞王𢓜于召□來亾巛王𠧞曰弘吉隹王二祀肜日

隹□□

曰戊辰卜貞王𢓜㞢往來亾巛

卜往

曰丁丑卜貞王伐于𡨦往來亾巛

曰己亥卜貞王伐于淮往來亾巛

曰庚申卜貞王伐于雝往來亾巛

曰壬子卜貞王伐于雝往來亾巛

右言伐者二十有九。

曰貞王往于甘

曰王往出于甘

曰乙卯卜㱿貞今日王彡往于𩫖

曰貞王往休亾巛

曰庚子卜貞王往休

曰庚子卜賓貞王往休亾□

曰壬□卜賓貞王往休

曰缺上[illegible]貞王往于絣

卜在

曰貞王彡往于纆

曰癸未卜賓貞王往于乙

右言往者十、

曰己酉卜王在𠆣

曰壬戌卜行貞今月亾囚在沃

曰癸未卜在□貞王旬亾𡆥

曰癸酉卜在甶貞王旬亾□

曰癸未卜在逢貞王旬亾𡆥

曰癸亥卜在樂貞王旬亾𡆥

曰癸未卜在欽貞王旬亾𡆥

曰癸酉卜在冏貞王旬亾𡆥

曰癸未卜在白貞王□亾𡆥

曰癸未卜在濼貞王旬亾𡆥

曰己亥在潢貞王今月亾畎

曰癸丑卜在[illegible]貞王旬亾畎

曰癸亥王卜在[illegible]貞王旬亾畎

曰癸卯在[illegible]貞王旬亾畎

曰癸丑卜在[illegible]貞王旬亾畎

曰癸亥卜在向貞王□亾□

曰癸亥王卜在旁貞旬亾畎王𠧩曰吉

曰癸酉卜在上[illegible]貞王旬亾畎在七月

曰癸丑卜在上[illegible]貞王旬亾畎在二月

曰癸卯卜貞王旬亾畎在二月在上[illegible]

曰癸巳王卜貞旬亾畎在九月在上[illegible]

曰癸卯卜在上[illegible]貞王旬亾畎

曰癸卯卜在上[illegible]貞王旬亾畎□十月

曰癸未卜在上𩰫貞王旬亾畎王廿司

曰癸未卜在上𩰫貞王旬亾畎在□月王廿司

王廿司、殆即廿祀、司即祠字、是商稱年曰祀、亦曰司矣、

曰癸酉卜在上𩰫貞王旬亾畎

曰庚寅王卜在𦍩貞余其𠂤在兹上𩰫今𤯍其𦎫其乎𣂼示于

商正余受又王𠧩曰吉

曰癸巳王卜在𤰇貞旬亾畎王𠧩曰吉

曰己未卜在攸貞王今月亾畎

曰癸亥卜在攸貞王今月亾畎

曰癸酉卜在攸𣲖貞王旬亾畎王來正人方

𩛩尊亦有隹王來正人方語、乙亥方鼎則云隹王正井方其

誼均不能確知矣、

曰癸亥卜寅貞王旬亾畎在九月正人方在雇

曰癸巳卜在□𣏟貞王旬亾𡆥在四月

曰壬辰卜貞乎御在臭在龔

曰貞商至于來十月在[illegible]

曰甲午卜𡆥貞在[illegible][illegible]𠂤乎

曰甲戌卜在[illegible]貞叉邑今月弗[illegible]在十月又一

曰癸巳卜貞王旬亾𡆥在二月在齊次隹王來正人方

曰□巳王卜貞旬亾𡆥王𡆥□□□□月在齊次隹王來□□

□

曰癸丑王卜貞旬亾𡆥在齊次

曰癸卯王卜貞旬亾𡆥在[illegible]次

曰癸巳王□貞旬亾□在[illegible]次

曰癸□卜貞王旬亾𡆥在六月在[illegible]次

曰癸卯王卜貞旬亾𡆥王𡆥曰大吉在六月在[illegible]次

卜歸

曰癸未王卜在𣏟𠂇次貞旬亾𡆥

曰庚寅卜在𢀛次貞王𢆶林方亾𡿧

曰庚寅卜在𢀛次貞王今月亾𡆥

曰在𠦪次

右言在者四十有八、

曰于翌日王歸有大雨

曰辛卯卜𡧊貞翌甲午王步歸

曰辛未卜賓貞今日命方歸□月

曰貞𠂤命方歸八月

曰戊戌卜㱿貞王曰㑴虎毋歸

曰辛卯卜𡧊貞𠂤命𡐨□先歸九月

曰戊申子卜人歸

曰己亥子卜人不歸

曰戊寅子卜丁歸在師人
曰戊寅子卜丁歸在川人
曰癸酉卜□貞令十月人歸
曰己亥子卜貞在川人歸
曰命壴歸
右言歸者十三、
此卜出入者也、
其卜田漁者百九十有六、

卜田獵

曰王貞狩
曰貞王狩
曰往狩
曰往出狩
曰貞王狩于乂

曰貞王𢓊狩于乂
曰甲申卜㱿貞王步狩
曰𢀛㱿貞今日我其狩□
曰乙丑貞翌卯王其弊畢八月
曰乙丑貞翌卯其狩弊弗畢
曰辛卯卜貞其狩㞢畢
曰貞弗其畢十月在𢀛
曰貞弗其畢
曰貞弗其畢月十在盖
曰丁卯卜在𠫓貞𢀛告曰馬來羞王𢀛今日𢀛亾巛畢
曰乙巳卜出貞逐六馬畢
曰壬子卜貞王田逐
曰乙巳卜出王行逐

卜辭一

曰癸亥卜逐貞旬亡𡆥

曰癸丑卜逐貞旬亾𡆥

曰己巳卜狩逐

曰己巳□弗其狩逐

曰貞翌乙酉不其田

曰己酉卜貞王步于田亾巛

曰壬戌卜貞王田往來亾巛

曰□戌卜貞王往于田亾巛

曰辛酉卜貞王田往來亾巛

曰乙酉卜□貞王其田亾巛

曰貞乎歸姘田于𠔁

曰庚寅卜在𣪊貞王田往來亾巛

曰戊申卜王往田𣦼

曰壬辰卜貞王田于𤦲往來亾巛
曰丁卯卜貞王田天往來亾巛
曰戊午□貞王其□斿往來亾巛在九□
曰戊戌王卜貞其田噩往來亾巛
曰乙酉卜貞王田噩往來亾巛
曰壬辰卜貞王田噩往來亾巛
曰辛卯卜貞王田噩往來亾巛
曰辛丑卜貞王田于噩往來亾巛弘吉
曰壬戌卜貞王田噩往來亾巛王𠚤曰吉
曰壬辰王卜貞田噩往來亾巛王𠚤曰吉
曰乙亥卜貞王田宮往來亾巛
曰辛卯卜貞王田宮往來亾巛
曰戊午卜貞王田宮往來亾巛

殷

曰辛丑卜貞王田宮往來亾巛

曰乙亥王卜貞田宮往來亾巛王𠧞曰吉

曰壬申卜貞王田宮往來亾巛

曰戊寅卜貞王田宮往來亾巛王𠧞曰吉

曰乙卯王卜貞田宮往來亾巛王𠧞曰吉

曰丁卯卜貞王田疐往來亾巛

曰戊戌王卜貞田疐往來亾巛

曰丁亥卜貞王田疐往來亾巛

曰壬子卜貞王田疐往來亾巛

曰壬寅王卜貞田疐往來亾巛□□曰吉

曰壬寅王卜貞田疐往來亾巛王𠧞曰吉

曰乙丑卜貞王田疐往來亾巛王𠧞曰吉

曰丁卯王卜貞田疐往來亾巛王𠧞曰吉茲御

曰辛未卜貞王田書往來亡巛

曰乙丑卜貞田于書往來亡巛

曰辛卯卜貞王田書往來亡巛

曰庚寅卜貞王田書往來亡巛

曰丁卯卜貞王田書往來亡巛

曰辛巳卜貞王田書往來亡巛

曰辛巳卜貞王田書往來亡巛王𠧞曰吉

曰辛未王卜貞田書往來亡巛王𠧞曰吉

曰壬辰王卜貞田書往來亡巛王𠧞曰吉

曰戊寅王卜貞田書往來亡巛王𠧞曰吉

曰辛卯王卜貞田書往來亡巛王𠧞曰吉

曰辛酉卜貞王田[illegible]往來亡巛

曰辛丑王卜貞田[illegible]往來亡巛王𠧞曰吉

曰戊子王卜貞田𡎺往來亾巛王𠧞曰吉

曰壬寅王卜貞田𡎺往來亾巛王𠧞曰吉丝御在十月又二

曰壬寅王卜貞其田于介往來亾巛

曰戊午卜□□田介往來亾巛

曰丁巳卜貞王田高往來亾巛王𠧞曰吉

曰辛卯卜貞王田析往來亾巛

曰辛丑卜貞王田𣏟往來亾巛

曰辛丑卜貞王田析往來亾巛

曰辛丑卜貞田析往來亾巛王𠧞曰吉

曰壬子卜貞□田析往來亾巛王𠧞曰吉

曰壬子王卜貞田析往來亾巛王𠧞曰吉

曰壬申王卜貞田析往來亾巛王𠧞曰吉

曰乙巳卜貞王田析往來亾巛王𠧞曰弘吉在三月

曰壬寅卜貞王田雝往來亾巛

曰戊戌卜貞王田雝往來亾巛

曰壬子卜貞王田雝往來亾巛

曰戊申卜貞王田雝往來亾巛

曰辛酉卜貞王田雝往來亾巛

曰戊辰卜貞王田雞往來亾巛

曰戊午王卜貞田盂往來亾巛□占曰□

曰壬寅卜貞王田𩫖往來亾巛

曰辛丑卜貞王田于𩫖往來亾巛

曰戊戌卜貞王田于𩫖往來亾巛

曰戊子卜貞王田𩫖往來亾巛

曰丁酉卜貞王田𩫖往來亾巛

曰壬申卜貞王田𩫖往來亾巛

曰丁巳卜貞王田[illegible]往來亾巛
曰戊申王卜貞田𩫖往來亾巛王𠧪曰吉
曰戊午王卜貞田𩫖往來亾巛王𠧪曰吉
曰丁酉卜貞王田□往來亾巛王𠧪曰吉
曰辛丑卜貞王其田盂亾𢦏
曰戊戌卜貞王其田盂亾𢦏
曰□申卜貞王其田盂亾𢦏
曰戊申貞王其田[illegible]亾𢦏
曰乙巳卜貞王其田[illegible]亾𢦏
曰辛丑卜貞王其田[illegible]亾𢦏
曰戊戌卜貞王其田斿亾𢦏
曰壬辰卜貞王其田[illegible]亾巛
曰□丑卜貞王其田[illegible]亾巛

曰王其田于阝亾𢦏

曰其田祰□亾𢦏畢

曰戊戌卜行貞王其田于[illegible]亾巛

曰□丑卜行貞王其田于滴亾巛在八月

曰庚寅卜[illegible]貞其田于朱亾巛在□月

曰丙申卜行貞王其田亾巛在蜀

曰乙未卜行貞王其田亾巛在二月在[illegible]卜

曰丁巳卜行貞王其田亾巛在[illegible]

曰田于[illegible]其用茲卜

曰戊辰卜賓貞命派[illegible]田于盖

曰辛巳卜在𩫏貞王田[illegible]衣亾巛

曰壬申卜在[illegible]貞王田羔衣逐亾巛

曰壬寅卜在[illegible]貞王田衣逐亾巛

曰戊申卜在⿰王戈貞王田衣逐亾𡿧

曰戊寅卜在高貞王田衣逐亾𡿧

曰戊午卜在⿱口山貞王田衣逐亾𡿧

曰辛酉卜在𩫖貞王田衣逐亾𡿧

曰□□卜貞王田⿰王香往來□□王𠧞曰吉丝御獲□□□二麛

二雉二

曰壬子王卜貞田⿱虍炎往來亾𡿧王𠧞曰吉獲鹿十

曰己丑卜貞王⿰彳戔于召往來亾𡿧在九月丝御獲鹿一

曰□辰王卜貞田𩫖往來亾𡿧王𠧞曰吉丝御獲鹿二

曰壬子卜貞王田于斿往來亾𡿧丝御獲鹿十一

曰壬子王卜貞田⿱亼丕往來亾𡿧王𠧞曰弘吉丝御獲⿰匕夵卌一麛八

馬一

曰□子王卜貞田介往來亾𡿧王□曰弘吉丝御獲馬二鹿八

曰□□王卜貞田〓往□□□王𡆥曰吉𢆶御□□百卌八兕

曰□□王卜貞田〓往來亾巛□□□弘吉𢆶御獲〓廿五□□

二

□六雉

曰戊戌王卜貞田〓往來亾巛王𡆥曰大吉在四月𢆶御獲〓

十又三

曰戊申卜貞王田于〓麓往來亾巛𢆶御獲馬一〓四其延〓

曰壬申卜貞王田曹往來亾巛獲白鹿一〓二

曰乙未王卜貞田曹往來亾巛王𡆥曰吉𢆶御獲四麑一鹿

曰戊戌王卜貞田〓往來亾巛王𡆥曰吉𢆶御獲鹿八

曰戊戌王卜貞田〓往來亾巛王𡆥曰吉𢆶御獲鹿四

曰壬申王卜貞田羊往來亾巛王𡆥曰吉𢆶御獲鹿十又□

曰壬辰王卜貞田〓往來亾巛王𡆥曰吉在十月𢆶御獲鹿六

曰戊戌王卜貞田盂往來亾巛王𠧞曰吉獲兕一

曰戊申卜貞王田雞往來亾巛王𠧞曰吉丝御獲兕二

曰壬申卜貞王田奚往來亾巛王𠧞曰吉獲兕十三

曰戊辰王卜貞田淡往來亾巛獲兕七

曰戊辰卜貞王田于淡往來亾巛獲兕七

曰戊子王卜貞田戲往來亾巛王𠧞曰吉丝御獲

曰壬午王卜貞田戲往來亾巛王𠧞曰吉丝御獲鹿二

曰戊寅王卜貞田𢍚往來亾巛王𠧞曰吉丝御獲鹿二

曰戊午卜貞王田于祝往來亾巛丝御獲

曰癸巳卜在[illegible]貞王從于射往來亾巛驅所十六

曰丁卯□□□狩正□畢獲鹿百十六二百十三豕十旨一□

□

曰丙戌卜丁亥王□畢□畢三百又卌八

曰壬申卜㱿貞圃畢𢀛丙子䧹允畢二百之九一口
曰癸未卜王曰貞有馬在行其左射獲
曰遘獲　貞不其獲
曰囚曰其獲己酉王逐允獲二
曰壬戌卜射獲不
曰貞翌己卯命多射二月
曰射鹿獲
曰逐鹿獲
曰癸巳卜王逐鹿
曰貞其射鹿獲
曰今月獲　王其往逐鹿
曰鹿獲乎射
曰丙戌卜王不其獲鹿

曰上缺獲鹿允獲五

曰上缺獲允獲鹿五

曰上缺獲畢鹿十五之六

曰貞𢓊不其獲鹿

曰貞乎𢓊逐馬獲

曰上缺卜以貞逐馬獲

曰己未卜以貞逐豕獲

曰占不其獲豕十月

曰貞□不其獲羊

曰光不其獲羊

曰不其獲羊

曰乙巳卜貞𠂤不其獲羊十月

曰貞光獲羊

曰貞求我羊

曰己酉卜㱿貞𠭯獲羊

曰貞往羊不其得

曰丁巳卜㱿貞師獲羊十二月

右卜田狩者、百八十有六.

曰貞乎子漁之于且乙

曰□乎漁之于父乙

曰貞□漁之于且乙

曰丁亥卜貞子漁其之𠦪

曰辛卯卜貞今月□㞢月十漁

曰貞弗其畢九月在漁

曰癸未卜丁亥漁

曰貞御子漁

卜征伐

曰貞其雨在甾漁

曰在甾漁十一月

曰貞己漁亾其从

右卜漁者十有一

此卜田漁者也

其卜征伐者六十有一

曰征　貞其克乎

曰隹其弗克

曰貞乎往征

曰甲申卜賓貞征

曰貞戉允其伐

曰貞猷伐棘其𢦏

曰乙丑卜王貞余伐猷

曰其伐[illegible]利　不利
曰其伐[illegible]利　不利
曰貞乎征𢀛方
曰貞乎伐𢀛方
曰貞勿隹王往伐𢀛
曰乎多臣伐𢀛方
曰今□乎伐𢀛方
曰貞乎伐𢀛
曰勿乎伐𢀛
曰㱿貞翌辛未命伐𢀛□
曰庚午卜[illegible]貞我受𢀛方□
曰辛亥卜㱿貞勿隹王往伐𢀛方
曰辛丑卜㱿貞𢀛方其來王勿逆伐

自一

曰己巳卜㱿貞𢀛方弗允戈戉

曰貞我弗其獲征𢀛方

曰甲子卜㱿貞乎伐𢀛方受□□

曰貞乎伐𢀛受之又

曰貞伐𢀛方受之又

曰貞[illegible]王往伐𢀛受之又

曰庚申卜[illegible]貞乎伐𢀛方受之又

曰缺三千乎伐𢀛方受□□

曰乙巳卜[illegible]貞[illegible]王往伐𢀛方受之又

曰貞乎伐𢀛弗其受之又

曰貞勿伐𢀛帝不我其受又

曰庚子卜賓貞勿登人三千乎𢀛方弗受之又

曰庚申卜㱿貞王勿正𢀛方下上弗若不我其受又

曰貞彡隹王伐𢀛方下上弗若不其受□□

曰庚申卜㱿貞王彡征𢀛方下上弗若不□□

曰貞令□□从𠂤侯虎伐兕方受之又

曰伐土方受之又

曰貞王从洗䟒伐土方

曰戊午卜賓貞王从洗䟒伐土方受之□

曰丁酉卜㱿貞令𡆥王収人五千征土方受之又三月

曰辛丑卜賓貞命多紋从見乘伐下𢀛受之又

曰辛巳卜賓貞令伐下危受又

曰己酉王卜貞余征三半方𨛜䊺命邑弗敏不𠤎自彝在大邑

商王𠨘曰大吉在九月遘甬求五牛

曰貞令𡆥王伐𢀛方□□人五千乎□

曰貞曰師毋在絲延

自一

曰癸酉王卜貞旬亡𡆥王來征人方後上廿一

曰丙戌卜貞𠂤師在𣎳不水

曰甲戌卜在𡧊貞今月師不□

曰戊辰卜貞今月師亡𡆥盜

曰□巳卜在㴔東□貞今月師不𡗬

曰□亥卜在𡧊□今月師□𡗬其𡗬

曰乙丑卜在𠦪貞今月師不𡗬在十月

曰丁亥卜貞今月師亡𡆥盜

曰丙戌卜貞今月師亡𡆥盜

曰癸丑卜㱿貞師往衛亡𡆥

曰丙戌卜貞𤰈馬左右中人三百六月

曰丁丑王卜貞今𠂤巫九𡆥冊𣏟朿侯𢀛□𢦔眔二𩁹余其从

戰亡有自下上□□□有不𥂴𢦔□□□邑商亡宅在□□

曰八月辛亥允戈伐二千六百十五六人在□□在十一月
曰上缺登人三千乎戰
曰甲子卜王於卜大於
曰上缺四日庚申亦之來嬉自北子□告曰昔甲辰方征于蚁得
人十之五人五日戊申方亦征得人十之六人六月在□□
右言征伐者六十有一
曰癸丑卜𡧊貞旬亡𡆥王固曰之求之𦣞甲寅允之來嬉又告
曰之往芻自浴十人之二
曰王固曰之求其之來嬉三至九日辛卯允之來嬉自北蚁敏
𠭯告曰土方牧我田十人
曰王固曰之求其之來嬉三至七日己巳允之來嬉自西𢦏友
角告曰𢀛方出牧我示𣞁田七人五
曰癸巳卜𣪊貞旬亡𡆥王固曰之求其之來嬉三至五日丁酉

殷二　四十五

允之來媗自西洗𢦏告曰土方征于我東鄙□二邑𢀛方亦

牧我西鄙田

右言芻牧者四，附於征伐之後。

此卜征伐者也。

卜年

其卜年者三十有四。

曰貞于王亥求年

曰壬申貞求年于[illegible]

曰癸酉卜求年于三[illegible]

曰貞求年于羔

曰癸丑卜㱿貞求年于大甲十牢且乙十牢

曰壬申貞求年于妣乙

曰辛酉卜賓貞求年于妣乙

曰貞于妣乙求年

曰帝命雨正年

卜文正作𠯑與疋字相亂、疑此是足字、

曰庚午卜貞禾之及雨三月

曰受黍年

曰貞受黍年

曰甲申卜貞黍年

曰貞乎黍受年

曰隹黍受年

曰庚申卜貞我受黍年三月

曰戊戌貞我黍年

曰己酉卜黍年之正

曰癸卯卜以貞我受黍年

曰甲寅𡆥貞歸姘受黍年

卜辭

曰觀黍
曰乙未卜貞黍在龍囿啚受之年二月
曰貞不其受黍年
曰弗其受黍年二月
曰貞不其受黍年二月
曰貞弗其受菖年二月
曰夙受年
曰甲辰卜商受年
曰戊申卜王貞受□商年□月
曰□寅卜萬受年
曰辛未貞受年
曰貞我不其受年
曰乙巳卜以貞所不其受年

卜風雨

曰弗受之年

此卜年者也、

其卜風雨者、百十有二、

曰貞其風

曰丙午卜以貞今日風囚

曰辛丑卜貞今日王□□不遘大風兹□□

曰其遘大風

曰不遘風　其遘大風

曰貞翌丙子其之風

曰辛未卜王貞今辛未大風不隹囚

曰戊午卜貞今日王其田宮不遘大風

曰己亥卜貞今日不風

曰乙卯卜貞今日王田󠄀不遘大風　其遘大風

曰壬寅卜貞今日王其田𣎆不遘大風　其□大風

曰戊午□其雨□庚午日延風自北月□

右言風者十有二、

曰貞其雨

曰丙辰卜丁巳雨

曰甲辰卜丙午雨

曰王固曰其雨

曰丁巳其雨

曰今丙申其雨

曰貞今日雨

曰貞今日其大雨七月

曰貞今壬申其雨

曰庚辰卜𠱓貞今日其雨

曰癸未卜來壬辰雨

曰今日卯其雨

曰乙酉卜大貞及茲二月之大雨

曰七日壬申雷辛巳雨壬午亦雨

曰□今癸巳至于丁酉雨

曰今三日雨

曰辛未卜貞自今至乙亥雨一月

曰丙申今日雨　丁酉雨

曰乙巳卜出貞今日雨二月

曰帝唯癸其雨

曰𡆥卜㗊貞今三月帝命多雨

曰丁未卜㗊貞及今二月雨

曰甲戌卜賓貞自今至于戊寅雨

曰己丑卜庚雨

曰庚辰卜六貞翌辛巳雨

曰乙卯卜翌丙雨

曰□□卜箙翌戊申雨

曰辛□卜箙貞翌壬子雨允雨

曰癸丑卜箙翌甲雨甲允雨

曰辛亥卜箙翌壬雨允雨

曰壬子卜箙翌癸丑雨允雨

曰翌癸亥其雨癸亥允雨

曰戊辰卜及今雨

曰庚辰卜辛巳雨

曰貞今癸巳至于丁酉雨

曰庚午卜[illegible]貞自今至己卯雨

曰貞今亦益雨

曰貞其冓雨

曰今十三月雨

曰貞及十三月雨

曰甲戌卜大貞今日不雨

曰壬申卜今日不其雨

曰壬午卜貞今日不雨

曰壬辰卜貞今日不雨

曰戊寅𡆥貞今日不雨

曰貞翌辛亥不雨

曰貞丁不雨

曰庚寅不其雨

曰己卯雨不

曰壬午卜來乙酉雨不

曰丙戌卜貞自今日至庚寅雨不

曰辛亥貞今月雨

曰乙卯卜貞今月其雨

曰今月其雨

曰庚辰卜𠂇今月其雨允雨

曰今二月帝命雨

曰于之月有大雨

曰癸未卜兹月有大雨

曰貞不其雨在五月

曰貞今月不雨

曰今月不其雨

曰貞今月不其雨九月

曰今巳巳月不雨

曰之月允不雨

曰其有大雨　丁丑亾大雨

曰貞翌庚辰其雨　貞翌庚辰不雨　庚辰□大采

曰辛酉卜貞今日不雨　其雨　妹雨

曰戊辰卜𡆥貞來乙亥其雨　戊辰卜𡆥貞來乙亥不雨

曰甲申卜翌乙雨　翌乙不雨

曰壬午卜來乙酉雨　不雨

曰貞今日不雨　貞其雨

曰乙卯卜貞今日不雨　其雨

曰翌日戊不雨　其雨

曰庚子卜逆貞翌辛丑雨　貞翌辛丑不其雨

曰貞今丙午延雨　今丙午不其延雨

曰貞令月其雨　貞令月不雨

曰□□其雨之月允不雨

曰辛亥卜貞延雨　不多雨

曰乙丑卜冓雨己其不

曰乙未卜賓貞今日其延雨

曰貞其延雨在六月

曰貞令己亥不延雨

曰庚戌𡆥貞雨帝不我□

曰其自南來雨

曰其自東來雨

曰癸巳卜𡆥貞雨雹朋在

曰庚子卜雪

曰□午卜王往田雨

曰戊寅卜貞今日王其田㳄不遘大雨兹御

曰壬午卜今日王田曺不遘雨

曰戊申卜貞今日王田𥄎不遘雨兹御其雨

曰戊辰卜貞今日王田㳄不遘大雨　其遘大雨

曰辛亥卜貞今日王田曺□日不遘雨　其遘雨

曰戊申卜貞今日王田殸不遘雨　其遘□

曰戊申卜貞王田殸不遘雨兹御其雨

曰丁卯卜𤇾貞王往于𢀛不一冓雨

曰丁卯卜㕯貞王燕𠬝□不一冓雨

曰貞今日雨不隹𥢶

曰貞今□其雨在圃漁

曰庚子卜𡆥貞王般其冓之日般冓雨五月

右言雨者百、

此卜風雨者也、

雜卜

其雜卜四十有七、

曰貞帝于命

其文當是貞命于帝顛倒書之、

曰貞不隹、

曰帝弗若、

曰貞不若、

曰貞不若八月、

曰貞不其若九月、

曰受之又

貞弗其受之又、

曰受之又、

曰貞亾得、

曰貞不其得、

曰己卯卜貞王今月盜、

曰戊子卜貞王今月盜、

曰丁丑卜貞王今月盜、

曰庚戌卜貞帝其降艱、

曰有來艱

曰己卯卜□貞今日亾來艱

曰□□卜□貞今日亾來艱

曰西土亾艱

曰貞不其降

曰戊辰卜王不其降

曰貞來

曰貞亾其來自西

曰戉其來　不其來

曰貞不其至
曰辛酉卜王貞方其至今月乙丑方
曰王其觀
曰祉觀
曰己巳卜其溝觀
曰辛王从相田其敏
曰貞王往相西
曰己巳卜貞命[illegible]相在南啚十月
曰甲戌卜[illegible]貞方其[illegible]于東九月
曰貞我旅在
曰丁亥卜貞馬
曰辛未王卜曰余告多[illegible]曰般卜有求
曰庚戌□貞錫多女之貝朋

曰貞今一月歸好

曰庚子卜□貞歸好之子

曰貞歸好弗其用

曰貞歸好不祉䢔

曰貞毚歸好乎御伐

曰貞御歸井于母庚

曰觀黍歸井

曰其觀黍不歸井

曰貞乎歸姘田于𠔁

曰貞歸婐之子

曰己亥卜王余弗其子歸姪子

此卜雜事者也此九事外尚有可錄者不復備舉讀者隅反焉可矣

禮制第七

殷商禮制徵之卜辭其可知者六端曰授時曰建國曰祭名曰祀禮曰牢鬯曰官制取以校周禮其因革略可知也今依次述之、

商稱年曰祀亦曰祠、

爾雅釋天商曰祀徵之卜辭稱祀者四稱司者三曰惟王二祀曰惟王五祀曰其惟今九祀曰王廿祀曰王廿司是商稱年曰祀又曰司也司即祠字爾雅春祭曰祠郭注祠之言食詩正義引孫炎云祠之言食（音賜）為郭注所本是祠與祀音義俱相近在商時殆以祠與祀為祭之總名周始以祠為春祭之名故孫炎釋商之稱祀謂取四時祭祀一訖其說殆得之矣、

一月為正月亦稱一月、

卜辭中正月凡三見，一月凡四見，是商或稱正月，或稱一月也。

有閏之年，則稱其末月曰十三月。

卜辭中書十三月者凡四見，殆皆有閏之年也。古時遇閏，稱閏月，不若後世之稱閏幾月。至商有十三月，則並無閏月之名，可徵古今稱閏之不同矣。

此援時之可知者也。

王畿曰京師，亦曰大邑。

卜辭中有王其乎宦于京師，及告于大邑商，語均謂王都。書多士：肆予敢求爾于天邑商。天邑即大邑之譌。正義引鄭玄曰：言天邑商者，亦本于天之所建。據譌文以為說，失滋甚矣。康誥云：周公初基作新大邑于東國洛。多士：今朕作大邑于茲洛。孟子引逸書用臣附于大邑周。三稱大邑，與卜辭正同。

蓋沿商人之舊稱矣、

其宗廟宮室之制則有大室、

卜辭中太室再見、一曰其叙丁于大室、一曰甲戌王卜□大室□□□命、是大室之名商已有之矣、

有南室、

卜辭曰、告于南室、南室未見他書、尸子稱明堂殷曰陽館、考經緯言明堂在國之陽、南室者、其明堂與、抑為廟中南方之室與、不可知矣、

有血室、

卜辭中三言血室、曰貞酒匚于血室亾𡿧、曰貞翌辛未其之于血室三大牢、曰告血室、依其文觀之、是廟室也、禮器言血毛詔于室、故謂之血室與、

有祠室、

曰壬辰卜貞𠬝司室。司室即祠室，殆亦廟室矣。

有皿宮。

文多斷缺，誼不可知。

有東寝。

曰癸巳卜賓㲋令二月宅東寝。此寝殆亦廟中之寢矣。

有龍囿。

文曰乙未卜貞黍在龍囿於此。貞黍殆在郊外之地矣。

此建國之可知者也。

諸祭之名曰宗。

文曰丙子卜貞文武宗，其牢丝□。又曰丙寅卜貞文武宗□牢□□。此當為卜宗祀者，故無王賓之名矣。

曰禘。

文曰□□卜貞大日其□王其有彳乙武□文武帝衣酒□□

王受冬王受□、芸云、文武帝與上條文武宗語法同宗為宗祀則帝殆為禘祭矣、禘祭而先云有彳武乙者、殆武乙祔廟時之吉禘與、

曰烝、

曰肜日、

文均見卜辭篇、以上四祭誼並可知、肜月以下則但知其為祭名而已、

曰肜月、

曰𡿧日、

曰早、

曰祭、

曰𠦪、

曰歲、

曰禳、

曰丵、

曰𣏂、

曰酒、

曰美、

曰品、

以上諸文並載于卜辭篇。

曰丵、

說見文字篇、

曰衣、

王徵君曰、衣爲祭名、未見古書、惟濰縣陳氏所藏大豐敦云、王衣祀于不顯考文王、案衣祀疑即殷祀、殷本㐆聲、讀與衣同、故書康誥殪戎殷、中庸作壹戎衣、鄭注齊人言殷聲如衣、呂氏春秋愼大覽親郼如夏高注郼讀如衣今兖州人謂殷氏皆曰衣然則卜辭與大豐敢之衣殆皆借爲殷字惟卜辭爲合祭之名大豐敢則爲專祭之名此其異也

此祭名之可知者也

祭先卜日卜牲其日恒以所祭之祖之生日

例多見前卜辭

其卜日也亦以所祭之生日卜之

說見前卜辭篇

其卜牲也卜其毛色

曰丙子卜貞康且丁丁其牢羊曰其織絲用曰丁卯貞般缺有羊缺白牡曰甲子卜旅貞翌乙丑古叀白牡曰己未卜其剛羊十于西南曰羊曰織曰白牡曰剛卯劉是卜毛白也商人殆兼用諸色以卜定之禮家皆謂夏后氏牲用黑殷用白周用

辭以卜辭證之，殊不然矣。

卜其牝牡。

曰且甲𠂤牡，曰毋庚牡一，曰御于高妣己□牡，曰貞牝㚟于且乙，曰其牢牝，曰貞且辛□牢牡，是卜牝牡也。

卜其數類。

說見下。

王親相牛。

卜辭言王往相牛者三，周禮則省牲為大宗伯及小宗伯之職，王不親相也，此周禮之不同於殷者。

田漁以取鮮。

春秋傳曰，惟君用鮮，衆給而已，王制言天子諸侯之田一為乾豆，卜辭中書田獵者，雖無取鮮明文，然大率當為祭祀也，其卜漁者曰貞乎子漁之于且乙，曰十月漁，曰九月在漁，曰

壬

九月漁曰王漁曰在𠭯漁十一月是王亦親漁以充祀也禮記月令季春天子始乘舟薦鮪于寢廟不知為何代之禮然周官𩡧人則云掌以時𩡧春獻王鮪又左傳公矢魚于棠臧僖伯曰皁隸之事官司之守非君所及似周禮王不親漁與殷異者然石鼓文述王田並及漁全先生祖望謂古者諸侯有畋無漁徵之卜辭及石鼓殆不然矣惟卜辭言漁在九月十月及十一月與月令言季春者異月令所記其亦非殷禮與抑殷之親漁歲非一與

臨祭爯冊

卜辭曰己未卜貞賁酒𠭯冊太甲又曰爯冊乎妣乙其餘言爯冊者尚多是祭時有告神之冊矣

先公先王皆特祭而不祧

王徵君曰殷之先公若王亥若示壬示癸先王自大乙至于

武乙，此三公二十二王，自卜辭觀之，無一不特祭者，則不見於卜辭之先公先王亦可知矣。此禮與周制大異。公羊文二年傳：大祫者何？合祭也。其合祭奈何？毁廟之主陳於太祖，未毁廟之主皆升合食於太祖，五年而再殷祭。五經異義：古春秋左氏說，古者日祭於祖考，月薦於高曾，時享及二祧，歲祫及壇墠，終禘及郊宗衣室。（見藝文類聚、初學記、太平御覽所引）則之毁廟自禘祫合祭外，更無特祭之法。今卜辭雖非一時之物，而三公均特祭，則先王可知，則商世蓋無廟祧壇墠之制，而於先公先王不以親疏為厚薄矣。

先妣亦特祭。

王徵君曰：殷先公先王皆以名之日特祭，先妣亦然。凡卜辭上稱王賓某，下稱奭某者，其卜日亦依奭名，皆專為妣祭，而卜其妣上必冠以王賓某，（如大乙大甲之類）奭者所以別於同名之他妣，如後世后謚上冠以帝謚，未必帝后並祀也。其餘卜辭所載特祀之條尚多。妣有專祭，與禮家所説周制大異。少牢饋食禮祝辭曰：孝孫某敢用柔毛剛鬣嘉薦普淖，用薦歲事于皇祖伯某，以某妃配某氏，尚饗。祭統鋪筵設詞几，為依神也。注：詞之言同也。祭者以其妃配，亦不特几也。皆妣合祀於祖之證。惟喪祭與祔始有特祭。士虞禮記：男，男尸；女，女尸。又士祔于皇祖，女子于皇祖妣，孫婦于皇祖姑。記載祔士之辭曰：孝子某孝顯相夙興夜處，小心畏忌，不惰其身，不寧，用尹祭嘉薦普淖、普薦溲酒，適爾皇祖某甫，以躋祔爾孫某甫，尚饗。此祔男子於祖則祭其祖，祔女子與孫婦於妣則當祭其皇祖妣與皇祖姑矣。雜記：男子附於王父則配，女子附於王母則不配。注：配，謂并祭王母；不配，謂不祭王父。有事於尊者，可以及卑；有事於卑者，不敢援尊。是妣於廾祔其孫女及孫婦時始有特祭。此外無特祭之文。商則諸妣無不特祭。與先公先王同。此亦言殷禮者所當知也。

亦有同日而祀二祖。或云眔某者。

如曰。癸未卜正月甲申祭且甲[?][?]甲。曰癸巳王卜在正月甲午[?][?]甲[?]羊甲。是同日而祀二祖也。曰貞王賓且乙奭妣庚[?]□□□眔兄庚二宰。曰癸亥□貞兄庚[?]眔兄己[?]。曰癸酉卜行貞王賓（原奪賓字）父丁[?]三牛眔兄己一牛兄庚祀一人而眔他一人或二人。凡是者既殊于合祭之祀。多祖而又異于特祭一祖。不能知其為何祀矣。

凡卜稱所祭之祖曰王賓。所祭之妣曰奭。

卜辭中稱所祭者曰王賓。祭者是王。則所祭者乃王賓矣。周書洛誥王賓殺禋咸格。猶用殷語。前人謂王賓賓異周公者。失之。奭說見前文字篇。

其外祭可考者曰社。

王氏國維曰。卜辭所紀祭事大都内祭也。其可確知為外祭者。有祭社二事。其一曰貞燎于土三小牢卯一牛沈十牛。其二曰貞燎求年于𡴀土。案土即丄。即今隸土字。卜辭假為社字。詩大雅乃立冢土。傳云冢土大社也。商頌宅殷土茫茫。史記三代世表引作殷社茫茫。公羊僖三十一年傳。諸侯祭土。何注土謂社也。是古固以土為社矣。𡴀土即邦社。說文解字邦古文作𡴀。其字从㞢。不合六書之恉。乃為𡴀之譌。𡴀从田丰聲。與邦之从邑丰聲。籀文社之从土丰聲者同。（古封邦一字說見史籀篇疏證。）邦社即祭法之國社。漢人諱邦。改為國社。古當稱邦社也。周禮大宗伯以血祭祭社稷五祀。而商人用燎用卯用沈召誥乃社于新邑牛一。羊一。豕一。禮器郊特牲亦云。天子社稷太牢。而商則燎三小牢（即少牢）卯一牛沈十牛。其用牲不同如此。然則商周禮制之差異，不獨內祭然矣。

曰五方帝。

曰貞方帝卯一牛之南□。曰貞[illegible]賁于東。曰己巳卜王賁于東。曰賁于西。曰貞賁于西。曰癸酉卜中貞三牛。曰方帝。曰東曰西曰中。疑即五方帝之祀矣。

此祀禮之可知者也。

其祭時牢鬯之數無定制，一以卜定之。其牲或曰大牢，或曰小牢，或牛或羊或豕，或犬。其牛又曰牡，曰牝，曰⿱羊牛，曰⿰牜戠。其用牲之數或一。

卜辭中用一牛者曰且乙，曰且辛，曰且丁，曰小乙，曰且甲，曰妣己，曰唐，曰乙，曰丁。用一牡者曰母庚，曰父甲，曰父庚，曰父辛。用一牢者曰大庚，至于中丁，曰且辛。

或二。

用二牛者曰且辛、曰父乙、曰母庚、用二牡者曰妣己、用二宰者曰且庚、曰妣庚、用一牛一羊者曰妣己、用二犬者曰王矢、

其三、

用三牛者曰大甲、曰且乙、曰戠、用三白牛者曰王亥、用三宰者曰大戊、曰小辛、曰武丁、曰丁、用三小宰者曰母己、用三羊者曰且乙、

其五、

用五宰者曰大甲、曰大戊、曰且乙、曰妣庚、

其六、

用五羊一牛者曰甲、用三小宰卯三宰者曰羔、

其九、

用九牛者曰唐、

其十、

用十牛者曰咸。用十白豕者曰且辛。用十宰者曰大甲。曰且乙。曰且辛。曰父乙。用九牛一羊者曰甲。

或十五。

用十五宰者曰丁。用十五羊者曰甲。

或二十。

用十牛十羊者曰丁。

或三十。

用三十牛者曰丁。用三十宰者曰大甲。曰妣庚。

或三十三。

用三羊卅宰者曰妣庚。

或三十七。

用三十七宰者曰丁。

或四十。

用四十牛者曰王亥、

而止於百、

用百牛者曰彈、曰寅尹、用百豕者曰𢦏用百羊者曰大丁、大甲且乙、又有僅曰牢、曰牛、曰犇、曰牡、曰小牢、曰羊、曰犬、而不言其數者、其僅言牢者曰大甲、曰大戊、僅言牛者曰南庚、僅言犇者曰武丁、曰康且丁、僅言牡者曰且乙、僅言小牢者曰南庚、曰小乙、僅言羊者曰且戊、曰妣己、僅言犬者曰、父甲曰父庚、

其用牲之法、曰貢、曰貍、曰沈、曰卯、曰俎、

卯之誼不可知、然觀卜辭所載每云貢幾牢、貍幾牢、卯幾牢、或云貢幾牢沈幾牢、卯幾牢別卯于貢貍沈、則卯者當為薦於廟之牲矣、俎者陳牲體于俎、

祭時或僅用貢、

僅用𡧊者曰示壬曰王亥曰𠳋曰兕曰𠱠東曰𦥔曰蚰曰𠨍

皆不記牢數曰羔用三牢曰𠨍用六牛

或僅用貍

僅用貍者曰妣乙用二牢

或僅用沈

僅用沈者曰貞沈十牛不言用之何人

或僅用卯

其僅用卯者曰武丁卯六牢

或兼用𡧊與貍

兼用𡧊與貍者曰妣乙𡧊一牢貍二牢

或兼用𡧊與沈

兼用𡧊與沈者曰妣乙五牛沈十牛

或兼用𡧊與卯

兼用賁與卯者曰丁賁五小宰卯五牛又三十宰又十小宰卯十勿牛曰六旬五豕卯五羊又六豕卯羊六曰[illegible]賁十小宰卯十牛曰羔賁三小宰卯三宰曰大甲賁三羊卯四牛。

或兼用賁與俎。

用賁與俎者曰妣乙賁十牛俎十牛。

或兼用貍與賁與卯。

用貍賁卯者曰辛巳卜㽎貞貍三犬賁五犬五豕卯四牛一月而不言其人。

或兼用卯與沈。

用卯與沈者曰卯三牛沈三牛亦不舉祖名。

其用鬯之數或六。

用鬯六者曰文武丁。

或十。

用十㲋者曰大甲、

或三十、

用㲋三十者曰妣庚、

亦止于百、

用㲋百者曰彈曰大丁、大甲、且乙、其僅曰㲋而不言幾卣者

曰大甲、曰且乙、曰南庚、曰康且丁、曰且戊、

牢㲋之外或薦以玉、

祭用玉者曰南庚、又文曰癸酉□貞帝五玉其□牢、

此牢㲋之可知者也、

至殷之官制、則有卿事、

卿事亦見乙未敨文曰乙未卿事錫小子𣪘貝二百、與卜辭

同毛公鼎及番生敨亦皆有卿事士、古皆訓事、卿事即卿士

也、詩商頌降予卿士、大雅百辟卿士、箋卿士卿之有事也、又

小雅皇父卿士箋云朋黨於朝皇父為之端首兼擅羣職故但目以卿士云詩之卿士即卿事周官六官之長皆曰卿而鄭君謂卿士兼擅羣職是卿士即冢宰矣周官雖無卿士之名而屢見於詩及周初古金文是周官實沿殷制矣

有大史

周禮春官有大史掌建邦之六典亦掌大祭祀卜辭中因卜祭而有大史之名是殷之大史職掌與周略同周官實沿殷制矣卜辭稱大史賓周毛公鼎番生敦亦均有此語

有方

卜辭云命方歸方當為官名周禮夏官有職方土方合方訓方形方五氏疑亦仿殷制矣

有小臣

周禮夏官有小臣掌王之小命詔相王之小灋儀及王之燕

出入及大祭祀小祭祀以其職掌觀之殆與卜辭之小臣略同矣

有監

文曰命壴歸壴與樹當為一字亦即後世之豎字說文解字豎豎立也廣雅釋詁豎立也壴在卜辭中為官名與周禮天官及禮記文王世子之內豎左氏傳晉侯之豎曹伯之豎相類蓋王之近侍小臣其名已見於殷世矣

有埽臣

此名不見於前籍以其名考之亦小臣與豎之類矣此官名之可知者也由此觀之商周二代之禮因革略可見矣

卜法第八

卜以龜亦以獸骨龜用腹甲而棄其背甲背甲厚不易作兆且甲面不平故用腹甲

獸骨用肩胛、及脛骨、

脛骨皆剖而用之、

凡卜祀者用龜、卜它事皆以骨、田獵則專用脛骨、其用胛骨者則疆理征伐之事為多、故殷虛所出獸骨什九、龜甲什一而已、其卜法削治甲與骨令平滑、於此或鑿焉、或鑽焉、或既鑽更鑿焉、龜皆鑿、骨則鑽者什一二、鑿者什八九、既鑽而又鑿者二十之一耳、此即詩與禮所謂契也、

鑿跡皆橢圓形如◎、鑽則正圓形如○、既鑽更鑿者則外圓而內橢如◎、大抵甲骨薄者、或鑿或鑽、其鑽而復鑿者皆厚骨不易致坼者也、

既契乃灼於契處以致坼、灼於裏、則坼見於表、先為直坼而後出歧坼、此即所謂兆矣、

予所見兆形甚多、略示如下、

蓋不契而灼則不能得坼既契則骨與甲薄矣其契處皆斜入外博而内狹形爲楕圓則尤薄處爲長形灼於其側斯沿長形而爲直坼由直坼而出歧兆矣於以觀吉凶並刻辭於兆側以記卜事焉此古卜法之可據目驗以知之者也

予既據目驗知古卜法概略證以周禮春官及毛詩戴記周秦諸子之言卜事者多與符合知殷周卜法無大差而鄭君箋注詩禮則頗有失誤是商周卜法漢儒已不能明矣詩大雅曰爰契我龜契即荀子鍥而不舍之鍥契者鍥之初字古契字多訓刻（易繫九家注釋名廣雅釋言漢書枚乘傳集注後漢書張衡傳注並同）韓非子及周官大卜鄭司農注所謂鑿龜莊荀韓非諸子及王制所謂鑽龜均即契也（書契之契本誼亦訓刻竹帛以前皆爲刻字卜辭其證也周禮小宰鄭司農注謂書契爲符書乃書契之別一誼曲禮之執右契管子之使無券契之責皆符書也說文解字謂契爲大約乃以符書爲契之本誼）

殆失之矣、契誼為刻、而所以刻之之具即以名焉、華氏所謂掌共燋契是也、契所以鑿、燋所以爇、杜子春所注本自分明、極合事實、而鄭君乃為異義、一則曰、士喪禮楚焞置于燋、在龜東、楚焞即契、所用以灼龜、再則曰、以契柱燋火而龡之、契既然以授卜師、其注士喪禮又曰、楚、荊也、荊焞所以鑽龜者、始誤以契與燋為一物、鑽與灼為一事、以鄭君之熟精三禮、乃有此謬、此殷周卜法漢代已失之確證矣、孔氏詩正義亦謂楚焞即契、賈氏儀禮正義又云、鑽龜用荊、祖述鄭義、謬誤益滋、至李華乃為卜用生龜之說、去古益遠、古制乃愈不可知矣、至骨卜之法、為古籍所不載、而顧見於宋史西夏傳及徐霆之黑韃事畧、其觀吉凶與古同否、雖不可知、而西夏之卜以艾灼羊胛骨、（宋史作髀骨、乃胛骨之譌）黑韃亦灼羊之枚子骨、謂之燒琵琶、與商代骨卜用肩胛骨者正合、中夏卜事獨存於荒裔、且逾二千年而不絶。亦異事矣。又殷周卜法。漢儒已不能明者光州胡侍郎煦卜法詳考推衍禮經。斷以己意。所言至精晰證以予所目驗。若合符節。此亦我　朝學術超越前代之明驗矣。侍郎之書。世顧罕知者。故附箸之。

殷虛書契考釋卷下

殷

男福頤恭校

余為商遺先生書殷虛考釋竟作而歎曰此三百年來小學之一結束也夫先生之於書契文字其蒐集流通之功蓋不在考釋下即以考釋言其有功於經史諸學者蓋不讓於小學以小學言其有功於篆文者亦不讓於古文然以考釋之根柢在文字書契之文字為古文故姑就古文言之我朝學術所以超絕前代者小學而已順康之閒崑山顧亭林先生實始為說文音韻之學說文之學至金壇段氏而洞其奧古韻之學經江戴諸氏至曲阜孔氏高郵王氏而盡其微而王氏父子與棲霞郝氏復運用之於是詁訓之學大明使世無所謂古文者謂小學至此觀止焉可矣古文之學萌芽於乾嘉之際其時大師宿儒或殂謝或篤老未遑從事斯業儀徵一書亦第祖述宋人畧加銓次而已而俗儒啚夫不通字例未習舊埶者輒以古文所託者高知之者鮮利荆棘之未開謂鬼魅之易畫遂乃肆其私臆無

後序

所忌憚、至莊葆琛龔定庵陳頌南之徒、而古文之厄極矣、近惟瑞安孫氏、頗守矩矱、吳縣吳氏、獨具縣解、顧未有創通條例、開發奥窔、如段君之於説文、戴、段、王、郝諸君之於聲音訓詁者、余嘗恨以段君之邃於文字、而不及多見古文、以吳君之才識、不後於段君、而累於一官、不獲如段君之優游壽考、以竟其學、遂使我朝古文之學、不能與詁訓説文古韻三者方駕、豈不惜哉、先生早歲即治文字故訓、繼乃博綜羣籍、多識古器、其才與識固段吳二君之儔、至於從容問學、厭飫墳典、則吳君之所有志而未逮者也、而此書契文字者、又段吳二君之所不及見也、物既需人、人亦需物、書契之出、適當先生之世、天其欲昌我朝古文之學、使與詁訓説文古韻匹、抑又可知也、余從先生游久、時時得聞緒論、比草此書、又承寫官之乏、頗得窺知大體、揚搉細目、竊歎先生此書詮釋文字、恒得之於意言之表、而根源脈絡一一可尋，其擇思也至審，而收效也至宏，蓋於此事自有神詣。至於分別部目，創立義例，使後之治古文者於此得其指歸，而治說文之學者亦不能不探源於此。竊謂我朝三百年之小學，開之者顧先生，而成之者先生也。昔顧先生音學書成，山陽張力臣為之校寫，余今者亦得寫先生之書，作書拙劣，何敢方力臣，而先生之書足以彌縫舊闕，津逮來學者，固不在顧書下也。

甲寅冬十二月，祀竈日，海甯王國維。

附録

讀殷虚書契考釋初版校補本

羅琨

一九九九年十一前夕，筆者舉家前往大連探望堂兄羅繼祖，其間，堂兄以先祖手批校補的初版本《殷虚書契考釋》（以下簡稱《考釋》）鄭重相托。《考釋》是一部甲骨學奠基之作，從初版本到增訂本體現了早期甲骨文研究的進程，而作者手批的初版校補本正是兩個版本的中間環節，對於甲骨學史的研究有重要意義。

初版本兩册，永慕園印，刊行於一九一九年初（甲寅十二月），面頁隸體「殷虚書契考釋」爲先祖手書①，其後錄有沈增植和柯鳳蓀的贈詩及小記，也是先祖手跡。以下，從甲寅十二月十八日自序，到王國維甲寅十二月祀竈日（二十三）寫的跋，由王國維楷書抄錄，而釋文的甲骨字則由羅氏自己填寫。今存羅振玉致王國維書有：

《考釋》篆書昨乙夜填訖。全稿對過，僅二三誤字。弟已改正。拙稿草率已極，而先生精細無比，正成反比例也。篆書格紙附完，祈檢入。②

對於羅氏手書原稿和王氏抄錄稿，陳夢家經過校對指出，王氏「對於行文字句的小小更易是常有的，但並未作重大增删」③；王世民更發表了校勘記，印證了這個結論，並指出有王氏妄改改誤及原稿誤而未改之處④，這證明王氏對《考釋》

---

①羅繼祖《魯詩堂談往錄·庭聞綴餘》七十二頁，上海書店二〇〇一年。

②見長春市政協文史和學習委員會《羅振玉王國維往來書信》（以下簡稱《書信》）十八頁，第三十九通，東方出版社二〇〇〇年。

③陳夢家《殷虚卜辭綜述》五十八頁，科學出版社一九五六年。

④王世民《殷虚書契考釋的羅氏原稿與王氏校寫》，張永山主編《胡厚宣先生紀念文集》二百八十四～二百八十九頁、《羅振玉殷虚書契考釋稿本校勘記》，中國文物學會等編《商承祚教授百年誕辰紀念文集》三百九十九～四百一十頁，文物出版社。

僅「寫」而未「校」，只是和一般書手不同的是王國維在抄錄過程中，曾對認爲不妥之處作隨手改易。羅王的這種關係在《書信》中有清晰的反映。

如從《書信》可以知道，自序的寫作曾反復修改並徵求過王國維的意見，在致王國維信中有：

拙序昨夕改訂數處，尚有未愜而未能改得者。兹先將已改者寫奉，仍請斧正。其未改得者，一併乞斧削矣。①

趨訪不值爲悵，拙序已定稿，奉上，若有不妥處，請寫時改正，至荷。此序擬盡一紙寫之（似一張可了），若不能容，則目改兩排，乞酌之，至感。留呈禮堂先生。

《考释》末一纸须改字附奉。②

兩信寫於一九一五年一月。前一信中還附改定字句及「未愜而未改定」字句，並特別注明「此外有未妥处，均祈教正」。對照初版本可知通過和王國維交換意見，有的字句改動或刪削了，有的保持了初稿原文，如信中說「『不逾廿篇』改爲『僅存五篇』」；「『記錄多違』，『記錄』改爲『衆說』」，均改；「『雷霆不聞』，『雷霆』改『過聲』」、「『操觚在手』，『在手』改『未輟』」、「『寢饋或廢』改『晨鐘已動』」則未改。所列四句「未愜而未能改得者」則刪除了。信後有「繼祖按」：「該序成於一九一五年二月一日。」而王氏的跋寫成晚於羅氏自序五日，可見《考釋》的定稿和抄訖不超過是年二月上旬。

在增訂本中，前面增加了王國維序，此序見於《觀堂集林·綴林一》，末署「甲寅冬」，但是丙辰夏，即一九一七年八月十六日羅振玉致王國維書，有：

公新釋卜辭數字，寫《待問編》上著，祈便中抄示爲荷。大著駢文《書契考釋序》亦祈寫寄，尤感。③

---

①《書信》十八頁，第四十通。
②《書信》十八頁，第四十一通。
③《書信》二百八十一頁，第三百五十八通。

可見增訂本前的王序是後補的，初版本的跋略作改動後，印爲後序。

此手批校補的初版本扉頁有墨書題字：「龜雖壽，三千歲。永不朽，在文字」。落款「刖翁銘藏龜之櫝乙卯二月廿五日春日丸中書」。一九一五年羅氏《五十日夢痕錄》中記：

（乙卯）春二月二十四日，攜兒子福成歸國祭埽先壟，是日下午乘汽車赴神戶，寓西村旅館。二十五日辰刻登春日丸，巳刻開行，舟中校補《殷虛書契考釋·卜辭篇》。

顯然此手批本爲舟中所用之本，全書頁眉及行間有許多批改增補的手跡。

《殷虛書契考釋》全書八篇：一都邑、二帝王、三人名、四地名、五文字、六卜辭、七禮制、八卜法。其中考訂甲骨出土地安陽小屯即兩漢史籍中的「殷虛」；列出卜辭所見商先公二、先王二十二（增訂本爲二十三）；先妣十四（增訂本爲十六）；人名七十八（增訂本爲九十）；可識或不可識地名一百九十三（增訂本二百三十）；形音義可知的字四百八十五（增訂本五百六十）；列出七百一十七條卜辭的分類釋文（增訂本一千二百零七條）等等①，內容相當豐富。今僅就該書的撰述、殷虛的考訂和先公先王名謚的考訂等三個方面，對甲骨學在早期開拓階段的進展歷程稍加探討。

一、《殷虛書契考釋》的寫作

關於《殷虛書契考釋》的撰述，在《考釋》甲寅十二月十八日的自序中曾經寫道：

宣統壬子冬，余既編印《殷虛書契》，欲繼是而爲考釋，人事乖午，因循不克就者歲將再周，感莊生吾生有涯之言，乃發憤鍵戶者四十餘日，遂成考釋六萬餘言。

①統計數字參見劉一曼等《北京圖書館藏甲骨文書籍提要》七十七頁，書目文獻出版社一九八八年。

這時距殷虚甲骨文發現已有十六年了，此前，在一九一三《殷虚書契》（前編）自序中曾回顧了殷虚甲骨的發現，説：

光緒二十有五年（一八九九年），歲在己亥，實爲洹陽出龜之年，予時春秋三十有四。越歲辛丑，始於丹徒劉君許見墨本，作而歎曰：此刻辭中文字與傳世古文或異，固漢以來小學家若張、杜、楊、許諸儒所不得見者也，今幸山川效靈，三千年而一泄其秘，且適當我之生，則所以謀流傳而攸遠之者，其我之責也夫。於是盡墨劉氏所藏千餘，爲編印之，而未遑考索其文字，蓋彼時年力壯盛，謂歲月方久長，又學未邃，且三千年之奇跡當與海内方聞碩學共論定之。意斯書既出，必有博識如束廣微者，爲之考釋闡明之，固非曾曾小子所敢任也。顧先後數年間，僅孫仲容徵君（詒讓）作劄記，此外無聞焉。仲容固深於倉、雅、周官之學，然其劄記則未能闡發宏旨，予至是始有自任意。①

更確切地説，産生自任考釋之意是在奉調學部入京以後，《鐵雲藏龜》的編印在一九〇三年②，孫詒讓《契文舉例》於「光緒甲辰十一月」（一九〇四年底）完稿③，羅氏在《殷商貞卜文字考》中寫道：「亡友孫仲容徵君（詒讓）亦考究其文字，以手稿見寄，惜未能洞悉奥隱。嗣南朔奔走，五六年來都不復寓目。」所以《殷虚書契前編》自序接「始有自任意」下説：

歲丁未（一九〇七年），備官朝中，曹務清簡，退食之暇，輒披覽墨本及予所藏龜，於向之蓄疑不能遽通者，諦審既久，漸能尋繹其義，顧性復懶散，未及箋記。宣統改元之二年（一九一〇年），東友林君（泰輔）寄其所爲考至，則視孫徵君《舉例》秩然有條理，並投書質疑。

豈不知孫詒讓已於一九〇八年六月逝世，只得「爰就予所已知者，爲《貞卜文字考》以答之」。這是一九一〇年，即在庚戌仲

---

①《殷虚書契》自序，一九一三年初（壬子十二月二十六日）撰，一九一八年編入《雪堂校刊群書敘録》，「劄記」改爲「《契文舉例》」。
②《鐵雲藏龜・羅振玉序》有「癸卯夏拓墨付景印」，癸卯爲一九〇三年。
③孫詒讓《契文舉例敘》，又刊《孫詒讓遺書》，樓學禮點校《契文舉例》三頁，齊魯書社一九九三年。

夏《殷商貞卜文字考》序中所說：

以三閱月之力，爲考一卷，凡林君所未達，至是乃一一剖析明白。乃亟寫寄林君，且以詒當世考古之士，惜仲容墓已宿草，不及相與討論爲憾事也。

如果再聯繫一九一六年十二月羅王通信，王氏曾書：「茲有一事堪告者。傍晚出蟫隱，見孫仲容比部《契文舉例》手稿……想公知此稿尚存，當爲欣喜。」羅氏答書：「接到惠書，快悉。《契文舉例》竟爲公購得，驚喜欲狂，祈即日雙掛號郵示，弟意即付之影印。」①更清楚地反映出羅氏對《契文舉例》的評價及看法的演變過程。羅王對孫詒讓的學識非常欽佩，但對《契文舉例》一書，如陳夢家所說「批評雖然不免苛刻了一些，大致還是不錯的」②。近世學者對於羅氏評價《契文举例》不高，何以積極印行，見仁見智提出一些推測。實際上，從以上諸序看，「不免苛刻」很可能源於期望值太高，若將有關資料聯繫起來，從發展的觀點看，這個疑問也就不難解開了。

隨着對甲骨文認識的深化，羅氏不久就感到了《殷商貞卜文字考》的不足，在居日本時曾加刪訂，後來先父羅福頤曾錄出，爲《殷商貞卜文字考補正》③。這就是《殷虚書契》自序所說：

已而，漸覺其一二違失，於舊所知外，亦別有啟發，則以所見較博於疇昔故。於是始恍然實物之倖存者有盡，又骨甲古脆，文字易滅，今出世逾十年，世人尚未知貴重，不汲汲蒐求，則出土之日即澌滅之期，矧所見未博，考釋亦詎可自信。由此觀之，則蒐求之視考釋不尤急歟。

由於進一步感到原始資料積累、流傳的重要性，不覺產生一種緊迫感，一九一〇年前後大量搜求甲骨，甚至遣人至甲骨出

①《書信》二百〇八頁，第二百五十四通；二百一十六頁，第二百六十四通。
②陳夢家《殷虚卜辭綜述》五十六頁，科學出版社一九五六年。
③羅振玉《殷商貞卜文字考補正》，《考古學社社刊》第五期五十九～七十八頁，一九三六年十二月。

土地①。與此同時,「寒夜擁爐,手加氈墨,擬先編墨本爲《殷虚書契前編》,《考釋》爲後編。」②《殷虚書契》原编为十二卷,一九一一年在《國學叢刊》僅刊出三卷,去日本時「將辛苦累蓄之三千年骨與甲,鄭重載入行笈,而輾轉運輸及税吏檢查,損壞者十已五六」,痛惜之餘,一九一三年在日本重新編爲八卷本,珂羅版精印,即今印本《殷虚書契》,通常簡稱《前編》,而以《殷虚書契後編》簡稱《後編》。《後編》自序也回顾说:

書既出,群苦其不可讀也,越二歲,予乃發憤爲之考釋。

這是一九一四年,此前數年的主要工作爲編印《國學叢刊》、《雪古叢刻》、《宸翰樓叢書》、《永慕園叢書》等,至此方顧及甲骨文字的考釋。

在《考釋》自序中,還分析了考釋甲骨文的「三難」,在明確難點的基礎上,提出一套研究甲骨文的方法,說:

今欲祛此三難,勉希一得,乃先考索文字以爲之階。由許書以溯金文,由金文以窺書契,窮其蕃變,漸得指歸,可識之文遂幾五百。循是考求典制,稽證舊聞,途徑漸啟,扃鐍爲開。

由近及遠探索古文字發展規律的研究古文字的方法,至今仍有生命力,自不待言,而且從釋字出發,通過通讀卜辭,與考史相結合,以檢驗釋字的正確與否,這種釋字、通讀、考史互相推動的方法更是行之有效的,這在初版校補本有不少體現。首先,以釋字、考史相結合必須大量佔有第一手資料,如果說在《前編》編印以前,主要考慮資料的收集、公佈與研究哪個更爲緊迫的話,從《考釋》開始,在資料的整理、公佈及研究有了一定基礎的前提下,已將二者更緊密地結合在一起了。初版本「帝王」以下各篇,字頭下所注使用的甲骨資料出自《鐵雲藏龜》、《殷虚書契》、《殷虚書契菁華》、《鐵雲藏龜之餘》、《殷虚書契後編》等。前兩書在《考釋》撰寫前已經出版,均錄有片號;《殷虚書契菁華》、《鐵雲藏龜之餘》分別印行於一九一四

①除序中所言,詳見羅振常《洹洛訪古遊記》,河南人民出版社一九八七年。
②《殷虚書契》自序。下同。

年和一九一五年一月，可能因收錄甲骨片數不多，多數僅有書名；《殷虛書契後編》這時尚未編成，但在帝王、人名、地名、文字各篇的一些字頭下都注有該書書名。

《後編》乃丙辰（一九一六年）暮春編印，丙辰上巳（三月三日）自序說：

> 乙卯仲春，渡海涉洹弔武乙氏之故虛。……歸而發篋，盡出所藏骨甲數萬，遴選《前編》中文字所未備者，復得千餘品，手施氈墨，百日而竣。方謀所以流傳之，家人了聞而匿笑曰：往以印書故竈幾不黔，今行見釜魚矣。乃亦一笑而罷，然固未恝置也。……今年春遊滬，始知歐人哈同君者，篤嗜我國古文字……聞余爲此書，請而刊焉。乃以十日之力，亟釐爲二卷付之，俾與《前編》共傳當世。

在羅王書信中，多處談到《殷虛書契後編》的編印，可知印刷完成於一九一六年四、五月間①。如：一九一六年四月一日羅振玉致王國維：

> 前請詢彼《書契後編》印若干部，至今未得復電，各事無從辦理，茲但有先將應照之件付照（已開工）。

一九一六年四月二日王國維致羅振玉：

> 昨發一書並一電，言《殷虛書契二編》先印五百部，想已收到。紙早購成，因報關等事，聞須初四日方能裝載，此間辦此等事，一切不熟，故阻礙頗多也。

一九一六年四月四日羅振玉致王國維：

①以下見《書信》五十～七十七頁，第九十一～九十四，九十八，一百一十三，一百一十五通等。

到此將一旬，爲景叔編輯《書契後編》及《古器物范》、《隸草存》、《金石泥屑》四書。昨日《後編》始粘了，上卷得卅二紙，下卷得四十三紙，共計骨甲千餘。今日上卷已照成，下卷二三日內亦成，俟鑽線、印好、目成，即可成書矣。

一九一六年四月七日羅振玉致王國維：

弟近日撰定《書契後編》了，連日作序文。

一九一六年四月二十九日羅振玉致王國維：

《金石泥屑》、《古器物圖録》兩種上卷已告成，《書契後編》上卷但欠九頁（明日印好），想公以先睹爲快，茲先檢一本，交郵奉覽。《書契後編》上卷所缺九頁及它二種後半，俟下半月成書時補寄尊處，到時可在滬裝訂也。

一九一六年五月二日羅振玉致王國維：

《書契後編》又成十三紙，著小兒奉上，祈檢入。

此外，王國維在《殷卜辭所見先公先王考》前言中寫道：

甲寅歲莫，上虞羅叔言參事撰《殷虚書契考釋》，始於卜辭中發見王亥之名，嗣余讀《山海經》、《竹書紀年》乃知王亥爲殷之先公。……嘗以此語參事及日本內藤博士（虎次郎），參事復博搜甲骨之紀王亥事者，得七八條，載之《殷虚書契後編》。①

①轉引自劉一曼等《北京圖書館藏甲骨文書籍提要》，書目文獻出版社一九八八年。下同。

又在《隨庵所藏殷虚文字跋》(一九二〇年)中説「隨庵藏骨不多,羅振玉已選入《書契後編》」。

由此可知,撰寫《考釋》時,已大量查閲了未曾著録的甲骨資料,有了《後編》的編輯計畫,在編輯《後編》的過程中,又聯繫《考釋》涉及的問題,「博搜」所收藏的甲骨和拓片中的相關資料,爲增補做準備。

在《後編》出版以後,更集中力量作了大量增補工作。《殷虚書契考釋》全書八篇,從《五十日夢痕録》知乙卯(一九一五年)二月底已進行到第六篇,可見《考釋》編印出來以後,即進行校補,從甲寅十二月底到乙卯二月底,第一次修訂已進行過半。從校補本的手跡可見,眉批上除了用《博古圖》等金文資料作補證外,校補所用甲骨文資料包括有《前編》、《鐵雲藏龜》等各書,但以《後編》爲多,除增補片號外,也增補一部分字頭,增補最多的是第六篇「卜辭」,初版本録完整可讀的卜辭釋文七百一十七條,校補本在頁眉或空白處補上的卜辭釋文超過五百條,增訂本録卜辭一千三百〇七條,可知曾稍加篩選。而大量增補的《後編》片號,説明校補工作延續到一九一六年《後編》編成,具體時間在一九一六年五、六月間,也見於羅王《書信》①,如:一九一六年四月十日羅振玉致王國維:

燈下校補《書契考釋》,所增不少。有以前忽略者。……擬俟《後編》編成,將《考釋》後(增)補,梓之於木,以爲定本。

一九一六年五月三日羅振玉致王國維:

連日校《書契後編》卷上,將可識之文字及人名、地名《前編》所無者,補入《考釋》,而卜辭篇所增,幾近前次四分之一。今年擬將《考釋》改訂爲三卷,第一至第四爲一卷,文字篇(第五)爲一卷,第六至第八爲一卷。

一九一六年五月八日夕羅振玉致王國維:

①《書信》五十五~九十頁,第九十八、一百二十〇、一百二十四、一百二十七、一百三十三、一百三十六通。

此次增訂《書契考釋》，補人名廿、地名卅四，可識之字卅六，尚有未盡者，大約總可補四十字。前序云「遂幾五百」，再版時當改「逾五百矣」①。

一九一六年五月十日羅振玉致王國維：

近十日間，將《書契》前後編又翻閲一過，將《考釋》修改增補，竟補可識之字五十餘，居以前所釋，得十之一，可謂出之意外矣。即擬屏除一切，將《考釋》寫定一清本，寄饒君仿宋書之。……俟第三次修正，然後刊版也。

一九一六年五月十八日羅振玉致王國維：

近校補《書契考釋》，又爲公舊説得一佐證。

一九一六年五月二十五日羅振玉致王國維：

《考釋》稿今日粗修畢，憊甚矣。校對恐尚須一旬間。

一九一六年五月三十日羅振玉致王國維：

增補之《書契考釋》擬再詳加校訂，此次改補，除第一篇全改從尊説外，餘皆增多改少。異日改畢，先呈教，然後付寫。

①在一九一八年編印的《雪堂校刊群書敘録》的《考釋》序中，已改爲「遂幾六百」，但一九二七年增訂本《考釋》序同初版本。

與此同時，書信中還有不少内容是以卜辭「考求典制，稽證舊聞」的新得，提出和王國維討論。手批校改本一些眉批、增補也反映了這一時期的成果。

在校補初版本的基礎上，羅氏還梳理不識之字，撰爲《殷虛書契待問編》，印成於一九一六年七月，丙辰五月十九日《序》中總結了前人輯録古文字和整理出土文獻的方法、經驗與教訓，説「予今之所録，蓋上師許君，而以廣微以爲戒」，關於《考釋》則有：

宣統甲寅，余考釋殷虛文字，得可讀之字不逾五百，今年夏爲之校補，乃增至五百四十餘，合重文得千八百有奇。又最録不可遽釋之字，得千名，合以重文共得千四百有奇，兼旬而竟。……編中諸文，古今異體者十二三，古有今佚者十六七。今日所不知者，異日或知之；在我所不知者，他人或知之。予往昔撰《考釋》所識之文，再逾歲而增十一，吴中丞《説文古籀補》附録諸字當日以爲不可釋，今得確定者什百中亦恒二三，此均其明驗矣。闕疑待問，敢竢高賢，若夫俗儒鄙夫不見通學，以其所知爲秘妙，取斯編所載，供其私智穿鑿，則非予之所敢之也。①

這一時期羅振玉致王國維書中，還可見該書編輯過程②，如：十八夕（十七日）：

《待問編》今日印成，序尚未寫，計五十紙，不可識之字一千零三，重文四百卅有二。

廿日（十九日）：

《待問編序》已寫，擬付印。

①《殷虛書契待問編序》，見《雪堂校刊群書敘録》卷上。
②《書信》一百一十七頁，第一百六十一通；一百一十九頁，第一百六十四通；一百二十四頁，第一百六十八通。

廿五日(二十四日):

《書契待問編》裝樣以來,亟奉寄一部。

其後,二人在《待問編》基礎上,繼續進行文字考釋,一九一七年三、四月和六、七月羅王書信往往討論甲骨文問題,如在羅振玉致王國維書中有①: 七月三十日:

《殷先公先王續考序》、《殷虚書契序》、《殷文存序》及《待問編》中公所續識之文,均祈寫賜,幸勿再卻。

八月十六日:

公新釋卜辭數字寫《待問編》上者,祈便中抄示爲荷。……《書契考釋序》亦祈寫寄。

胡厚宣在《關於〈殷虚書契考釋〉的寫作問題》中指出,《殷虚書契待問編》存有「雪堂補注本」和「王國維補注本」,親見前者「書眉之上有羅振玉親筆簽注的新釋七十九字,王國維親筆簽注的新釋五十四字,另外還有二十字,是羅氏親筆批注,卻特别標明了系「王釋」或「王説」,或單標明一個字「王」,其所根據,大抵爲王氏寫給羅氏的書札」②。

《殷虚書契待問編》是校定《殷虚書契考釋》並爲增訂本作準備的一個重要環節,從《書信》可知,王國維《先公先王考》第二稿於一九一七年二月寫成③,聯繫王國維《先公先王考》的一些成果均已收入《殷虚書契考釋》增訂本,可知《書契考釋》

①《書信》二百七十四頁,第三百五十通; 二百八十一頁,第三百八十五通。

②胡厚宣《關於〈殷虚書契考釋〉的寫作問題》,《社會科學戰線》一九八四年四十一期。

③《書信》二百四十一頁,第二百九十八通(一九一七年二月二十八日)王國維書有「《先公先王考》已於今日寫定第二稿,即行寄呈」。

校訂的完成約在一九一七年。

二、小屯為殷虛的考定

考定小屯爲殷虛是釋字與考史互相推動的一個實例。陳夢家曾評說：考定小屯爲殷虛與審視殷帝名號二事，確乎是羅氏考釋文字以外的貢獻；沒有此二事爲前提，對於文字考釋也難求其貫通的。他的考釋所以比孫氏更進一步，固由於他親自接觸實物與拓本，更由於他確定了「安陽所出龜甲獸骨刻辭者，實爲殷商王室之遺跡，太卜之所掌」（辛亥本《前編》序），因此他對於卜辭的認識就大不同於孫氏了①。

小屯爲殷虛的考定始於《殷商貞卜文字考》，甲骨最初被學者發現和收藏時，骨董商故意隱瞞了出土地，更兼第一位收藏家王懿榮收購甲骨文時，對骨董商有「命密其事」②之說，所以長久流傳甲骨出土地爲湯陰羑里或衛輝朝歌古城③，出土地不明是甲骨發現後第一個十年研究進展不大的原因之一。

甲骨真實出土地的確認是在一九〇八～一九〇九年間，羅氏《殷虛古器物圖錄》序中說：

> 光緒戊申（一九〇八年）予即訪知貞卜文字出土之地爲洹濱之小屯，是語實得之山左估人范ム。予復咨以彝器法物有同出於是者乎，云無之，予疑其言非實也。嗣讀宋人《博古圖》，於古器下每有注出河亶甲城者，河亶甲城其地蓋即今之小屯，知曩疑爲不虛。

《殷商貞卜文字考》序中也談到這個問題，說「光緒己亥（一八九九）年予聞河南之湯陰」發現甲骨文，後傳至江南始得一見，劉氏《鐵雲藏龜》出版時，「顧行篋無藏書，第就《周禮》、《史記》所載略加考證而已」。一九〇九年林泰輔寄贈的《清國河南

① 陳夢家《殷虛卜辭綜述》五十七頁，科學出版社一九五六年。
② 王國維《最近二三十年中中國新發現之學問》，見《海甯王國維先生遺書·靜安文集續編》。
③ 羅振玉《五十日夢痕錄》三十二頁，陳夢家《綜述》十九頁。

湯陰發現之龜甲獸骨》一文,「援據賅博,足補予向序之疏略。顧尚有懷疑不能決者,予以退食餘晷,盡發所藏拓墨,又從估人之來自中州者,博觀龜甲獸骨數千枚,選其尤殊者七百,並詢之發現之地乃在安陽縣西五里之小屯,而非湯陰,其地爲武乙之虚,又於刻辭中得殷帝王名謚十餘,乃恍然悟此卜辭者實爲殷室王朝遺物,其文字雖略,然可正史家之違失,考小學之源流,求古代之卜法」,完成《殷商貞卜文字考》,以答林泰輔。一九一二年以後,在「寓海東時,曾手自刪訂,後以之剪裁,入《殷虚書契考釋》中,致稿即廢棄」①。

陳夢家曾論「甲骨初出,相傳出於湯陰的牖里,此地於殷本在王畿之内,劉鶚《鐵雲藏龜》或受此暗示,定卜辭爲『殷人刀筆文字』」②,在劉鶚自序的基礎上,林泰輔進一步提出發現地之河南湯陰古羑里,與黄河北殷之舊都淇縣相距不遠,甲骨一二十片可由其他地方攜來,成千上萬片則不可能,占卜不是個人的隨意行爲,而是世代相傳的專門職業,從成千上萬片在殷舊都附近出土,可以推斷此爲殷代王室卜人所掌之遺物③。此説很有見地,羅序説「補予向序之疏略」或與此有關。

如前所述,一九〇六年羅氏入都後已開始了對甲骨文的收集和研究,在他已掌握和能通讀的卜辭中,不僅有一系列的商先王廟號,還有不少涉及了「王」的活動。如《史記》列出上甲以後的先公先王名謚三十七,《殷商貞卜文字考》已考訂出十九個; 録出的釋文中,有如: 「辛酉卜貞王賓□亡尤」、「戊申卜貞今日王田□不遘雨」、「戊午王卜貞田盂往來亡災」等,其中卜「王」田獵的卜辭十餘條,「王」貞卜辭近十條,加上關於「王」的其他占卜,數量超過該書卜辭釋文的十分之一。這些都爲這批遺物殷王室卜人有關的論點提供了實證。另一方面,羅氏《夢鄣草堂吉金圖録序》(一九一七年)、《殷虚古器物圖録序》(一九一六年)、《赫連泉館古印存序》(一九一五年)中,都記述了自己研讀前人金石考古著作和收藏古文物的經過④,也就在這一過程中,與骨董商逐漸熟識,最終結合自己的研究判斷,探明甲骨真實出土地。

正是在這樣的基礎上,《殷商貞卜文字考》「考史第一」首列「殷之都城」,論「今此龜甲獸骨實出於安陽縣城西五里之小屯,當洹水(俗名安陽河)之陽,證以古籍,知其地爲殷虚,武乙所徙,蓋在此也」。歷史上對於安陽殷虚有幾種不同記載,一

---

①羅振玉《殷商貞卜文字考補正》羅福頤後記,見《考古學社社刊》第五期一九三六年十二月。
②陳夢家《殷虚卜辭綜述》二十九頁。
③林泰輔《清国河南省湯陰縣發現の龜甲牛骨に就こ》,見《支那上代之研究》,日本進光社昭和十九年。
④《雪堂校刊群書敘録》卷上。

爲盤庚都,《史記·殷本紀》正義引《括地志》「相州安陽本盤庚所都,即北蒙,殷虚南去朝歌城百四十六里。《竹書紀年》云盤庚自奄遷於北蒙,曰殷虚,南去鄴四十里」; 二爲武乙都,《史記·殷本紀》有「帝武乙立,殷復去亳,徙河北」,今本《紀年》也有此說,徐文靖《竹書紀年統箋》曾論安陽殷虚不是盤庚都,也不是北蒙,否定《括地志》及古本《紀年》; 三爲河亶甲之虚,見於《彰德府志》。羅氏在《殷商貞卜文字考》中論: 安陽殷虚如果是「河亶甲之虚者,則刻辭中帝王名謚應悉在河亶甲以前,至太戊、仲丁而止耳,今則至河亶甲以後十餘世之武乙、文丁,則此爲武乙之虚而非河亶甲」,這是首次以地下出土的甲骨卜辭與文獻記載相印證,否定了小屯是河亶甲之虚。雖然信從徐文靖之說判定小屯爲「武乙之虚」是不確的,但這一思路首開根據卜辭商王廟號乃至稱謂斷代的先河。《殷虚書契考釋》初版本「都邑第一」,基本承繼了《殷商貞卜文字考》及其《補正》的成果。

隨着釋字與考史的互相推動,認識不斷深化,現在知道,《考釋》判定殷虚小屯爲「武乙之虚」是不確的。而在校補過程中,《書契後編》上卷二十五頁的一版武丁卜辭已經引起了羅氏注意和思索。《殷虚書契考釋》初版本第三篇「人名」,在「兄某」後,論商人以日爲名,說:

帝王之名,稱大甲、小甲、大乙、小乙、大丁、中丁者,殆後來加之以示別。蓋有商一代帝王,就《史記》所載三十人中,以甲名者六、以乙名者五、以丁名者六、以庚名者四、以辛名者四、以壬名者二,惟以丙與戊、己名者僅一帝耳,使不加字,後來史家記事無以别爲何代何帝矣。然在嗣位之君,則承父者徑稱其所生爲父某,承兄者徑稱其所先者爲兄某,則當時已自了然。故疑上所列曰父某、兄某者,即前篇所載諸帝矣。

人名中的父某、兄某是時王對其父兄的稱謂,這實際上已經觸及稱謂可以作甲骨斷代依據的問題,至今稱謂仍是甲骨分期的標準之一,所以近年有研究者提出「羅振玉在寫《殷虚書契考釋》之際已慮及稱謂可作斷代之依據」,「可惜未見推廣」①。此說是有道理的,《後編》中的新資料引起的新思考,見於校補本眉批:

①羅獨修《羅振玉對甲骨學的貢獻》,《中華民國史專題論文集》(第四届討論會)七十三頁,臺北一九九八年。

此說甚可通，惟《後》上第二十五頁稱「父甲一牡、父庚一牡、父辛一牡」，則此說尚未能圓足。

此眉批的時間不晚於一九一六年四月，今見是月八日羅振玉致王國維書有：

弟前釋卜文，謂商家帝王，或承父或承兄，承父者稱父厶，承兄者稱兄厶。此語自信頗不應有誤。乃《後編》卷第二十五頁，有「父甲一牡、父庚一牡、父辛一牡」，連緊書之，於是不覺大笑，謂一帝斷無三父者。及細檢太史公《殷本紀》，謂「祖丁生陽甲，陽甲卒，弟盤庚立。盤庚卒，弟小辛立。小辛卒，弟小乙立。小乙卒，子武丁立」，始知何謂「父甲、父庚、父辛」，即陽甲、盤庚、小辛，蓋諸父亦稱父也，三君連及，故卜辭亦依次書之。

在通讀卜辭的基礎上，不斷利用新資料「考求典籍」，檢驗自己的認識，以推進到一個新高度。這一成果納入了增訂本，在按語中則記錄了思考過程：

初疑一人何得承三父，則予前承父者稱父厶之說頗不合，嗣考《史記·殷本紀》，陽甲卒，弟盤庚立。盤庚卒，弟小辛立。小辛卒，弟小乙立。小乙卒，子武丁立。知此父甲、父庚、父辛者即陽甲、盤庚、小辛，皆武丁諸父，故均稱父厶，不但與予說不相戾，且爲確證矣。

根據時王「承父者稱父某」之說，陽甲、盤庚、小辛並稱三父，這實際上已經找到了可以修正小屯作爲殷都時代的武丁卜辭。不僅如此，一九一六年四月八日致王國維書還列舉了《後編》卷上第四頁、五頁、廿頁的「卜辭中諸帝王名連書者，考之殷記」，「雖中間有間隔，然均無一先後陵亂者，然則史公所記世次，確然有可據矣。可見羅氏已悟到合祭卜辭連書帝王名號，對印證商王世系的重要性。

沿着這一思路，王國維在《殷卜辭中所見先公先王考》（一九一七年）中明確指出「三父」卜辭時代，他說「此當爲武丁時所卜，父甲、父庚、父辛即陽甲、盤庚、小辛，皆小乙之兄，而武丁之諸父也（羅參事說）」。更推而廣之，提出祭祀卜辭中「父丁、兄己、兄庚」或「兄庚、兄己」同見一條的皆爲祖甲所卜，因爲「考商時諸帝中，凡丁之子無己、庚二人相繼在位者，惟武丁之子有孝己，有祖庚、祖甲」，而且由於「祖者，大父以上諸先王之通稱」，「父者，父與諸父之通稱」，所以在合祭的卜辭中，可以據排列的次第判定「祖某」是哪一位先王，在卜辭中單稱「父某」、「兄某」者，則可以是不同的先王，如武丁之於陽甲，康丁之於祖甲皆稱父甲；小乙之於小辛，康丁之於廩辛皆稱兄辛，「由是觀之，則卜辭中所未見之雍己、沃甲、廩辛等，名雖亡而實或存。其史家所不載祖丙、小丁……或爲諸帝之異稱，或爲諸帝兄弟之未立者，於是卜辭與《世本》、《史記》間毫無抵牾之處矣」①。這些論斷爲甲骨文商史研究進一步打開了思路，所以羅氏在復信中表達了極大欣喜，甚至欣慰之情，說「郵局送到大稿（即《先公先王考》），燈下一讀，欣快無似」，「披覽來編，積屙若失。憶卜辭初出洹陰，弟一見以爲奇寶，而考釋之事未敢自任。研究十年，始稍稍能貫通。往者寫定考釋，尚未能自慊，固知繼我有所作者，必在先生，不謂捷悟遂至此也」②。

還有關於文丁的問題，《貞卜文字考》「考史第一」之「殷帝王之名謚」中列有文丁，在《補正》中因發現釋讀有誤而删去，《考釋》初版本也作「今以卜辭所見帝王名號考之，直至武乙而止」。在校補過程中釋出卜辭中的文武丁即文獻中的文丁，在校補本、增訂本的「帝王」中作了增補。

不過關於增訂本還有一個問題，一九一六年五月三十日羅振玉致王國維信中談到《考釋》的校訂，有「此次改補，除第一篇全改從尊說外，餘皆增多改少」③。如此看來《考釋》的「都邑第一」，應還另有一稿。因爲羅王二人對今本《紀年》看法不同，羅氏同於那個時代多數人的傳統觀點，信從徐文靖《竹書紀年統箋》，即安陽殷虛爲武乙都，而王國維則認爲今本《紀年》「無用無徵，則廢此書可」④，尤其是武丁卜辭的發現，進一步證實了古本《紀年》，即王國維《古史新證》所說「盤庚以後，帝乙以前皆宅殷虛，知（古本）《紀年》所載獨得其實」，所以若「第一篇全改從尊說」，改動應是較大的。《考釋》從初版本到

①王國維《殷卜辭中所見先公先王考》，《觀堂集林·史林一》，四百〇九～四百三十七頁，中華書局一九五九年。

②王國維《殷卜辭中所見先公先王考》，又見《書信》二百五十四、二百五十六頁，第三百一十九、三百二十一通。又《書信》二百八十三頁，第三百六十一通（一九一七年八月二十日），羅振玉致王國維還有「重讀大著《殷卜辭所見先王先公考》及《續考》，考古至此，可謂揮發無憾，至快至佩」。

③《書信》九十頁，第一百三十六通。

④王國維《今本竹書紀年疏證》前言（一九一七年），見方詩銘、王修齡《古本竹書紀年輯證》一百八十八～二百九十頁，上海古籍出版社一九八一年。

增訂本，儘量吸收王國維的成果，以保證能夠比較全面反映當時所能達到的研究水平，但一九三一年印行的增訂本何以沒有作如同書信所說的修改，「都邑第一」的文字仍同初版本，尚待考。

三、商先公先王的考訂

帝系，是上古王朝歷史的濃縮。由於甲骨文印證了《殷本紀》的商王世系，才使商代是傳說時代的誤解得到廓清，而這也是很早就引起甲骨學者注意的問題。

（一）先王廟號

關於商王世系，《殷本紀》記「湯崩，太子太丁未立而卒」，所以，湯以後共十七世三十王，《考釋》初版本提出，卜辭屢見大丁，「豈未立而仍祀以帝禮與，抑前記有誤與，不可考矣」。在甲骨文商史研究中，多將大丁列入先王譜系，按三十一王計，據此，《殷商貞卜文字考》（簡稱《貞考》）考定帝王名謚「見於卜辭者十有七」，加之大丁，共十八個廟號。《貞考》曾將甲骨文「盤」與「南」混淆，誤以「盤庚」、「南庚」爲一，隨着釋字和通讀的進展，推動了世系的考訂，《貞考補正》增補了盤庚、卜丙、卜壬，刪去文丁，將「十有七」改爲「凡二十」。《考釋》初版本在此基礎上，又考定了康丁，加上大丁，帝王篇對照《殷本紀》列出二十二個商王的廟號，增訂本增加爲二十三個。爲：

本紀	天乙	太丁	外丙	中壬	太甲	沃丁	太庚	小甲	雍己	太戊
貞考	大乙	大丁	（卜丙）		大甲		大庚	小甲		大戊
考釋	大乙	大丁	卜丙		大甲		大庚	小甲		大戊

續一

中丁	外壬	河亶甲	祖乙	祖辛	沃甲	祖丁	南庚	陽甲	盤庚	小辛
中丁	（卜壬）		祖乙	祖辛		祖丁	南庚		（盤庚）	小辛
中丁	卜壬		祖乙	祖辛		祖丁	南庚	羊甲	盤庚	小辛

續二

小乙	武丁	祖庚	祖甲	廩辛	庚丁	武乙	太丁	帝乙	帝辛
小乙	武丁	祖庚	祖甲			武乙	文丁（《补正》删）		
小乙	武丁	祖庚	祖甲		康丁	武乙	文丁（校补本增）		

在以上的二十三個廟號中，除了將羌甲隸定爲羊甲，誤釋爲是盤庚之兄陽甲外，其餘二十二個均已成爲定論。如《考釋》考訂大乙，「《史記》作天乙」，增訂本補「亦曰唐」。大丁，見《孟子》、《史記》等。卜丙，「《孟子》、《史記》作外丙，《尚書序》云「成湯既沒，太甲元年」，不言有外丙、仲壬」，卜辭證明《孟子》、《史記》的記述是正確的。大庚，《史記》同卜辭，《竹書紀年》誤作小庚。卜壬，《史記》作外壬，與卜丙作外丙同。康丁，「《史記》誤作庚丁……商人以日爲名，固無兼用兩日者」等等，這些考訂是正確的。

《考釋》曾指出，卜辭廟號「或直行書之，或旁行書之」，或合文、正書、反書，「其旁行書者，又或左讀或右讀，書法至不一」，容易誤讀。初版本曾將《前編》第二十三、二十四頁拓片不甚清晰的「康祖丁」誤讀爲「祖康」，混同爲「祖庚」。在校補本中，將這兩條誤讀從祖庚字頭下刪去，康丁字頭下增補了《前編》、《後編》六條卜辭中的「康祖丁」、「康」。其中有《後編》上第廿頁一版卜辭的「康祖丁」，這是一條合祭卜辭，有王賓「祖乙、祖丁、祖甲、康祖丁、武乙」舉行衣祭的占卜。增訂本「曰康祖丁」下引此辭，說「其文前已有祖丁，後又有康祖丁，以商之世次推之，祖甲之後武乙之前，爲庚丁，則康祖丁者非祖丁乃康丁矣」。可見校補時已爲康丁的考定找到了確證，這充分體現了釋字與考史的互相推動。

文丁的考定也經歷一個過程，如前所述《殷商貞卜文字考》卜辭「殷帝王之名謚」中列有文丁，說：

太丁，《史記》再見，一爲天乙之子，一爲武乙之子，子孫之名不應上同先祖，《竹書》作文丁，與刻辭合，知《竹書》是而《史記》誤也。

這一考訂是對的，但卜辭中不見「文丁」的稱謂，而稱之爲「父丁」（帝乙卜辭）、「文武丁」、「文武帝」、「文武」，應是在撰寫《考釋》過程中，發現《殷商貞卜文字考》中的「文丁」爲誤釋，從而刪去。而在增訂本中，改爲：

曰文武丁。以康祖丁、武祖乙例之，知文武丁即文丁，考《史記》，武乙之次爲太丁，《竹書》作文丁，以卜辭證之，《竹書》是而《史記》非矣。

這一認識是在校補過程中完成的，因爲在校補本中，康丁欄下增補五個「康祖丁」稱謂；武乙欄内補出於《前編》的兩個「武祖乙」稱謂；欄後又增補「曰文丁」，下注《前編》卷一第十八頁兩條卜辭中的「文武丁」稱謂。一九一六年四月十日羅振玉致王國維書談校補《考釋》新得①，有：

有以前所忽略者，如《人名篇》祖丁之配曰妣己，又曰妣辛。今細核之卜辭，則凡書祀妣己者，於祖丁上皆冠以「中」字，而祀妣辛之祖丁則否；是祖丁與冠以中字之祖丁，截然二人也，亦猶康丁稱康祖丁、文丁稱文武丁也。如此之類，頗不勝舉。

説明在校補過程中，已正確地釋出了文丁。此外，《考釋》還提出卜辭有帝甲，説：

《史記·殷本紀》之祖甲，《三代世表》作帝甲，然卜辭已有祖甲，且卜辭於帝甲文後有「其眔祖丁」語，則帝甲在祖

①《書信》五十五頁，第九十八通。

丁之前，前乎祖丁者，有河亶甲，有沃甲，皆卜辭所無，或即二者之一矣。

卜辭帝甲是哪一位商王的廟號，目前尚無定論，如陳夢家説「王國維最初以帝甲爲祖甲（《戩釋》十四），其後又以爲帝甲即沃甲（《觀堂》九・四）」，陳氏則認爲可能是武丁子祖甲①。

目前，學術界已有定論的是《殷本紀》中的河亶甲、沃甲、陽甲分別爲卜辭中的戔甲、羌甲、象甲。在《考釋》初版本中除將羌甲釋爲羊甲外，對於戔甲、象甲的甲骨文字沒有釋出，但已知其爲人名，且爲祭祀對象，見於在第六篇「卜辭」。如：

七十七頁，錄《前編》卷一第十九页（一・一九・五）釋文「在正月甲申祭祖甲叀象②甲」，按語有「二人同祀，象甲亦人名，前人名篇失載，補識於此」。校補本移入人名，臚列三種不同寫法的甲骨文，釋文中象字均未隸定。

七十八頁，錄《前編》卷一第四十二页（一・四二・一）釋文「在四月甲寅彡日戔甲曰則祖乙……」，後按語有「戔甲亦人名，前人名篇失錄，補記於此」。戔字亦未隸定，但在六十一頁「文字」篇中，將此字的另一種寫法釋爲戔。

《考釋》中，象甲、戔甲均作甲骨文原形，說明當時還不知其形、音，但已知爲人名，並作爲祭祀對象。

對此三甲廟號研究取得突破性進展，是在上世紀三十年代隨着新資料的發現而取得的，首先是一九二一年林泰輔《龜甲獸骨文字》出版，其中著錄有「□戔甲叀小甲」的卜辭，郭沫若收入《卜辭通纂》，聯繫有關辭例，論證戔甲與小甲、卜壬爲次，在小甲、卜壬之間的戔甲必爲《殷本紀》中的河亶甲； 又獲得東京帝國大學考古學教室藏的一片甲骨拓片，卜辭有「又於羌甲、南庚、象甲、［盤庚］、小辛」的內容，從而證明在南庚之次、小辛之上的象甲必爲陽甲，而南庚之上的羌甲必爲沃甲③，今已成爲定論。于省吾說：

近人考商代世系，說之紛紜，莫甚於羌甲、沃甲、陽甲之爭執。羅振玉釋羌爲羊，以爲羊甲即《史記》之陽甲（增考

---

①陳夢家《殷虚卜辭綜述》四百〇八頁。

②「象」及以下「戔」均作甲骨文原形，下同。

③郭沫若《卜辭通纂》一百七十六片、一百一十八片考釋，見《郭沫若全集》考古編第二卷二百九十四～二百九十六、二百七十六～二百七十七頁，科學出版社一九八二年，初版本一九三三年面世。後者（沃甲）在《甲骨學一百年》頁四百四十中，誤爲王國維考定。

上四)，王國維、董作賓均從之。按羌、羊、陽音之可通，固無可疑，然於卜辭世次實不可解……《卜辭通纂》已辨之。郭沫若……釋羌爲芍，謂苟乃狗之象形文，以芍與沃通假。

然而今羌字的考釋已成定論，「無可移易」，所以于省吾認爲「羌與沃音既不可通，當是形訛」①。換言之，甲骨文羌甲變成沃甲是傳寫過程中造成的訛誤。

初版本第三篇「人名」還收錄了中己、南壬、兄辛等不見文獻記載的祭祀對象，校補本在「曰中己」欄下補注「疑或是雍己」，實際上甲骨文中還另有雍己，吴其昌在《殷虚書契解詁》(發表於一九三四—一九三六年)中所作的考釋已成定論②。又，卜辭不見廩辛之稱謂，康丁卜辭中的兄辛、文丁卜辭中的三祖辛均指廩辛③。此外，于省吾還提出《前編》五·八·五的「羌丁」當爲《殷本紀》的「沃丁」④；陳夢家認爲卜辭所未見的中壬，或即《前編》一·四五·四之「南壬」；《前編》一片有「父乙」稱謂的卜辭「大約是帝辛周祭帝乙之辭」⑤。

這樣，甲骨文中除了沒有、也不可能有帝辛的廟號，沃丁、南壬、帝乙由於資料的不足，尚未取得共識外，三十一王中二十七王的廟號已得到確認，其中《考釋》初版本正確釋出二十一個(校補本增加到二十二個)，另有三個已指出爲人名或商王廟號。不僅如此，在校補的過程中，羅氏不僅注意到單個的廟號，還注意到合祭卜辭中反映的先王世次，一九一六年四月八日羅振玉致王國維書⑥中有：

史公所記商之世次，征之卜辭，亦無違異。今將卜辭中諸帝王名連書者，考之殷記，如曰大甲、大庚、中丁、且乙、

---

①于省吾《釋羌甲》，《甲骨文字釋林》四十三、四十四頁，中華書局一九七九年。

②陳夢家《殷虚卜辭綜述》四百三十頁。

③陳夢家《殷虚卜辭綜述》四百三十三頁。但也有不同意見，見王宇信等主編《甲骨學一百年》四百四十二頁，社會科學文獻出版社一九九九年。

④于省吾《釋羌甲》，《甲骨文字釋林》四十四頁。

⑤陳夢家《殷虚卜辭綜述》四百二十一、四百三十三頁。

⑥《書信》五十四～五十五頁，第九十七通。

且口，下隔數字，曰南庚（《後編》卷上五頁）；曰太甲、且乙、父丁（《後編》卷上第四頁）；曰乙且、丁且、甲且、康丁且、乙武（《後編》卷上第廿頁），雖中間有間隔，然無一先後淩亂者，然則史公所記世次，確然有可據矣。太史公時，《詩》、《書》以外，必有可據之籍……殷有三宗，而《詩》稱湯曰烈祖，卜辭稱王亥曰高祖（《盤庚篇》之高祖，或亦指亥歟），是三宗之前有二祖，則後世帝王稱祖稱宗之制殆已濫觴於有商歟？此今日所得，亟以奉告，祈有以教之。

如前所述，康祖丁的考定就是根據《後編》卷上第廿頁這條卜辭的世次，後來王國維《先公先王考》和《續考》論商王世系，所據亦不外以上五頁、二十頁等辭。所以，可以說《考釋》初版本已爲商王世系研究（包括後來王國維作《先公先王考》進一步訂正《殷本紀》世系），奠下了基礎。

（二）先公名號和廟號

關於湯以前的先公世系，今已得確認的有季（冥）、王亥（振）、王恒、上甲（微）、報乙、報丙、報丁、示壬、示癸等九人，王國維《先公先王考》有系統論述。但在《考釋》初版本和校補本中，這九個名號均已發現，如：

季，見於初版本，第七頁人名中，甲骨文出處注「《書契後編》」，校補時加上了片號「上（卷）九（頁）」。一九一六年五月二十八日王國維致羅振玉書提到季「因證據不多，難以遽決」①，後在《先公先王考》前言中說「卜辭之季即冥（羅參事說）」，可見對此字認識的演進軌跡。在《考釋》增訂本中，此條作「曰季，王氏國維曰：卜辭人名中又有季，其文曰……當是王亥之父冥矣」，引述的是王國維《古史新證》之文。

王亥，見於初版本，「卜辭」篇八十頁有「曰貞燎于王亥（《前編》）卷一第四十九頁」，注：「王亥人名，卜辭又云「貞之（㞢）于王亥」（《前編》）卷四第八頁，前人名篇失載補記於此」。校補增加兩條著錄於《後編》的燎祭王亥卜辭，並在人名篇中補上「曰王亥」的字頭。又，除一九一六年四月八日羅振玉致王國維書中告之「卜辭稱王亥曰高祖」外，五月三日書也有「又，王亥稱高祖（見《後編》卷上第廿一頁），皆以前不及知者，敬以奉聞」②。《考釋》增訂本王亥條下，同樣用「王氏國維曰」

①《書信》九十頁，第一百三十五通。

②《書信》五十五頁，第九十七通（一九一六年四月八日）；七十六頁，第一百二十通（一九一六年五月三日）。

及《古史新證》之文。而《古史新證》，因爲是講義，所以無論是季，還是王亥都只錄結論，略去發現認識過程。

王恒，見於校補本，在「人名」篇第七頁「名臣」前，增補「曰王恒」（恒字作甲骨文原形），注出處「《後》上九、《藏龜》百九十九、《後》下七」，可見還僅知其爲人名，而未釋出其字。這個字是王國維釋出的，在《殷卜辭所見先公先王考》中有詳細考證，注引恒字兩種寫法亘、亙的四條卜辭，第一種寫法的三條出處同於《考釋》校補，第二種寫法當爲王國維所發現。增訂本同樣收入「帝王第二」，作「曰王恒，王氏國維曰……」。

上甲，見於「人名」篇第七頁，錄甲骨文原形的兩種寫法田、亩和《前編》的四個片號。又，在「文字」篇第七十一頁列有此字的第一種寫法，注：「見兮田盤，前人釋田，誤。」

報乙、報丙、報丁，見於校補本，在「人名」篇第六頁頁眉，增補：曰匚丙、曰匚乙、曰匚丁，字作甲骨文原形並注出處。上甲和三報之廟號在《考釋》初版本及校補本中已列爲人名。稍後，一九一六年五月三日致王國維書①有：

書成，又發見一事，甚可快。卜辭中帝王名，有⿷匚乙、⿷匚丙、⿷匚丁三名，⿷匚丁以丁日卜，⿷匚乙以乙日卜，其爲丁乙丙三字無疑，惟不知爲何人，又何以外加匚。今始恍然，⿷匚丁即報丁、⿷匚乙即報乙、⿷匚丙即報丙也。惟何以外加匚，仍不可曉，幸先生一討論之。

一九一七年，王國維在《先公先王考》中寫道：

卜辭⿷匚乙、⿷匚丙、⿷匚丁三人，其文曰……羅參事疑即報乙、報丙、報丁，而苦無以證之。余案，參事説是也。卜辭又有一條……據此，⿷匚丙、⿷匚丁在大丁之前，又在示壬、示癸之前，非報丙報丁奚屬矣，⿷匚丙、⿷匚丁既爲報丙、報丁，則⿷匚乙亦當即報乙……上甲之甲字在口中，報乙、報丙、報丁之乙、丙、丁三字在匚或冂中，自是一例，意壇墠或郊宗石室之制，殷人以有行之者與。

①《書信》七十七頁，第一百二十通。

在一九一七年三、四月羅王書信中，多次討論過關於「上甲」的考釋，如《先公先王考》文末附錄羅氏書信兩通，第一札贊同說「上甲之釋，無可疑者」，並聯繫金文作了進一步論證，同时考定甲骨文第二種寫法「即「上甲」二字合文」。第二札以《後編》的新資料對上甲合文作了補充論證，並説據此「不僅可爲弟前説之證，亦足證尊説之精確」。王氏後記寫道：

丁巳二月，參事聞余考卜辭中先公先王，索稿甚亟。既寫定，即以草稿寄之。復書兩通，爲余證成「上甲」二字之釋。

而在《考釋》增訂本的「上甲」字頭下，羅氏首先引述「王氏國維曰」，然後有「玉按王説是也」，做必要的補充。示壬、示癸的考定已見於《殷商貞卜文字考》，初版本的「帝王第二」中，不僅收錄這兩位先公，還考定了他們的法定配偶。

以上僅就讀《殷虚書契考釋》校補本的部分内容，稍稍探討了甲骨文研究早期的一些發展進程。可以清楚地看出《殷虚書契考釋》是在《殷商貞卜文字考》的基礎上撰寫的，而增補工作一直延續到一九一七年，所以一九一六年五月十日羅振玉致王國維書中有「回憶此事研究，先後垂十年，積珠累錙，遂有今日」之説①。《考釋》代表了羅氏的甲骨文研究成果，同時也儘量吸收了王國維的主要成果。無論是研究方法還是内容，都爲甲骨學的發展奠下了基礎，而在甲骨文研究過程中大量的羅王書信，不僅可以看到兩位學者互相切磋的學術道路，還可見他們的心路歷程。

殷虚甲骨文是百餘年來學術方面的四大發現之一，它廓清了商代爲傳説時代的疑團，推動了殷虚發掘乃至中國田野考古學的誕生，也決定了中國考古學的特點——在研究方法上可以而且必須和文獻記載相結合。但是甲骨文發現之初，我們的祖國正處於一個多事之秋，雖然不乏收藏者，甚至有甲骨賣到每字銀一兩、二兩的傳言，卻多作爲收藏玩賞之物。甲骨發現後的第一個十年，國内只有《鐵雲藏龜》、《契文舉例》、《殷商貞卜文字考》三部著作；進入第二個十年時，國外學

---

①《書信》八十二頁，第一百二十七通。

者如日本的林泰輔、富岡謙藏，美國的方法斂，英國的赫布金、考齡，法國的沙畹，德國的勃可第、穆勒等已發表了一批論著①，而在國内的中國學者卻很少有條件全力投入這項研究，這不能不使人感到一種缺憾。

一九一六年五月十日羅振玉致王國維書②中談到：

弟竊謂考古之學，十餘年來，無如此之好資料，無如此之關係重大，無如此之書癡爲之始終研究。今有之，而世人尚罕知貴重，可哀也。但此次考證，既竭吾才，尚求公再加討索，以竟此事。弟不過辟叢蠶、通途術而已。今世士竟弟之業者，舍公外無第二人，幸屏他業，以期早日成就，何如……至成就以後，存亡絶續，則聽之天命，我無責焉矣。美國圖書館近來東採辦書籍，弟所刊書，皆購一份以去，或將來但存孤本於它洲，亦未可知。

半月後，五月二十七日羅振玉致王國維書③又説：

弟近因日脘下小痛……不能伏案，故乃先將《古器物圖錄》付印……此書實非弟不能成，因諸物皆弟以人所藏，於學術關係亦不少。此書出後，《待問編》亦即印行，殷虛此次出土之珍秘，殆一瀉無餘。明年再檢敝藏甲骨，或再有三編之輯……弟可謂不負彼蒼示人以秘藏之良意矣。但盼公賡續考訂，以成此業耳。

現在看來，此説並不確切，從一九二八年小屯科學發掘以來，陸續出土了大批甲骨，還清理出大片宫殿、宗廟、王陵和祭祀遺址、鑄銅等各種手工業作坊遺址，以及道路、防禦溝等，基本弄清了小屯殷虛的佈局，並在洹水以北發現了另一座稍早的商城。通過對遺跡、遺物的研究，解決了殷虛文化的分期和年代，爲多方位研究、復原殷商史提供大量實證。殷虛甲骨的發現和研究更形成一門新的學科分支——甲骨學，成長起一批從事甲骨學商史研究的學者，不仅如此，甲骨學和甲骨文的

①參見董作賓、胡厚宣《甲骨年表》，商務印書館一九三七年。
②《書信》八十二頁，第一百二十七通。
③《書信》八十八頁，第一百三十四通。

研究還從殷虚甲骨，擴展到西周甲骨。然而這兩通書信卻深切反映出羅氏對學術事業的執着和期待。

前輩學者已經完成了他們的歷史任務，聯繫今天已經成爲顯學的甲骨學，聯繫《考釋》大量援引「王氏國維曰」，尤其是先公名號的考訂，儘管是羅王二人在切磋中共同完成的，但是增訂本仍作「王氏國維曰」。這不禁使人會想到半個多世紀以來涉及《考釋》的種種流言，無論是誤解還是歪曲，當事人或許並不太在意。而他們的學風、使命感、探索精神，他們的成果乃至失誤，都是給進入這一學術領域的後來人留下的寶貴遺產。

殷虚書契考釋的羅氏原稿與王氏校寫

王世民

羅振玉在甲骨文研究初期的開拓性貢獻，所著《殷虚書契考釋》的重要歷史價值，有關專家早有定評。陳夢家先生在《殷虚卜辭綜述》一書中，更對羅氏甲骨文研究的發展，從一九一〇年印行《殷虚貞卜文字考》，以及未曾行世的該書删訂本和卷上手稿本，到一九一四年經王國維寫印的《殷虚書契考釋》初刊本，再到一九二七年出版的《考釋》增訂本，作了頗爲明確的簡述。

關於《殷虚書契考釋》，因爲該書經王國維親筆寫印，王氏又曾爲羅氏代撰其他文稿和協助編書，於是出現名爲羅著、實系王作或羅王協力合作之説。其實這是一個毋庸置疑的問題，羅氏手書的原稿本尚完整保存，早在一九五一年已歸陳夢家先生。陳先生在《殷虚卜辭綜述》中對此作了如下的記述：

1951年我得到《考釋》的原稿本，都是羅氏手寫，其中書頭上常注有某條應增改之處，並有羅氏致王氏便箋請其補入某條者，稱之爲「禮堂先生」。考釋的綱領和次第，與羅氏以前諸作，實相一致，不過有所改善而已。在編作中，二人對細目的商榷則確乎是常有的，由稿本與初刊本相校，王氏在校寫時對於行文字句的小小更易是常有的，但並未作重大的增删。（58頁）

筆者曾有機會接觸羅氏手書原稿本，並將其與王氏寫印初刊本對校一過，深感陳先生這段記述講得十分明白，原本無需贅述。但考慮到近年又有一位「博學之士」，自己並不熟悉甲骨學的發展歷史，卻一再侈談《考釋》的作者問題，現特在陳先生記述的基礎上，對羅氏原稿本作補充説明，並以王氏寫印本爲底本，列舉其與羅稿的差異情況，以期使問題得到進一步澄清。

一、羅氏原稿本的基本情況

羅氏原稿本，系用日本美濃紙印製的藍色直行稿紙書寫，邊框高 18.6、廣 12.8 釐米，半頁 12 行，正文 132 頁，序言 3 頁。全稿行款整齊，第一行書名頂格，第二行下部爲作者署名（籍貫與姓間、姓與名間均空一格，名下空四格），以下正文頂格，分節標題上空二格，注文上空一格，最後再寫書名頂格。版口則上部寫書名簡稱「殷考」，下部寫頁數（前五頁上下齊全，第六頁起但寫頁數）。凡此版面格式，印本與羅稿完全一致。

羅氏原稿字迹，開頭二三十頁頗爲工整，基本上是楷書，少有改動；後來逐漸變成行草書，改動顯著增多。末尾十多頁和最後書寫的序言，潦草得辨識費力，充分反映羅氏寫成該書時的興奮心情。

種種情況表明，羅氏當時並非全部完稿後，經通盤董理再行清抄，而是寫好一部分即交付清抄。原稿中增删、勾畫和移易之處，以文字篇爲多（印本 15～74 頁）。羅氏爲調整釋字所屬類别和次序，每在書首批注「△字移此」、「△字補此」、「移前葉△字前」、「移下葉△字下」等字樣。有時將追加内容寫成簽條，注明應在位置，請王氏爲其補入。羅、王如此合作時，二人都僑居日本京都，羅住淨土寺町自建新屋，王住吉田町神樂岡，彼此相距不遠，恐非每日會面，因而往往以便箋形式交付這種簽條，箋上稱王氏爲「禮堂先生」。例如：

印本 41 頁背面追加「杞」字的便箋：

禮堂先生文席

昨談甚快，頃檢得二字應補入前稾，錄奉求賜收，肅上

弟玉　頓首

印本 45 頁正面追加「戎」字的便箋

此條求

補入服用類帛字後，敬上

禮堂先生文席

第玉 頓首

另外，卜辭篇中涉及若干人名時（印本76～83頁），每稱「前人名篇失載，附識於此」，也可說明當時邊寫作邊清抄，因而未及在人名篇追加。

二、王氏校寫本的變化

王國維校寫的《考釋》初刊本與羅氏原稿對比，其間的差異除原作「△」者改「某」、原作「誼」者多改「義」、原作「于」者多改「於」、原作「㪟」者改「與」，以及卜辭篇中列舉各類卜辭的次序調整，均未逐一統計外，總共約有四百多條差異。其中，半數以上屬個別文字的加工，其次是訂正筆誤和查核引文，幅度稍大的改動極少。

（一）個別文字的加工

這方面事例最多，純屬個別文字的更易，對整個語句並無影響。例如，虛字「者」、「之」、「矣」、「則」、「亦」、「殆」等的有無，「誤」改「譌」，「貍」改「貍」，「石鼓」改「石鼓文」，「說文」改「說文解字」。再如，「諸家」改「諸書」（1頁a10行）、「爭戰」改「戰爭」（61頁a10行），「彰武功」改「旌武功」（80頁a2行），「持鞭」改「持策」、「甚衆」改「頗多」（103頁b15行）。又如，「異說朋興」改「異說甚多」（18頁a13行），「麐未聞角似鹿」改「麐角未聞似鹿」（36頁b2行），「象人兩手持尊」（或「奉鼎」）刪去「人」字。凡此種種，不備舉。

（二）訂正筆誤與查核引文

這方面事例有數十條。訂正筆誤，例如「《史記·殷本紀》」（1頁a、b），原稿誤作「《殷世家》」和「《商本紀》」；「《公羊宣八年傳注》」（26頁b11行），原稿遺「注」；「《左氏襄十一年傳注》」（65頁b3行），原稿遺「注」；「《周禮·小宰鄭司農注》」(108頁b2行)，原稿遺「鄭」。再如「與許書籀文（或古文）合」(31、38、62頁)，原稿但作「許書」；「《說文解字》引孔子曰」(39頁b12行)，原稿但作「孔子曰」。又如「洹陰之有殷虛」(1頁b4行)，原稿誤作「洹陽」；「了然」(6頁a12行)，原作「瞭然」；「致福乃致福酒」(27頁a8行)，原稿誤作「致酒乃致福酒」。

查核引文（包括所引卜辭），例如「許君謂福畐聲」(27頁a9行)，原稿「福」下衍「從」字；「卜辭及毛公鼎番生敦」(29頁a14頁)，原稿遺「番生敦」；「《說文解字》牡畜父也從牛土聲」(34頁b3行)，原稿遺「土」字；「《說文解字》光從火在人上」(49頁a10行)，原稿遺「光」字；「《書・多士》肆予敢求爾于天邑商」、「《康誥》云周公初基作新大邑于東國洛」(102頁a)，原稿遺「肆」、「新」二字。再如80頁b1行所引卜辭中「夕」字，原稿誤爲反書者；81頁b4行所引「癸酉」卜辭，原稿誤爲「癸卯」；82頁a4行所引卜辭見於《殷虛書契》「卷一第十七葉」，原稿誤作「卷一第十二葉」；97頁b9行所引卜辭，原稿未注「上缺」；100頁b12行所引卜辭貞人名難以辨識，原稿釋作「古」。又如49頁b2行引《說文解字段注》對「樊」字（段改作「焚」）的大段解說，原稿將其中「《集韻》廿二元」誤爲「《集韻》十三元」；39頁b8行和48頁b12行講到以象形爲會意，原稿均將「象形」誤作「形聲」。

這些訂正，都是完全正確的，也是十分必要的。王氏校寫時，還注意到引用書名體例的統一，例如將《毛詩》改作《詩》，注明雅、頌；《周官》改作《周禮》，注明職掌官名；《呂覽》改作《呂氏春秋》，等等。對古器物名也有改動，例如「諸婦方尊」、「師嫠敦」、「伯晨鼎」等。

（三）使表述更為簡明適當

這方面事例稍少。例如，1頁a11行原稿「漢省安陽入蕩陰，師古曰蕩音湯，湯陰即蕩陰，今爲安陽」，修改爲「今安陽，漢蕩陰兼有今安陽地」；20頁b4行講到「行」字，原稿「或省其半作彳，或反之遂作亍」，印本改「或省其右彳，或省其左作亍」；20頁b6行講到《說文解字》六下「訓宮中道」之「𡇂」，原稿「不知象道路者乃在口內之卄字也」，印本改「不知口但象宮垣，而象道路者……」；36頁b12～15行原稿「象多爲南越大獸，古代則黃河流域處處有之」，「知古者象曾孳乳于中原，至殷猶盛也」，印本改「象爲南越大獸，此後世事，古代則黃河南北亦有之」，「又卜辭卜田獵有獲象之語，知古者中原有象，至殷世尚盛也」；37頁b7行講到「隹」、「鳥」二字，原稿「蓋古但爲一字，繁書之則爲鳥，簡書之則成隹」，印本改「蓋隹鳥古本一字，筆畫有繁簡耳」；64頁a9行講到「利」字，原稿「此與許書古文及篆文皆合」，印本改「此或與許書古文合，或與篆文合」； 70頁a14行講到「墉」字，原稿「象宮室四堂之形」，印本改「象四屋中函一庭之形」； 102頁a4～7行，原稿「有閏之年不曰閏月而曰十三月……古人凡閏年稱閏月，不若後世之稱閏幾月，由此觀之在商代則並無閏月之稱」，印本改「有閏之年則稱其末月曰十三月……古時遇閏稱閏月，不若後世之稱閏幾月，至商有十三月則並無閏月之名，可征古今稱閏之不同矣」； 104頁a11行原稿「祭先卜日卜牲，其卜日也以所祭之祖之生日卜之，其祭也亦以其祖所生之日」，印本改「祭先卜日卜牲，其日恒以所祭之祖之生日」； 105頁a9行原稿「卜辭中凡卜祭者稱受饗之祖曰王賓，蓋祭者稱主則受饗者稱賓矣」，印本改「卜辭中稱所祭者曰王賓，祭者是王則所祭者乃王賓矣」； 107頁b8行原稿「由此觀之，商周二代之禮於官制爲大同，於祀事爲大異矣」，印本改「由此觀之，商周二代之禮因革略可知矣」。

有些地方，將原稿中多餘的字句刪去。例如，31頁a14行「《說文》娸娸妃也，一曰女侍曰娸」，其下原有「段先生曰，娸妃俗作婀娜」； 42頁b12行講到「䵼」的字形「從匕肉於鼎，爿殆所以薦肉者也」，其下原有「金文家釋爲䵼字，然不敢遽定」； 45頁a5行講到「褭之初字」，其下原有「後人加衣則改象形爲形聲矣」； 61頁b11行「薄狩于敖」下，原有「鄭箋獸田獵搏獸也」； 15行「許君訓獸爲守備」下，原有「訓狩爲犬田」； 62頁b11行「牧人以養牲爲職，不限以牛羊也」，其下原有「許君以從牛乃訓爲養牛人，隘矣」。

再有若干地方，經過修改顯得更有分寸。例如15頁b1～2行，原稿「凡是者舍商以外皆不能定爲後世何地，文不足徵」，其間加「雖周以後地名亦頗有與上諸地相同者」和「未敢臆斷矣」； 24頁b1行述及王國維釋西之說，原稿始作「王說精確不可易也」，後刪去「精確」二字，印本改「王說是也」； 42頁a4行「故諸經中散字疑皆斝字之譌」，原稿爲「傳世經注中之散，殆即由斝致譌」。

（四）幅度稍大的幾處改動

通觀全書，王國維校寫時所作幅度稍大的改動，不過十來處而已。主要有：

40頁a5行起，原稿「來牟雖爲周瑞，然遠在后稷之世，故殷代已有此字。然予意天賜瑞麥或更在上古，后稷播此嘉種，詩人因遙溯生民之初，後人乃誤認爲后稷時事矣」，印本作「來牟之瑞在后稷之世，故殷世已有此字矣」。

63頁b1行起，原稿「[猷]殆即許書之酋字。猷取誼於犬酒，疑爲會意字而非形聲，許君訓猶爲玃屬恐非本誼矣」，印本作「[猷]殆即許書之酋字。卜辭中亦有酋字作[古文字]（藏龜之餘），與猷字所從同。古金文猷字則從畬，與許書同矣」。

73頁b10行述及「罷不與秦文合者」，原稿「所罷者列國異形不正之久，非倉史之舊也」，印本作「至秦數百年所承用商周二代之文字未聞有所廢置也」。

74頁a1～2行述及許書「所出之古文僅據壁中書」「所出之籀文」以下原稿作「則爲已佚太半之史篇，其不能悉合於倉史之舊固其宜矣」，印本作「乃據史籀篇，一據晚周文字，一則亡佚過半之書，其不能悉合于商周文字之舊固其宜矣。至於篆文本出古籀，故與卜辭合者頗多，然商周文字至許君時已千餘年，固不能無後世詭更之失」。

79頁a4行，原稿「凡卜辭中不舉王賓之名者皆大祭也」，印本將「大祭」改「合祭」。

86頁a10行，原稿「右言貞言於者凡六十有六，不知爲祭名與否，姑附于此」，印本改「右言之于或言之言于者六十有六，之者適也，之于某猶特牲饋食禮筮辭云適其皇祖某子矣」。

103頁a8行，原稿「帝殆即禘，即爲禘又稱武乙者，意因武乙初合介於廟而爲之禘」，眉批「未安，此論待定」，印本作「云文武帝與上條文武宗語法同。宗爲宗祀，則帝殆爲禘祭矣。禘祭而先云有□武乙者，殆武乙祔廟時之吉禘與」。

104頁b12行，原稿「《春秋傳》曰惟君取鮮衆給而已，是以天子諸侯用四時田獵之禮。卜辭中書田獵雖無取鮮明文，然凡卜田獵者大率以供宗廟之祀者」，印本作「《春秋傳》曰惟君用鮮（案：《左傳·襄公三十年》原文如此，羅氏原稿誤）衆給而已，《王制》言天子諸侯之田一爲乾豆，卜辭中書田獵雖無取鮮明文，然大率當爲祭祀也」。

104頁a15行，原稿「《禮記·月令》季春天子始乘舟薦鮪於寢廟，似《周禮》王亦親漁者，然《周官》𩰫師則云掌以時漁（案：《禮記·禮運》鄭注所引如此），春獻王鮪。又《左傳·隱公五年》公矢魚于棠，臧僖伯諫曰皁隸之事官司之守非君所及也，由二者觀之則是周禮王不親漁，與殷異也，《月令》所記或周以前之禮矣。又卜辭有曰王其謝舟于□者卷二第二十六葉殆亦爲親漁也」，印本「似《周禮》王亦親漁者」改「不知爲何代之禮」，「𩰫師」改「𩰫人」，「掌以時漁」改「掌以時𩰫」（案：《周禮》原文如此），刪去「隱公五年」、「諫」、「也由二者觀之則」等字及「又卜辭有曰……」。

105頁a6～7行，原稿引卜辭四則，其下有「爯冊者殆猶饋食禮所謂孝孫某來日丁亥用薦歲事于皇祖伯某云云，又猶後世之有祝冊矣。」印本刪去二則卜辭及其下文字，另加「其餘言爯冊者尚多，是祭時有告神之冊矣」。

其他增益個別字句，偶爾有之。例如，26頁b1行「或又從犬」「寮五犬五豕卯四牛」；　31頁a8行「即已姓」；　36頁a13行「不從鹿」；　41頁b15行「許書所從之門，殆又由此傳譌者也」；　42頁a2行「與傳世古斝形狀脗合」；　61頁b9行「又狩犬田也，從犬守聲」；　65頁b1行「《博古圖》」云云；　65頁b14行「《集解》引徐廣曰鼉一作鄂」；　80頁a2行「伐三十人，伐十人，猶左氏言萬者二人矣」；102 頁 a13 行「《孟子》引逸書用臣附于大邑周」；103 頁 a6 行「故無王賓之名矣」；104 頁 a12～13 行「例多見前卜辭［篇］」，「其卜日也亦以所祭之生日卜之」；108 頁 a8 行所舉十五兆形，羅氏原稿均無，王氏校寫時爲其增益。

陳夢家先生在《綜述》58 頁曾經指出：「初刊本《考釋》所引王氏之説，或爲創見如釋西、昱等字，或爲補充如釋王字，或爲引申其義如鳳、畢等字。」所引五字，分别見印本 24、28、37、41、66 頁。此外，僅 45 頁引述王氏釋裘意見，但該段文字（a8「卜辭中又有作𠂢者」以下）爲羅氏原稿所無，系校寫時後加，但對其中以𠂢爲求持保留態度，指出「惟字形稍異附此俟考」。由此可見，印本中原稿所無之有限增益，並非王氏妄增，應是根據羅氏意見爲之，至少應是征得羅氏同意而商定的。印本 64 頁 a14 行述及齊子仲姜鎛銘文中的「䱷」原作「似爲魚字，然不敢決也」，印本改「吳中丞釋作魯，未知是否。」王氏對此持不同看法，他在一九一五年三月即校寫《考釋》後不足百日所寫《鬼方昆夷玁狁考》一文，以爲「䱷」同「𠪚」，即古文魚字（見《觀堂集林》卷十三）。後來，羅氏在《考釋》增訂本中仍用吳大澂説，彼此並不混淆。

需要指出的是，王國維在校寫《考釋》時，有若干不應有的明顯失誤。例如，16 頁 a3 行「古文作」下、12 行「古金文多作」下、17 頁 b14 行「召伯虎敦作」下、25 頁 b1 行「從示作鬼」，原稿均摹有字形，印本未抄錄。再如，24 頁 b11 行所舉「中」字形，原稿上下二斿，印本一斿；37 頁 a6 行象鹿角横理之形，原稿作「〈〈」，印本作「∧」；40 頁 a10 行「以∴象其碎屑之形」，原稿作「·」；72 頁 a9 行所舉父乙方鼎字形，原稿無二横畫（案：該鼎見《攈古》二之一 20）。又如，38 頁 b15 行「許君所謂童省」，「省」下遺「聲」字；43 頁 b9 行「《説文解字》匚受物之器也」，原稿和原書均無「也」字；52 頁 b11 行所舉毛公鼎銘文及斁字形下，遺漏「從目從矢」；55 頁 a15 行「古金文」下，遺漏夾注「宗婦盤」；65 頁 b15 行「䵣爲地」下，遺漏「名」字；80 頁 a9 行後，遺漏「曰貞尞于丁五牛卷一第四十六葉」；102 頁 b8 行所引「《禮器》言血毛詔於室」，原稿誤爲「毛血詔於室」，印本已改「血毛」，未改「於」。這些尚屬疏忽所致。另如 45 頁 a2 行，原稿「此蓋象衿袛左右掩覆之形」，衿爲衣領，袛爲衣襟，印本將「衿袛」改爲「襟衽」，與原意不符；107 頁 a2 行，原稿「《詩》『百辟卿士』箋云卿士卿之有事也」，印本「箋」前改「《詩·商頌》降予卿士、《大雅》百辟卿士」，查原書「卿士卿之有事也」爲「《大雅》百辟卿士」句鄭箋文，加「《商頌》降予卿士」是不必要的。兩項均屬妄改致誤。

特别欠妥的是以下事例：51 頁 b3 行，原稿「《淮南·精神訓》」，一般認爲「訓乃高誘自名其注解，非《淮南》篇名所有」，印本卻增「注」字；「《史記·劉敬叔孫通傳》集解引如淳」，印本卻遺「引如淳」。52 頁 b11 行原稿引《説文解字》「斁解也，從攴睪聲，《詩》云服之無斁，斁猒也」。57 頁 b10 行原稿引《説文解字》「之出也，枝莖益大有所之，一者地也」，來源於北宋刻本的藤花榭本和平津館本均如此，王氏卻依擅改原文的段注改動，前段改「猒」爲「厭」，後段「益大」前增「漸」、「所之」下增「也」。52 頁 b8 行引《説文解字》「眔」字下，原書「從目從隸省」，羅稿誤爲「從尾省」，王氏未改正。60 頁 b8 行引《説文解字》「澡灑手也」，原書和羅稿均如此，王氏誤作「洗手也」。

以上事實充分説明，《殷虚書契考釋》確爲羅振玉所著，並不存在名爲羅著實爲王作或羅王協力合作的問題。王國維爲羅氏校寫，進行文字加工，訂正筆誤和查核引文，花費了許多勞動，但印本中幅度稍大的改動極少。總的説來，還是陳夢家先生概括的那句話，「王氏在校寫時對於行文字句的小小更易是常有的，但並未作重大的增删」。這有如今日出版社責任編輯所做工作，對原作者確有莫大的幫助，他們的勞動應該充分肯定，受到尊重，但責編和作者畢竟是兩回事，既不能本末倒置，又不能等量齊觀。

羅振玉殷虛書契考釋稿本校勘記

王世民

一九八三年，商承祚先生在《關於王國維先生之死》一文（《晉陽學刊》一九八三年三期）中，提到羅振玉的《殷虛書契考釋》是否王著時說：

我適在北京，有一天，途遇陳夢家，他悄悄地同我說：「《殷虛書契考釋》的稿本被我買到了，完全是羅的手筆，上有王的簽注，印本即根據此稿寫定，你有空，請到我家看看。」（陳去世後聽説此稿歸考古所）

陳夢家先生生前對《考釋》稿本十分珍視，有機會看到的學者無幾。商先生的文章，沒有説去陳先生家看該稿本的情況，可能當年沒能抽空去看。胡厚宣先生的《關於殷虛書契考釋的寫作問題》一文（《社會科學戰線》一九八四年第四期），對羅氏寫作問題系引述前舉商先生文及陳先生《殷虛卜辭綜述》爲據，並未提到原稿的具體情況，大概也不曾看過。

十年浩劫中，陳先生不幸罹難，全部藏書被某中學的紅衛兵抄去，其中《考釋》原稿等珍善本典籍又被康生據爲己有（扉頁被加蓋「康生看過」印章）。落實政策後，《考釋》原稿退還陳先生夫人趙蘿蕤教授。筆者有幸承趙先生出示該稿本，並特許借閲和照相（該稿從未歸考古所）。趙先生逝世後，上海博物館於一九九九年冬，收購陳、趙二先生舊藏珍貴明式家具，順便將羅氏《考釋》原稿一並入藏，使之得到妥善保存。

筆者曾於上世紀九十年代初，將《殷虛書契考釋》的羅氏原稿與王國維手寫印本詳細校對，以印本爲底本逐條錄爲校勘記。一九九五年在此校勘記基礎上，摘要寫成《〈殷虛書契考釋〉的羅氏原稿與王氏校寫》一文（見《胡厚宣先生紀念文集》），説明《考釋》確爲羅振玉所著，而王國維的校寫如同現在責任編輯所做工作。現爲紀念商承祚先生百年誕辰，特將此校勘記整理發表，以期沒有機會目睹該稿本的學者得以瞭解其全面情況。校勘記以《考釋》初版本爲底本，「原作」或「原」後則爲稿本。

序言			
1a	1行	人事乖午	原作「人事乖迕」。
	3行	予讀詩書及周秦之際諸子太史書	原「太史書」在「周秦之際諸子」前。
	4行	殷商文獻之無徵	原前有「是」字。
	4~5行	吾儕生三千年之後	原「儕」作「人」。
	5行	予從事稍久	原作「予既從事稍久」。
	6行	顧考父所校僅存五篇，書序所錄亡者逾半	原作「顧考父所得不逾二十篇，壁經晚出譌者幾半」。
	9行	一字異文	原作「一字異狀」。
		或數語之中倒寫者一二	原作「又或十語之中倒寫者一二」。
	12行	稽其所得則有六端	原「則」作「厥」。
	14行	而卜辭所載	原「載」作「記」。
1b	1行	此足資考訂者一也	原「足」作「可」。
		盤庚以前具見書序	原作「般庚以前記之頗晰」。
	2行	而小辛以降衆說多違	原作「而小辛以降紀錄多違」。
		洹水故虚舊稱亶甲	原「亶甲」誤爲「河甲」。
	4行	可知文丁帝乙之世	原「文丁帝乙」作「武乙」。
	5行	人鬼之祭	原作「人鬼之饗」。

頁	行	文	校記
	9行	卿事之名同於雅頌	原「雅頌」作「詩雅」。
		大史之職亦載春官	原「春官」作「周官」。
		爰及近臣並符周制	原「爰及近臣」作「下至小臣近豎」。
		乃知姬旦六典多本殷商	原「姬旦六典」作「姬旦之制」，「多本」作「悉本」。
	11行	隹鳥不分，子與殊用	原「不分」作「不別」，「殊用」作「殊形」。
	12行	如此之類未遑縷數	原「如此」作「如是」，「未遑」作「未可」。
	14行	又蹈荊棘	原作「又逢荊棘」。
		勉幾上達之業	原作「勉幾上智之業」。
2a	1行	不敢告勞	原作「不敢憚勞」。
	2行	書於日本京都東山僑舍	原無「日本京都」。
都邑第一			
1a	6行	史記殷本紀	原誤爲「殷世家(7行同此)」。
	9行	譌字	原作「誤字」。
	10行	諸書	原作「諸家」。
	11行	今安陽漢蕩陰縣兼有今安陽地	原作「漢省安陽入蕩陰。師古曰蕩音湯，湯陰即蕩陰，今爲安陽」。
	12行	史記殷本紀	原誤爲「殷世家」。

頁	行	文	校記
1b	4行	洹陰之有殷虛	原作「洹陽」。
	8行	紀年謂武乙……	原作「紀年作」。
	9行	遷沫必在帝乙之世	原無「在」。
帝王第二			
1b	12行	史記殷本紀	原誤爲「商本紀」。
2a	10行	不言有外丙仲壬	原作「外丙與仲壬」。
3b	10行	此示丁殆即報丁	原作「此之示丁」。
	11行	殆湯有天下後	原作「有天下之後」。
4b	4行	猶少康之有二姚	原「少康」作「虞帝」。
人名第三			
6a	7行	十幹	原作「十干」。
	8行	金文中每有日甲日乙等是也	原「日乙等」下有「者」。
		帝王之名稱大甲小甲大乙小乙大丁中丁者，殆後來加之以示別	原作「帝王之名稱大甲小甲大丁中丁大乙且大者殆後來加之以示別」。
	11行	史家記事	原脫「事」字。
	12行	了然	原作「瞭然」。
8a	4行	咸其號矣	原作「咸其諡矣」。

頁	行	文	校
地名第四			
8a	11行	上下文	原作「上下之文」。
15b	1行	雖周以後地名亦頗有與上諸地相同者，然文不足徵未敢臆斷矣	原但作「文不足徵矣」。
文字第五			
15b	10行	汗簡跋	原將此注於12行末。
	14行	古金文中四字	原無「古」字。
16a	3行	古文作	原「作」下舉字形，漏抄。
	7行	自一至八順列諸數	原無「自」。
	12行	古金文多作	原「作」下舉字形，漏抄。
	13行	則又誤	原作「乃又誤」。
17a	9行	說文解字	原作「說文」（同此者不備舉）。
17b	6行	卜辭但有辛字	原無「字」。
	8行	無一不含辛義	原作「何者非含辛義」。
	14行	召伯虎敦作	原「作」下舉字形，漏抄。
18a	12行	宋以來說古器中……異說甚多，殆無一當	原「考古器中」、「異說朋興，無一當者」。
18b	6行	雖不能知其爲何字	原無「其」。

頁	行	正文	校記
19b	1行	以手取之	原作「捋取之」。
	3行	雨與雹相將也	原作「既雨而雹作」。
	7行	篆文	原作「篆書」。
	10行	引長之而作𠃊	原作「回」。
20b	4行	失彌甚矣	原作「失又甚矣」。
		「或省其右作」，「或省其左作」	原作「或省其半作」，「或反之遂作」。
	6行	不知口但象宫垣，而象道路者乃在口内之卄字也	原作「不知象道路者」云云。
21a	11行	象川之中流有旁歧	原作「川中道」。
	12行	殆無可疑	原作「似無可疑」。
21b	1行	盂圓則水圓	原二「圓」均作「圜」。
	5行	與此略同	原無「略」。
	13行	卷四第十三頁	原缺。
22a	1行	說文解字	原作「說文」(同此者不備舉)。
23a	13行	或從く乃巛省也	原「或」作「此」。
	14行	口象圜土形外爲環流中斯爲圜土矣	原無「中」。

頁	行	正文	校記
23b	1行	初形益不復可見矣	原「益」作「亦」。
	12行	所以防豕逸出者	原「防」作「限」。
24a	2行	魯文旁尊	原奪「尊」字。
	14行	以爲亦是西字	原無「是」。
24b	1行	王說是也	原先作「精確不可易也」，後刪「精確」二字。
	3行	日既西落鳥當入巢	原「當」作「已」。
	11行	「古金文及卜辭皆作」下所摹二「中」字	原上下均有二斿形。
	14行	許書中正之中	原作「許書中正字」。
25a	6行	今觀卜辭或從一或從二	原無「觀」。
	13行	宗字所從之示亦然	原「所從之示」作「從示」。
25b	1行	說文解字鬼古文從示亦作鬼	原末鬼字摹寫古文從示字形。
26b	1行	「或又從犬」「尞五犬五豕卯四牛」	原稿無，抄錄時增。
	7行	沈在商代通用於人鬼	原「通用於」作「通之於」。
		既有宗廟之事	原「事」作「祀」。
	11行	公羊宣八年傳注	原遺「注」。
27a	3行	未知其爲向背字	原無「其」。
	8行	致福乃致福酒	原前「福」字誤作「酒」。

頁	行	正文	校記
	9行	許君謂福畐聲	原「福」下有「從」。
	12行	古文皆不從示	原首有「案」。
	15行	或向上或向下	原「向下」誤爲「象下」。
27b	7行	古誼古說賴許書而僅存者此其一也	原先作「古誼古說有僅存于許書中者此其一也」，後改爲「古誼古說有賴許書而僅存者此其一也」。
28a	1行	祟非可持之物	原作「祟固不可以持」。
28b	2行	格仲尊	原「仲」作「中」。
29a	4行	王徵君謂亦王字，其說甚確，蓋王字本象地中有火	原稿「其說甚確」四字後加，又無「王字本」三字。
	7行	而許君於部首之𠂤乃云小𠂤	原「許君於」作「許君顧於」，「乃云小𠂤」作「注小𠂤」。
		得之於此而失之于彼何也	原前「於」字作「于」，「彼」下有「則」。
	14行	卜辭及毛公鼎番生敦	原「及」誤爲「即」，無「番生敦」。
29b	8行	金文無此同，許君訓小𠂤非，詳前官字注	原「金文」前有「古」「許君」作「說文解字」，「詳」前有「說」。
	11行	亦有從止者	原作「許書從止」。
	12行	與許書略近，其卜辭從𠂈從𠂆、許書從止者，皆㫃之變形。	原先作「卜辭作𠂈皆㫃之變形」，又另寫「略同其卜辭從𠂈從𠂆、許書從止者，皆㫃之變形」，但未及勾改。

頁	行	文	校記
30b	13行	諸婦方尊	原作「母[illegible]婦女方尊」。
31a	1行	與許書籀文合	原無「籀文」。
	8行	即己姓	原稿無。
		許君以爲女字固非，金文家或釋作妃匹之妃則更誤矣	原作「即許書所謂女姓之改字，未見妃匹之妃字，以前金文學家多以金文中作妃者爲妃匹字，作改者爲女姓字，誤也」。
	13行	象果實在樹之形	原其後有「今篆作果」。
	14行	說文婐婐妮也，一曰女侍曰婐	原此下有「段先生曰，婐妮俗作婀娜」。
32a	7行	吳說失之	原作「吳說未爲得也」。
	12行	以各部皆有所隸之字故也	原無「故」。
	14行	曶字等亦然	原無「等」。
		許君生炎漢之季	原作「生於炎漢末季」。
		固不能如今日之博	原作「所見殆不能如今日之博」。
		自不能無疏失矣	原作「固不能無疏失矣」。
33a	3行	又案左氏傳見於嘗酎（襄二十二年）	原此下有「漢書景帝紀高廟酎」，未抄錄。
	4行	酒始酎之本字	原末有「矣」。
	6行	凡從酒之字當別爲酒部	原稿及所引說文段注，均無「爲」。

頁	行	文	校
33b	4行	卜辭中從皿之字	原作「從皿者」。
34a	4行	案觲觲角弓，今毛詩作騂騂。赤剛土之墶，周禮草人亦作騂故書作挈形，與羍近，殆羍字之譌。知羍者即騂之本字矣	原稿「今毛詩……亦作騂」作「今字作觲，墶集韻作垶」，其下無夾注；「騂之本字矣」，原「騂」下有「剛」字。
	7行	然卜辭中用羍者不止一二見，知周亦因殷禮耳	原作「觀卜辭知周實因商禮之舊耳」。
	13行	周禮小胥釋文	原旁注「士特縣」。
	14行	然由卜辭觀之	原「由」作「以」。
34b	3行	從牛土聲	原遺「土」。
		牡既爲畜義	原末有「總名」。
	6行	似卜兼用牝牡，或仍是牝字，疑不能明也	原作「似牝與牡兼用之，然禮家言祭不用孕牲，或牡旁著匕仍是牝字」。
	7行	母畜對牡而稱牝，殆猶母對父而稱匕	原「母對父」作「人對父」。
	8行	故或從羊或從豕	原「故」下有「亦得」。
36a	1行	漢書西域傳	原末有「上」。
	2行	古利麗同音	原作「是古利麗二字音同，得相假借」。
	10行	卜辭以有角無角別鹿母子	原作「卜辭別鹿母子以有角無角」。
	13行	不從鹿	原稿無。

頁	行	校文	原稿
36b	2行	麐角未聞似鹿	原作「麐未聞角似鹿」。
	12行	象爲南越大獸，此後世事，而在古代則黄河南北亦有之	原作「黄河流域處處有之」。
	14行	又卜辭卜田獵有獲象之語	原稿無。
	15行	知古者中原有象，至殷世尚盛也	原作「又有象齒甚多，非伸出口外二長牙，乃口中之齒，知古者象曾孳乳于中原，至殷世猶盛也」。
37a	5行	許君云	原作「許君以爲」。
	6行	∧象角之横理也	原「∧」作「〈」。
	8行	側視之則爲一，俯視之則成○矣	原「爲」、「成」二字均作「如」。
37b	5行	卜辭中語詞之惟	原「惟」作「唯」。
	7行	蓋隹鳥古本一字，筆畫有繁簡耳	原作「蓋古但爲一字，繁書之則爲鳥，簡書之則成隹」。
	9行	可知強分之之未爲得矣	原少一「之」。
	14行	今無由知之矣	原作「今無由知其誼矣」。
	15行	王徵君曰，卜辭中屢云其遘大鳳……周禮大宗伯風師作飌師，從雚，而卜辭作鳳，二字甚相似。予案王說是也	原無「屢云」、「大宗伯」，「二字甚相似」作「殆有關係」，「王說」作「徵君說」。

頁	行	文	校記
38a	1行	考卜辭中諸鳳字	原「考」下有「諸」字。
		周禮之飌乃卜辭中鳳字之傳譌	原「周禮」作「周官」，「鳳」下無「字」。
	2行	殆亦鳳字之簡者	原「簡者」作「簡筆者」。
	14行	與籀文合	原作「與許書合」。
38b	4行	此字之形與許書訓鴟屬之萑字相似然由其文辭觀之則否矣	原「形」下有「頗」，「文」下無「辭」。
	8行	惜卜辭之鳿爲地名，末由徵吾說矣	原作「惜在卜辭爲地名，末由徵吾言矣」。
	15行	即許君所謂童省	原末有「聲」。
39a	5行	或僅見其前足者	原無「其」。
	8行	說文解字魚象形	原無「魚」。
		魚與燕尾皆作W形不從火	原「不」誤作「形」。
	13行	疑有誤字	原作「疑非」。
		正蟲字所象也	原作「蟲字正象此也」。
39b	4行	殆相沿以爲無事故之通稱矣	原「相沿」下有「而」，「通稱」作「統稱」。
	5行	又並二字而爲蛇	原「並」作「合併」。
	6行	不免沿其誤矣	原「其誤」作「譌」。
	8行	誤以象形爲會意矣	原「會意」作「形聲」。
	12行	說文解字引孔子曰	原無「說文解字引」。

頁	行	正文	原稿
40 a	2行	其穗或垂或否者，麥之莖強與禾不同	原「或否」作「或直」，「禾」作「稻」。
		而皆假借爲往來字	原「假借」作「假用」。
	5行	象自天降下	原作「象自上降下」。
		來牟之瑞在后稷之世，故殷代已有此字矣	原作「來牟雖爲周瑞，然遠在后稷之世，故殷代已有此字。然予意天賜瑞麥或更遠在上古，后稷播此嘉種，詩人因追溯生民之初，後人乃誤認后稷時事矣」。
	8行	古金文從米之字	原無「之」。
	10行	此字與許書或體略同	原無「字」。
		轂皮非米，以∷象其碎屑之形	原「∷」作「丨」。
40 b	3行	誼主乎收斂	原「收斂」作「斂轂」。
		引申而爲愛濇	原首有「因」。
	9行	形似止字而稍異，許君止字注云	原上句無「稍異」，下句無「字」。
41 b	13行	案畢從吅，不見與爵同之狀	原下句作「不能得與爵同意」。
	15行	許書從……而譌	原其後有「從門乃後人所加」。
		許書後從之門，殆又由此轉譌者也	原稿無。
42 a	1行	金文家稱雙矢彝	原「雙矢」作「雙柱」。
	2行	與傳世古畢形狀吻合	原稿無。

頁	行	文	校
	3行	字形頗相似	原「相似」作「類似」。
		飲器	原作「酒器」。
	4行	故諸經中散字疑皆斝字之譌	原作「後世經注中之散，殆即由斝致譌」。
	9行	後人因散字不得其韻	原無「人」。
42b	12行	殆所以薦肉者也	原末無「也」。其後有「金文家釋爲鬻字，然不敢遽定」。
43a	1行	古金文加犬於旁，已失其形	原「已失其形」作「形已失矣」。
	11行	由其文觀之，乃用爲烝祀字	原後半作「殆借爲烝祀之烝」。
43b	9行	說文解字匚受物之形也，象形	原稿及許書均無「也」，抄錄時衍。
	11行	琴瑟之象也	原「象」作「類」。
44a	7行	重復甚矣	原作「重復無謂甚矣」。
45a	2行	此蓋象襟衽左右掩覆之形	原「襟衽」作「衿衽」。
	5行	當爲裘之初字	原其下有「後人加衣則改象形爲形聲矣」。
	7行	可爲許說佐證	原「許說」下有「之」。
	8行	卜辭中又有作[illegible]者，王徵君謂亦裘字……惟字形稍異，附此俟考	原稿無此大段文字。
45b	4行	許君云弓繮	原後有「者」字。
	14行	卜辭中諸字皆爲張弓注矢形	原「諸字皆爲」作「諸字象」。
	15行	又誤橫矢爲立矢	原「誤」作「譌」，「立矢」作「縱矢」。

葉	行	文	校記
46a	1行	古金文及石鼓文並與此同	原作「石鼓」、無「文」。
	15行	周禮司弓矢鄭注	原「司弓矢」作「夏官」。
46b	1行	其字作箙作服	原作「其字作箙與服」。
	3行	毛公鼎亦同	原「亦同」作「亦然」。
	5行	而與葡字形頗相近	原無「而」「相」二字。
	9行	而象形乃變爲形聲字矣	原無「字」。
	12行	又所載古文與篆文無異	原「無異」作「無差異」。
		其義頗難通	原「義」作「語」。
	14行	蓋㫃字全爲象形	原無「字」。
	15行	丫象杠與首之飾	原「首」前有「其」。
		段君以爲從入非也	原作「誤以爲」。
		蓋篆形既失初意	原「蓋」後有「由」字。
47a	12行	與卜辭所載不知同誼否	原「同誼否」作「爲一字否」。
	14行	原所舉字尚有二例：「日卷一第四十三葉 月第三十六葉」	抄錄時删去。
	15行	象舟形	原作「象形。其作日月知爲舟者，以他從舟之字得知之」。抄錄時删去。

頁	行	文	校
47b	4行	卜辭諸車字	原作「此諸車字」。
	10行	是許君偶遺之耳	原「遺之」作「遺失」。
	14行	後又加竹作箕則更繁複矣	原「則更繁複矣」作「並繁複矣」。
	15行	許君錄後起之箕字	原無「字」。
48a	9行	與金文戈字之□同意	原無「金文」和「意」。
	10行	許君所謂從又	原無「所」。
	11行	凡卜辭中帚字皆假爲歸	原首無「凡」，「帚」上有「諸」。
48b	3行	殆即許書彗字，許言……	原「許書」下有「之」，「許言」作「許書言」。
		卜辭中又有從又持一帚者	原作「卜辭中有又持一帚者」。
	7行	凡篆文從寸之字古文皆從又	原無「凡篆文」。
	12行	於是象形遂爲會意	原「象形」作「形聲」。
	13行	許書……于畢注云	原無「云」。
	15行	今證之卜辭則……	原無「則」。
49a	1行	糞棄固無用畢之理也	原「理」誤爲「禮」。
	10行	說文解字光從火在人上	原遺「光」。
49b	2行	集韻二十二元	原作「十三元」。
	6行	或又從草，於燒田之誼更明	原「草」作「艸」。

頁	行	原文	校記
50a	14行	許從辛，殆炬形之譌	原「許」下有「書」。
51a	6行	象人跽形	原「象」作「爲」。
		凡許書從卩之字解皆誤	原無「許書」，「解皆誤」作「皆誤解」。
51b	2行	從爪從跽，象以手抑人而使之跽	原作「從爪從跽人，以手抑人而使之跽」。
	3行	淮南精神訓注	原無「注」，誤增。
		史記劉敬叔孫通傳集解	原其下有「如淳」漏抄。
	7行	後世執政以印施治	原「印」作「印信」。
	8行	而卜辭及金文印字皆正書	原「皆」作「則均」。
	11行	說文解字	原其下摹寫篆文「　」字形，漏抄。
		石鼓文	原作「石鼓」。
	12行	傳寫之譌	原「寫」作「繕」。
		反書	原作「反形」。
52a	12行	故若字訓爲順	原「訓爲順」作「古訓順」。
52b	8行	說文解字眔目相及也，從目從尾省	原遺「也」，「從尾省」作「從眔省」（案說文解字原作「從隸省」，羅王均誤）。

頁	行	文	校記
	11行		原稿舉毛公鼎銘文及斁數字形後，有「從目從矢」，未抄錄。
		詩云服之無斁斁厭也	原「厭」作「猒」（孫星衍覆刻宋本《說文解字》所引如此。王氏據段注本改）。
53b	6行	晚周禮器乃有象口出氣形者	原「象口出氣」作「從口出氣」。
	12行	卜辭諸謝字從言從兩手持席	原「席」下有「形」。
	13行	許書	原作「說文解字」。
54a	1行	蓋臣於君前不敢當坐禮	原「不敢當」作「不敢受賜」。
54b	1行	古金文有字亦多作又	原「多」作「均」。
55a	4行	此從又持貝，得之意也	原「得之意」作「得之象」。
	6行	卜辭事字從又持簡書	原「事字」作「作事」。
	15行	古金文及石鼓文	原「古金文」下注「宗婦盤」。
55b	1行	從乇者乃乚之變形	原無「形」。
56a	2行	或又省作父	原下有「㸚」。
	8行	師嫠敦	原作「師龢父敦」。
57b	1行	引申之則凡樹立他物使植立皆謂之樹	原無「之則」，「皆謂之樹」作「皆爲樹」。
	2行	許書凡含樹立之誼者	原「許書」下有「所載」，末無「者」。

頁	行	稿本	校記
	3行	乃變而爲	原作「乃譌爲」。
	10行	枝莖漸益大有所之也	原無「漸」、「也」二字（孫星衍覆刻宋本《説文解字》如此。王氏據段注本改）。
58 a	3行	毛公鼎……與此同	原無「與此同」。
58 b	13行	所舉字例五	原稿無。
	14行	案步象前進時左右足一前一後形	原「形」上有「之」。
59 a	9行	象兩足由上而下	原「象」誤爲「向」。
59 b	3行	如退或從彳作徂是矣	原「退」下有「往也」，「徂」下有「者」（案：「往也」系許書原文，漏抄）。
	8行	象人自外入而辵以迎之	原「辵」上之「而」已勾去，末有「也」。
	14行	説見上辟字注	原「見上」作「見前」。
60 a	7行	呂氏春秋古樂篇注	原作「呂覽古樂王命周公踐伐之注」。
60 b	8行	説文解字澡洗手也	原「洗手」作「灑手」，抄錄時誤。
		此從：：…	原稿二字符次序互易。
61 a	3行	象帚	原作「象羽帚」。
	10行	當爲戰爭之戰	原「戰爭」作「爭戰」。

頁	行	文	校記
61b	1行	博古圖所載穆公鼎有𢦏字鼎文假爲哉字	原作「戊彝有𢦏字」。
	5行	伯晨鼎	原前有「韓侯」。
	9行	又狩犬田也，從犬守聲	原稿無。
	11行	後漢書安帝紀注引作薄狩于敖後	原無「書」、「引」二字，「于」作「於」其下又有「鄭氏箋獸田獵搏獸也」。
	15行	許君訓獸爲守備者非初誼矣	原「守備」下無「者」，有「訓狩爲犬田」。
62a	2行	案石鼓文作歐，與許書古文合	原「古鼓」下無「文」，「許書」下無「古文」。
	7行	策人持策於道中	原「持策」作「持鞭」。
		或易人以夂	原「以」作「加」。
62b	10行	牧人以養牲爲職不限以牛羊也	原其下有「許君以篆文從牛乃訓爲養牛人，隘矣」。
63a	2行	象漁釣形，石鼓文漁字作……	原「象漁釣形」下有「許書作魰以爲𩼈之古文」，「石鼓文」上有「然」。
		許君以魰爲𩼈之古文殆不然矣	原作「許君以爲𩼈者失之矣」。
	12行	傳寫之譌矣	原「傳寫」作「傳繕」。
63b	1行	卜辭中亦有酋字……與許書同矣	原作「猷取誼於犬酒，疑爲會意字而非形聲，許君訓猶爲玃屬恐非本誼矣」。

頁	行	文	校記
64a	4行	史頌敦	原下有「及周公觶」。
	9行	此或與許書古文合或與篆文合	原作「此與許書古文及篆文皆合」。
	14行	吳中丞釋作魯，未知是否	原作「似爲魯字，然不敢決也」。
64b	9行	然醜古亦訓比訓類	原作「然醜於古訓比訓類」。
		爾雅兩壻相謂曰亞	原「曰」作「爲」。
	12行	古伯仲但作白中	原「古伯仲」下有「字」。
65b	1行	「博古圖載齊侯鎛」云云	原稿無。
	3行	案疾古訓疾	原「疾」下有「字」。
		左氏襄十一年傳注	原無「注」，「詩召旻箋」在後。
	4行	最速者莫如矢，故從人旁矢，矢著人斯爲疾患	原作「言急者莫如矢，故人著矢爲疾，矢著人斯爲患苦」。
	9行	傳世古器有噩侯鼎噩侯敦	原「古器」作「古禮器」。
	12行	據此知卜辭諸字與噩侯兩器之文確爲噩字	原「噩」作「鄂」，無「確」。
	14行	集解引徐廣曰噩一作鄂	原稿無。
	15行	卜辭中噩爲地	原末有「名」，漏抄。
66b	8行	謂卜辭中癸酉卜	原「謂」作「推之」。
	10行	石鼓文第九鼓日隹丙申下	原作「石鼓弟九鼓隹日丙申句下」。
67b	6行	雞司時者也，應時而鳴	原作「雞知時者也，應晨而鳴」。

頁	行	文字	校記
69a	5行	象兩手持尊	原作「象人兩手持尊」。
	7行	象兩手奉鼎	原作「象人兩手奉鼎」。
	11行	此與史不知爲一字否	原無「此」。
70a	15行	象四屋中函一庭之形	原作「象宮室四堂之形」。
72a	9行	所舉父乙方鼎字形	原無二橫書。
73a	3行	字形小殊	原無「字」。
73b	3行	此形聲誼胥不可知	原「誼」作「義」。
	5行	且有合於許書之或體者焉	原「許書」下有「所載」。
	6行	顧與許書所出之古籀	原遺「書」。
	7行	以是知大篆者蓋因商周文字之舊	原「商周文字」作「古文」。
	8行	史篇者小學諸書之祖，有因而無創者也	原「無創者也」作「無革也」。
	10行	至秦數百年所承用商周二代之文字未聞有所廢置也	原作「所罷者列國異形不正之久非倉史之舊也」。
74a	1行	今得卜辭乃益徵信	原「益徵信」作「益得徵信而引申之」。
		至許書所出之古文僅據壁中書，所出之籀文乃據史籀篇，一爲晚周文字，一則亡佚過半之書，其不能悉合於商周文字之舊固其宜矣	原「乃據史籀篇」以下作「則爲已佚太半之史篇，其不能悉合于倉史之舊固其宜矣」。

頁	行	文字	校記
	3行	至於篆文本出古籀，故與卜辭合者頗多，然商周文字至許書時已千餘年，固不能無後世詭更之失	原稿無這段文字。
	4行	而許書之傳至今又且二千年，又不無傳寫校改之譌，故今之學者但據許書以求古文之真，何異執人之云仍以求其高曾之聲欬與	原「二千年」下有「於茲」，「又不無傳寫校改之譌」作「其不能無傳寫之失又可知也」，「故今之學者但據許書」作「後世據是」，「何異」前有「亦」，「云仍」作「云礽」，「高曾之聲欬與」作「高曾祖稱以上之聲欬歟」。
	7行	雖謂古文之真	原作「雖謂倉史之舊」。
卜辭第六			
74 a	10行	今依卜辭事類分爲八目	原「分爲八目」作「約爲八目」。
74 b	11行	此視常例先二日卜者	原作「此以先二日卜者」。
	14行	依例當爲辛卯矣	原「當爲辛卯」作「當作辛卯」。
75 b	15行	此以先一日卜者	原稿無。
76 a	2行	祭之明日又祭爲肜	原此後有「又羊甲以甲日生，卜以癸亥，亦以先一日卜矣」。
		回人名，前人名篇失載，補識於此	原在「右言肜日者」云云前另起。
	4行		原其後有「此以先一日卜者」。
	5行		原其後有「此亦以先一日卜者」。

頁	行	正文	校記
	6行		原其後有「此亦以先一日卜者」。
	7行	右言肜月者三，皆以先一日卜者，肜月未詳。	原作「以上言肜月者三，肜月之誼不可知矣」。
	10行	則卜日亦當爲甲戌矣	原「爲」作「是」。
76b	9行	𡿧日亦祭名	原「亦」作「爲」。
	10行	「己亥方彝」、「兄癸彝」二器名下之「曰」	原均作「云」。
	12行	前人所釋有稱十厶月者，大率在厶月之誤也	原「所釋」作「著錄」、「誤」作「譌」。
77a	11行	武乙爽矣	原遺「爽」。
77b	1行	「此祭且甲」云云	原作「此以先一日卜，其稱祭且甲」云云。
		似二人同祀	原末有「矣」。
	7行		原其後有「此以先一日卜者」。
78a	7行	誼不可知	原此後至「猶言受福祐矣」在前另起，且首有「此以先二日卜者」。
	13行	又此亦一日而並祀二人者	原其下有「所祭之祖爲[illegible]甲及且乙，而卜日以祭醜，亦以先日卜矣」。
	15行	伐解見後	原作「伐之誼於後說之」。
78b	1行		原其後有「此以後三日卜者」。
	5行	誼未詳	原作「誼不可知」。

頁	行	文	校
	6行		原其後有「此以後二日卜者」。
	12行		原其後有「此以先二日卜者」。
79a	4行	凡卜辭中不舉王賓之名者皆合祭也	原「合祭」作「大祭」。
79b	1行		原其後有「[illegible]亦人名，前人名篇失載，補識於此」。
	3行	右祭名缺佚者八，末三則之[illegible][illegible]二字不能定其爲人名或祭名	原作「右不言祭名者八，末一則母癸下一字作[illegible]，音與誼不可知，似非祭名」。
	5行	濩謂祭用大濩之樂也	原作「濩謂用大濩之樂以祭也」。
80a	2行	文之完具者僅此	原「完具」作「全」。
		故以伐旌武功，伐當是武舞	原「旌武功」作「彰武功」，末有「矣」。
		伐三十人，伐十人，猶左氏言萬者二人矣	原稿無。
	4行	知古訓之亡于周秦以後者多矣	原「古訓」作「古誼」。
	9行		原其後有「日貞尞于丁五牛（卷一第四十六葉）」一行，漏抄。
	12行	卜辭又云貞之于王亥	原「卜辭又云」作「卜辭中又有曰」。
80b	1行	貞[illegible]尞于兕	原「[illegible]」誤作「[illegible]」。
	5行	此殷代三者通用於人鬼之證	原「三者」作「尞與貍沈」。

81b	2行		原其後有「以上五則並先一日卜者」一行另起。
	4行	祭酉卜	原誤作「癸卯卜」。
			原其後有「此後二日卜者」一行另起。
	6行		原其後有「此一則亦以先一日卜者」一行另起。
	13行	以上卜祭武且乙用甲日，康且丁用丙日，皆先一日卜者	原作「此六則並以先一日卜」。
82a	5行		原重出爲二條，一條奪「貞」字，一條出處誤爲「卷一第二十二葉」。
82b	1行	以上四則並先一日卜	原稿無。
83a	4行	貞翌口口于丁二牛	原「翌」未釋，作「口」。
	10行	卷六	原誤作「卷四」。
84b	11行	此先五日卜	原末有「者」。
85a	5行	貞月之於妣甲	原誤作「貞之月於妣甲」。
86a	8行		原其後有「此以先一日卜」一行另起。
	10行	右言之於或但言之言於者六十有六，之者適也，之於某猶特牲饋食禮筮辭云適其皇祖某子矣	原作「右言貞言於者凡六十有六，不知爲祭名與否，姑附于此」。

頁	行	正文	校記
86b	4行	不知何神	原作「不知是何神也」。
	5行	周官言大神示，蓋謂天地。不知與卜辭同異何如矣	原「蓋」作「殆」，「異」作「否」。
	15行	右卜神示之祭十有六，後八者或卜郊禘之祭，然不能確知之矣	原作「以上六者殆卜郊禘之類，然不能解知爲何祭矣」。「右卜神示之祭十有六」。
87b	10行	其卜出入者百二十有八	原作「百二十有四」。其間因所舉卜辭的增删，總數屢有改動，現抄清稿實有「百二十有三」。
88b	15行	庚辰卜	原遺「辰」。
90b	3行	右言役者二十有六	原作「二十有八」，與所舉卜辭數一致，抄錄時合併兩條，現實有「二十有六」。
92a	10行	其卜田漁者百有三十	原將「百有三十」誤寫前行「此卜出入者也」之下。
92b	5行	「癸亥卜」云云	原稿無。
97b	4行	丙戌卜	原作「丙申卜」。
	9行	曰上缺四日庚申	原無「上缺」。
100b	12行	曰戊寅囗貞	原「囗」作「㞢」。
101b	5行	此卜風雨者也。此八事外文可錄者尚數百事，不復備舉	原「此八事外可錄者」作「此八事之外其他可稱者」。

禮制第七			
101b	13行	商時殆以祠與祀爲祭之總名，周始以祠爲春祭之名	原「商」前有「在」、「周」前有「至」。
102a	4行	有閏之年則稱其末月曰十三月	原作「有閏之年不曰閏月而曰十三月」。
	6行	古時遇閏稱閏月，不若後世之稱閏幾月，到商有十三月，則並無閏月之名，可征古今稱閏之不同矣	原作「古人凡閏年稱閏月，不若後世之稱閏幾月，由此觀之在商代則並無閏月之稱，可徵古今稱閏之不同矣」。
	10行	語均謂王都	原作「語均謂王畿也」。
		書多士	原作「周書多士」。
		肆予敢求爾于天邑商	原遺「肆」。
	12行	失滋甚矣	原作「誤滋甚矣」。
		周公初基作新大邑于東周	原遺「新」。
102a	13行	孟子引逸書用臣附于大邑周	原稿無此（因增此條文獻，其下原「兩稱大邑」一語，抄錄時改作「三稱大邑」）。
102b	4行	南室未見他書	原作「南室之制不可知」。
		尸子稱明堂殷曰陽館	原「殷」前有「在」。
	5行	不可知矣	原稿無。
	8行	禮器言血毛詔於室	禮記原書「血毛詔於室」，羅稿誤作「毛血詔于室」，王氏抄錄時將「血毛」改正、未將「于」改正。

103a	2行	於此貞黍殆在郊外之地矣	原作「龍圃殆是圃名矣」（上文引卜辭「乙未卜貞黍在龍圃」）。
	6行	故無王賓之名矣	原稿無。
	8行	云文武帝與上條文武宗語法同，宗爲宗祀，則帝殆爲禘祭矣。禘祭而先云有彳武乙者，殆武乙祔廟時之吉禘與	原作「帝殆即禘，既爲禘又稱武乙者，意因武乙初合介於廟而爲之禘歟」。又加眉批「未安，此論待定」。
	11行		原其後有「文見卜辭篇」一行，未抄錄。
	13行	文均見卜辭篇，以上四祭誼並可知	原無「均」，「誼並可知」作「爲誼之可知者」。
103b	15行	卜辭中言衣者頗多	原「頗多」作「甚衆」。
104a	3行	衣亦祭名，而合諸祖祭之，其制則不可知矣	原「諸祖」作「多祖」，「其制」下無「則」。
	11行	祭先卜日卜牲，其日恒以所祭之祖之生日	原作「祭先卜日卜牲，其卜日也，恒以所祭之祖之生日卜之；其祭也，亦以其祖所生之日」。
	12行	例多見前卜辭	原稿無此，句末遺「篇」。
	13行	其卜日也，亦以所祭之生日卜之	原稿無。
104b	2行	禮家皆謂夏後氏牲用黑，殷用白，周用騂	原作「禮記明堂位謂，夏後氏牲尚黑，殷白牡，周騂剛」。
	10行	此周禮之不同于殷者	原「不同于殷者」作「異于殷者」。
	12行	春秋傳曰惟君用鮮衆給而已，王制言天子諸侯之田一爲乾豆	原「惟君用鮮」作「惟君取鮮」（案：此語出自《左傳・襄公三十年》，原作「唯君用鮮」），下句作「是以天子諸侯用四時田獵之禮」。

葉	行	文	校記
104 b	13行	卜辭中書田獵者雖無取鮮明文，然大率當爲祭祀也	原下句作「然凡卜田獵者，大率以供宗廟之祀者」。
	14行	曰十月漁	原作「曰今月漁」。
	15行	禮記月令季春天子始乘舟薦鮪於寢廟，不知爲何代之禮。然周官䱷人則云，掌以時䱷春獻王鮪。又左傳公矢魚于棠，臧僖伯曰皂隸之事，官司之守，非君所及。是周禮不親漁，與殷異也。月令所記或周以前之禮矣	原「不知爲何代之禮」作「似周禮王亦親漁者」；「䱷人」作「䱷師」，「掌以是䱷」作「掌以時漁」（案：依禮運注所引改）；「左傳」下有「隱公五年」，「臧僖伯」下有「諫」，「非君所及」下有「也」，又有「由二者觀之則」，「或周以前之禮矣」下有「又卜辭有曰王其謝舟於[illegible]者卷二第二十六葉殆亦爲親漁也」。
105 a	6行	又曰爯冊乎妣乙卷七第六頁	原其下有：「又曰上缺爯冊貞牢之一牛卷五第十一葉」，「又爯禦于高妣己口牡𠕋卷一第三十四葉」。
		其餘言爯冊者尚多，是祭時有告神之冊矣	原稿無此，另有「爯冊者殆猶饋食禮所謂孝孫某來日丁亥用薦歲事于皇祖某伯（案：禮記原書作「伯某」）云云，又猶後世之有祝冊矣」。
	8行	其受享之祖稱王賓，厥配稱爽	原作「其受饗之祖稱之曰王賓」。
	9行	卜辭中稱所祭者曰王賓，祭者是王則所祭者乃王賓矣	原作「卜辭中凡卜祭者稱受饗之祖曰王賓，蓋祭者稱主則受饗者稱賓矣」。
		周書洛誥	原末有「曰」。

頁	行	文	校記
	10行	前人謂王賓賓異周公者失之，爽說見前文字篇	原前句末有「矣」，無下句。
	14行	卜辭中用一牛者	原「卜辭中」下有「載」。
105b	3行	用三牢者	
	4行	用三小牢者用	
		三羊者	
	6行	用五牢	
	8行	用十牢	
	13行	用三十牢	原此六條「用」均作「稱」。
106a	3行	而不言其數者	原「不言」作「不及」。
	3～6行	其僅言牢者　僅言牛者　僅言𤛛者　僅言牡者　僅言小牢者　僅言羊者　僅言犬者	原稿此七條「言」均作「稱」。
	7行	貍	貍原作「薶」（106a 9行，106b 4行、5行同此）。
	8行	或云	原作「或曰」。
106b	1行	兼用尞與卯者	原其下衍「曰」。
107a	2行	卿事即卿士也	原無「也」。
		詩商頌降予卿士、大雅百辟卿士箋	原無「商頌降予卿士、大雅」八字。

頁	行	文字	校記
	3行	小雅皇父卿士箋	原無「小雅」。
	4行	而鄭君謂卿士兼擅群職	原「鄭君謂」作「鄭君注」。
	5行	而屢見於詩及周初古金文，是周官實沿殷制矣	原「周初」作「周人」，「矣」作「也」。
	8行	掌建都之六典，亦掌大祭祀	原「亦掌」前有「其職」。
	9行	是殷之大史職掌與周略同，周官實沿殷制矣	原前句無「職」、「略」二字，無後句。
		卜辭稱大史寮，周毛公鼎番生敦亦均有此語	原無前句，後句「番生敦」以下作「均有大史，則周官之沿殷制確無疑蘊矣」。
107 b	12行	卜辭云命方歸乃當爲官名	原「云」作「曰」。
	1行	以其職掌觀之，殆與卜辭之小臣略同矣	原後句作「殆即卜辭之小臣矣」。
	3行	亦即後世之豎字	原無「亦」。
	4行	左氏傳晉侯之豎、曹伯之豎相類	原「左氏傳」下有「所謂」，「相類」上有「殆」。
	5行	蓋王之近侍小臣，其名已見於殷世矣	原後句作「殆亦沿殷制矣」。
	7行	亦小臣與豎之類矣	原「小臣」作「王之近侍小臣」。
	8行	此官名之可知者也。由此觀之，商周二代之禮因革略可見矣	原前句「官名」作「官制」，後句「商周二代之禮」上有「可知」，其下作「於官制爲大同，於祀事爲大異矣」。

卜法第八

107 b	15行	其卜法削治甲與骨令平滑，於此或鑿焉，或鑽焉，或既鑽更鑿焉	原「或鑿焉」、「或鑽焉」二句均無「或」。
108 a	1行	既鑽而又鑿者二十之一耳	原「既鑽而又鑿者」作「既鑽更鑿者」。
	3行	鑿迹皆橢圓形	原無「跡」。
		既鑽更鑿者則外圓而内橢	原無「者」。
	4行	大抵甲骨薄者或鑿或鑽	原作「大抵龜甲與獸骨之薄者皆鑿與鑽」。
	5行	既契乃灼	原作「既契乃加灼」。
		先爲直坼而後出歧坼，此即所謂兆矣	原作「先爲直坼而後出歧兆，此所謂灼與兆矣」。
	8行		原爲空行，眉批「空一行」、「書兆」抄錄時補寫十五兆形。
	9行	既契則骨與甲薄矣	原「骨與甲」作「甲與骨」。
	10行	灼於其上，斯沿長形而爲直坼	原「其上」作「其側」，「沿長形」作「由長形」。
	12行	予既據目驗知古卜法概略	原「據目驗知」作「據目驗得知」。
	13行	知殷周卜法無大差	原末有「也」。
	14行	詩大雅曰	原作「毛詩綿之篇曰」。
		契者鍥之初字，古契字多訓刻	原作「契即鍥之初字，契之誼訓刻」。
	15行	釋名、廣雅釋言	原在「漢書枚乘傳集注」之後。
		韓非子	原遺「子」。

108b		
2行	周禮小牢鄭司農注	原遺「鄭」
	曲禮	原作「禮記」。
	說文解字	原作「許君說文解字」。
6行	其注士喪禮	原作「其解士喪禮」。
9行	去古益遠古制乃愈不可知矣	原「古制」作「古誼」。
13行	光州胡侍郎煦卜法詳考	原首有「而」。
15行	故坿著之	原作「坿著於此以彰潛學」。

又印本手寫時，例句次序或有變動，又將「△」改「某」，「斆」改「與」，「誼」改「義」，「于」改「於」等等，不備舉。